肌肉
力量训练
解剖图谱：新版

【英】马克·韦勒 著 应捷 译

ANATOMY
FOR STRENGTH AND FITNESS TRAINING

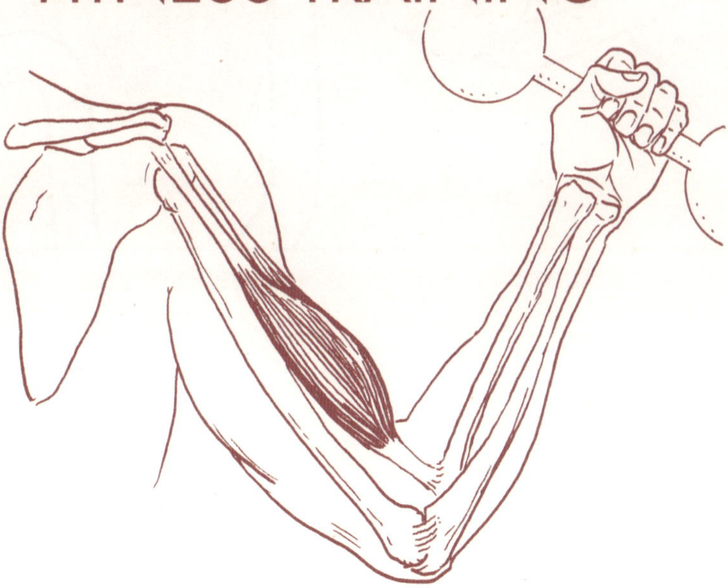

中国轻工业出版社

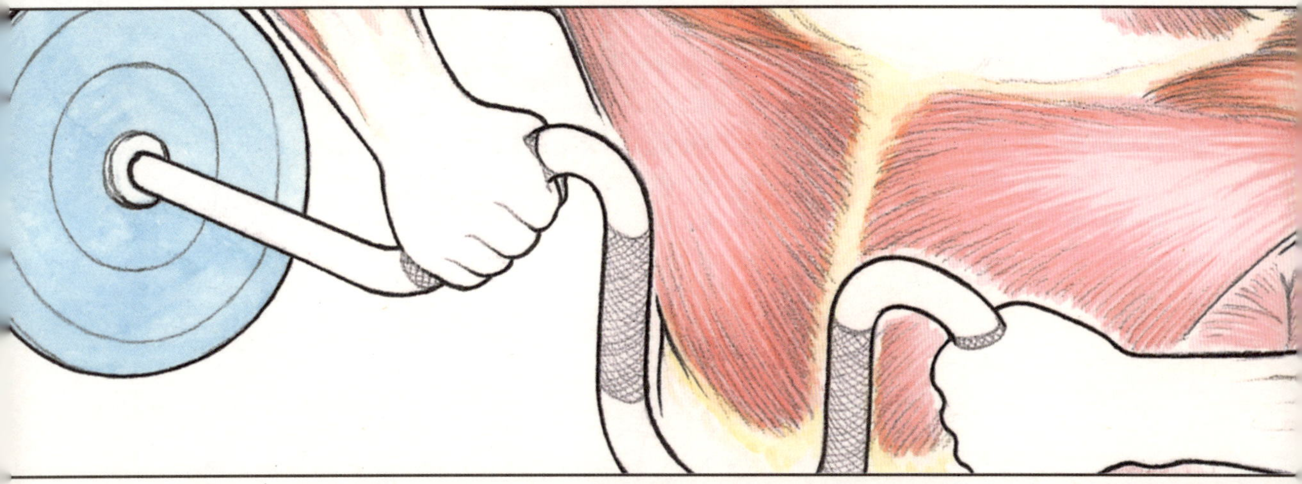

图书在版编目（CIP）数据

肌肉力量训练解剖图谱：新版 /（英）马克・韦勒著；应捷译.
—北京：中国轻工业出版社，2023.7
ISBN 978-7-5184-1871-8

Ⅰ.①肌… Ⅱ.①马… ②应… Ⅲ.①肌肉－力量训练－图谱
Ⅳ.①G808.14-64

中国版本图书馆CIP数据核字（2018）第033289号

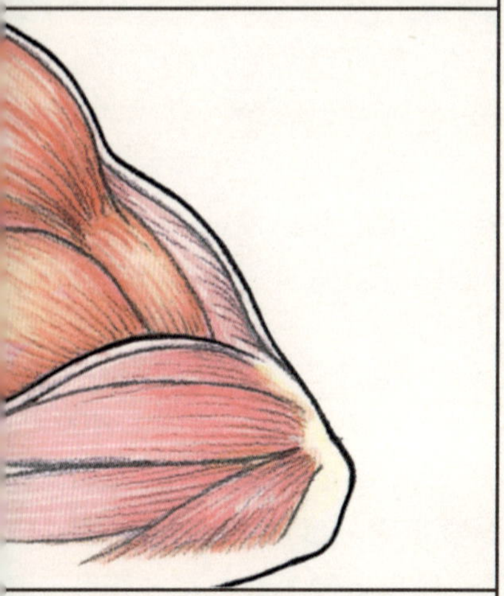

责任编辑：王　玲　　责任终审：劳国强　　封面设计：锋尚设计
版式设计：锋尚设计　　责任校对：晋　洁　　责任监印：张　可

出版发行：中国轻工业出版社（北京东长安街6号，邮编：100740）
印　　刷：艺堂印刷（天津）有限公司
经　　销：各地新华书店
版　　次：2023年7月第1版第5次印刷
开　　本：787×1092　1/16　印张：9
字　　数：100千字
书　　号：ISBN 978-7-5184-1871-8　定价：59.90元
邮购电话：010-65241695
发行电话：010-85119835　传真：85113293
网　　址：http://www.chlip.com.cn
Email：club@chlip.com.cn
如发现图书残缺请与我社邮购联系调换
230867S6C105ZYQ

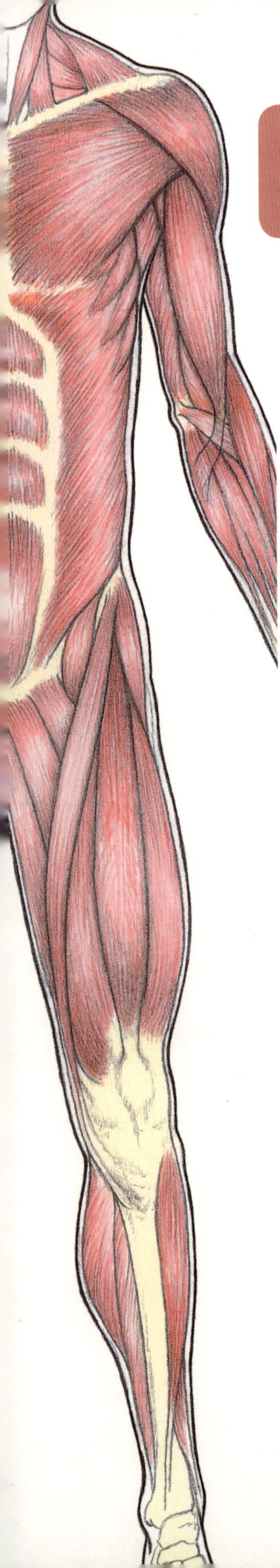

目 录

第一部分

解剖学概述 7

如何使用本书・解剖学基本定义及术语・全身系统・人体的面与分区・解剖学方位术语・关节运动・姿势与肌肉平衡

第二部分

训练解剖学 25

胸部 26

杠铃平板卧推・俯卧撑・上斜杠铃卧推・下斜杠铃卧推・哑铃平卧推举・扩胸训练器夹胸・平卧飞鸟・双杠臂屈伸・站姿拉力器夹胸・弹力带臂屈伸

腿部及臀部 40

杠铃半蹲・徒手半蹲・杠铃颈后半蹲・器械上斜腿举・哈克深蹲・早安式体前屈・负重弓步・仰卧桥式挺臀・直立拉力器直腿后拉・俯卧髋屈伸・健身机髋关节内收・健身机髋关节外展・侧卧髋关节外展・器械坐位腿伸展・器械俯卧小腿屈伸・器械直立提踵・器械坐式提踵

肩部及背部 62

器械胸前下拉・正握引体向上・直臂下拉・俯身杠铃划船・单臂哑铃划船・坐式划船・俯卧挺身・健身机俯卧挺身・跪撑举臂抬腿・坐姿杠铃肩前推举・器械肩部推举・坐姿杠铃颈后推举・直立曲杆杠铃划船・直立哑铃侧平举・直臂哑铃前平举・坐姿俯身哑铃

侧平举・坐姿双臂平拉・耸肩提哑铃・肩袖肌群稳定性训练

手臂部 86

坐姿颈后臂屈伸・仰卧杠铃臂屈伸・窄握杠铃推举・凳上反屈伸・站姿正握下拉・吊索胸前下拉・哑铃俯身臂屈伸・直立弯举・正坐弯举・器械托臂弯举・哑铃集中弯举・坐姿反握腕弯举・坐姿正握腕弯举

腹部肌群训练 102

腹部平衡：坐姿与直立・跪撑收腹・腹部水平固定・扶球跪立前倾・侧卧撑・哑铃侧屈・转体卷腹・卷腹・仰卧起坐・屈髋收腹・屈腿悬垂举腿・中背部俯卧肩胛稳定性训练・瑜伽树式・直立下蹲（波速球平衡训练）

伸展训练 118

直立胸肌及前肩部伸展・直立肱三头肌伸展・仰卧腿屈曲・仰卧臀肌伸展・仰卧单腿直伸・仰卧髋关节旋外伸展・坐式转体・跪立髂腰肌伸展・坐姿内收肌伸展・直立腓肠肌伸展・三角式伸展

全身力量训练 133

屈腿硬拉・高翻・挺举・抓举

词汇表 142

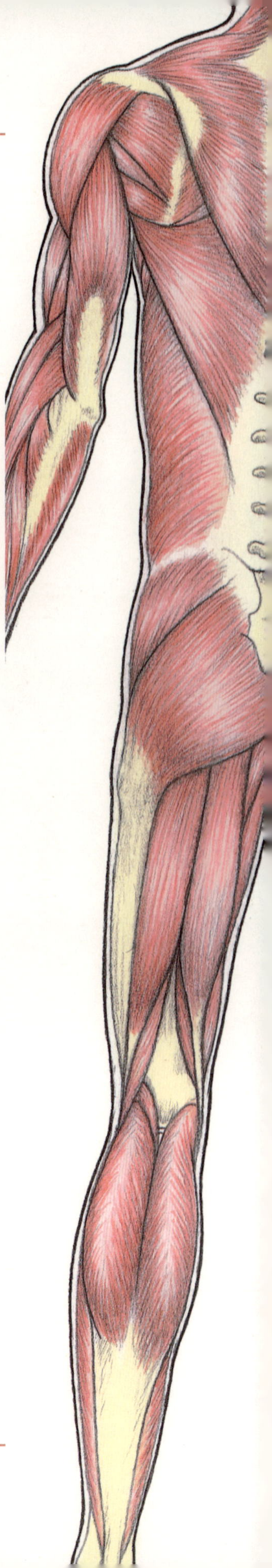

第一部分

解剖学概述

如何使用本书

本书通过文字和图片对常用健身训练方法进行讲解，并指导读者如何正确进行训练。全书分为两个部分：第一部分主要介绍解剖学的基本定义及术语，方便读者理解第二部分并遵照说明进行练习。

第二部分包含七小节内容：前四小节集中介绍胸部、腿部、臀部、肩部、背部，以及手臂部的锻炼动作。

第五到第七小节主要介绍针对不同锻炼目的进行练习的方法。第五小节讲解腹部稳定肌群训练方法，第六小节讲述伸展训练方法，第七小节分析全身力量训练方法。

每小节开始都有一个简单的前言，介绍本小节训练的身体部位或训练方法。每个小节都是独立的，读者可以自由选择自己想要进行的训练并安排顺序。

每个小节都包含训练的要点及简要背景资料，并对具体训练方法进行了详细指导，同时图片也清楚地展示了训练过程中运动及维持姿势涉及的肌肉。图片包括训练的起始和结束动作，并包含训练技巧。

正常成年人有206块骨骼和600多块肌肉。本书只涉及运动和维持姿势所需的70多块肌肉，不包括许多小肌肉，比如脊柱周围的深部小肌群和手脚上的大部分肌肉。因为若对每块肌肉都进行分析，讲解一项训练中的一个动作就需要好几页才解释得清楚。

声明：很多训练在没有专业人员指导和监督的情况下进行练习都有受伤的风险。我们建议您进行训练前先对自己的体能和健康状况进行评估，如果您是初学者，建议请专业教练对您进行指导。本书不包含医学建议，作者和出版社对训练造成的损伤和不适不负赔偿责任。

训练部分的结构示意图

训练名称

快速参考条目

关于训练的背景信息

动作要领

如何进行训练。

描绘训练所用肌肉的插图。

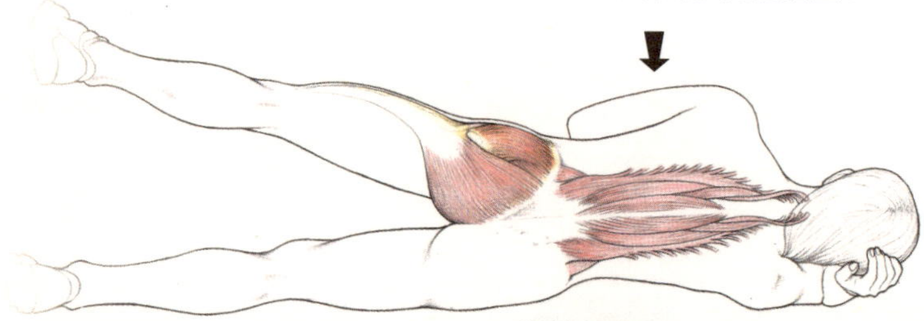

训练技巧

• 必要练习指南。

训练解析

关于技术技巧的解析，描述参与运动的关节、关节活动、运动肌群和稳定肌群。

运动分析	关节1
关节	髋关节
关节运动	
运动肌群	

稳定肌群	

起始位置

• 如何开始和完成训练。

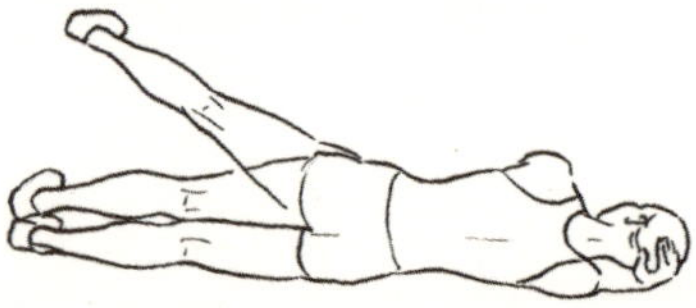

解剖学基本定义及术语

解剖学有自己的术语，这些术语大多源自拉丁语和希腊语的根词，从技术层面讲它们十分符合逻辑，可以使学习和理解肌肉、骨骼和其他身体部位的名称变得更加容易。

无论您是专业人员还是健身爱好者，使用正确术语都可以使您的训练更专业、更精准，同时方便您使用其他健身材料及和其他专业人员进行交流。

和多数医学术语一样，解剖学术语由被称为“语素”的小词组成。这些“语素”包含词根、前缀和后缀。认识语素可以方便您理解这些术语。大部分解剖学术语都只包含前缀加词根或词根加后缀两个部分。

比如：就subscapular（肩胛下）和suprascapular（肩胛上）这两个术语来说，scapula（肩胛骨）就是词根，“supra”表示“上方”，因此suprascapular是指肩胛骨上方的部位，而“sub”表示下方，subscapular指肩胛骨下方的部位。

解剖学常用前缀、后缀及词根

词根	释义	例子	定义
abdomin	与腹部相关的	abdominal muscle	腹肌，腹部主要肌群
acro	端点、尽头	acromion	肩峰，指肩胛骨上的骨突
articul	与关节相关的	articular surface	关节表面
brachi	手臂，与手臂相关的	brachialis	肱肌，手臂肌肉
cerv	颈，与颈部相关的	cervical vertebrae	颈椎，脊椎颈部段
crani	颅骨	cranium	头盖骨
glute	臀部	gluteus maximus	臀大肌，臀部肌肉
lig	束缚，捆绑	ligament	韧带，关节间的连接
pect, pector	胸部	pectoralis major	胸大肌，胸部肌肉
前缀	**释义**	**例子**	**定义**
ab-	远离，来自……	abduction	外展，远离中线的动作
ad-	增加，依附，向	adduction	内收，朝向中线的运动
ante-, antero-	之前，在前面	anterior	前，身体的前面（腹侧）
bi-	两个，双	bicep brachii	肱二头肌，有两个头的手臂肌肉
circum-	旋转	circumduction	环形（运动），手臂做环形运动
cleido-	锁骨	sternocleidomastoid	胸锁乳突肌，插入锁骨的肌肉
con-	与，一起	concentric contraction	向心收缩，肌肉附着点向一起运动的收缩

续表

前缀	释义	例子	定义
costo-	肋骨	costal cartilages	肋软骨，肋骨的软骨
cune-	楔形物	cuneiform	楔状骨，足部楔形骨
de-	向下，远离，解开	depression	肩胛骨下压的动作
dors-	背	dorsiflexion	背屈，脚背向胫骨方向上抬
ec-	远离，自……离开	eccentric contractions	离心收缩，肌肉附着点相互远离的收缩运动
epi-	在……上面	epicondyle	上髁，一种骨骼形态，位于骨节之上
fasci	束	tensor fascia late	阔筋膜张肌，臀部小的束状肌肉
flect, flex	弯曲	flexion	屈，缩小关节角度
infra-	下面，在……下方	infraspinatus muscle	冈下肌，该肌肉位于肩胛骨的下方
meta-	之后，在……下面	metatarsals	跖骨，足部骨骼，在跗骨附近
post-	之后，在……下面	posterior	后，身体后部（背侧）
pron-	向前弯曲	prone position	俯卧，脸朝下躺
proximo	最近的	proximal	近端，方位词，指最接近肢体根部的一端
quadr-	四	quadricep muscle	股四头肌
re-	后退，再一次	retraction	缩，向身体中线牵拉肩胛的动作
serrat-	锯	serratus anterior	前锯肌，边缘呈锯齿状的肌肉
sub-	在……下方，下面	subscapularis	肩胛下肌，肩胛骨下方的肌肉
super, supra-	在……以上，超过	supraspinatus muscle	冈上肌，位于肩胛骨以上
		superior	上，向头部
thoraco-	胸部，胸腔	thoracic vertebra	胸椎，位于胸腔
trans-	横跨	transverse abdominus	腹横肌，水平面上横跨腹部的肌肉
tri-	三	tricep brachii	肱三头肌，有三个头的臂部肌肉
tuber-	膨胀，增大	tubercle	结节，骨骼上小的圆形突起

后缀	释义	例子	定义
-al, ac	属于，关于	iliac crest	髂嵴，属于髁骨
-cep	头	bicep brachii	肱二头肌，有两个头的手臂部肌肉
-ic	属于，关于	thoracic vertebra	胸椎，位于胸腔
-oid	相似，以……形状	rhomboid	菱形肌，上背部肌肉，形状为菱形
-phragm	划分，分割	diaphragm	横膈膜，分隔胸、腹腔的肌肉

全身系统

人体可以看作是由12个不同系统组成的整体，各系统间相互配合，能够完成多种复杂功能。各系统由器官组成，按功能分类，每个器官都有其具体功能，将它们按照组织结构和适应功能归类就形成了系统。

本书主要介绍控制运动和稳定姿势的肌肉系统和骨骼系统，也称运动系统。

其他系统包括：循环系统、淋巴系统、神经系统、内分泌系统、皮肤系统、呼吸系统、消化系统、泌尿系统、免疫系统和生殖系统。

肌肉附着

肌肉通过肌腱附着在骨骼上，附着点被称为起点（origin）和止点（insertion）。

起点指靠近四肢根部或身体中线的附着点。一般相对固定，在肌肉收缩、运动的过程中起到锚的作用。

止点则指离四肢根部和身体中线最远的附着点，是最为灵活的部分，肌肉收缩时可被拉向起点。

运动分析的关键是了解肌肉起点、止点，肌肉横跨哪些关节，收缩时关节如何运动。

与肌肉连接的骨骼都有其具体特征，这些连接点的突出特征在第二部分每个小节开头的表格都有介绍，这些骨骼和连接点的典型特征请参见14页表格。

肌肉系统

肌肉系统由心肌、平滑肌和骨骼肌三种肌肉组织组成，参与身体运动、固定姿势以及能量的产生。

心肌构成心壁，平滑肌多位于内脏器官壁，比如胃壁和血管壁。这两种肌肉组织不受人意识支配，由自主神经系统和激素调控。

我们俗称的肌肉由骨骼肌组成，骨骼肌系统也包括骨骼肌纤维和骨骼的肌腱以及围绕、支撑肌肉的结缔组织。

一个体重70千克的成年男性有25~35千克骨骼肌。

肌肉附着

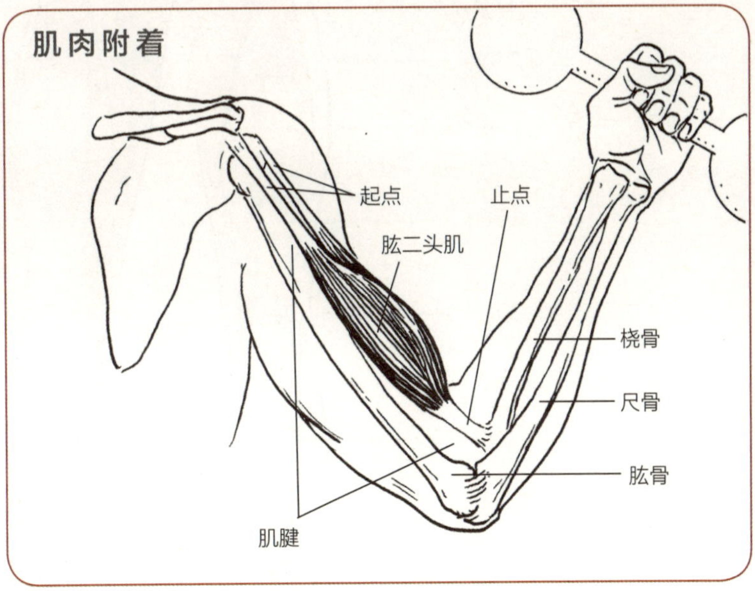

肌肉系统

前面观

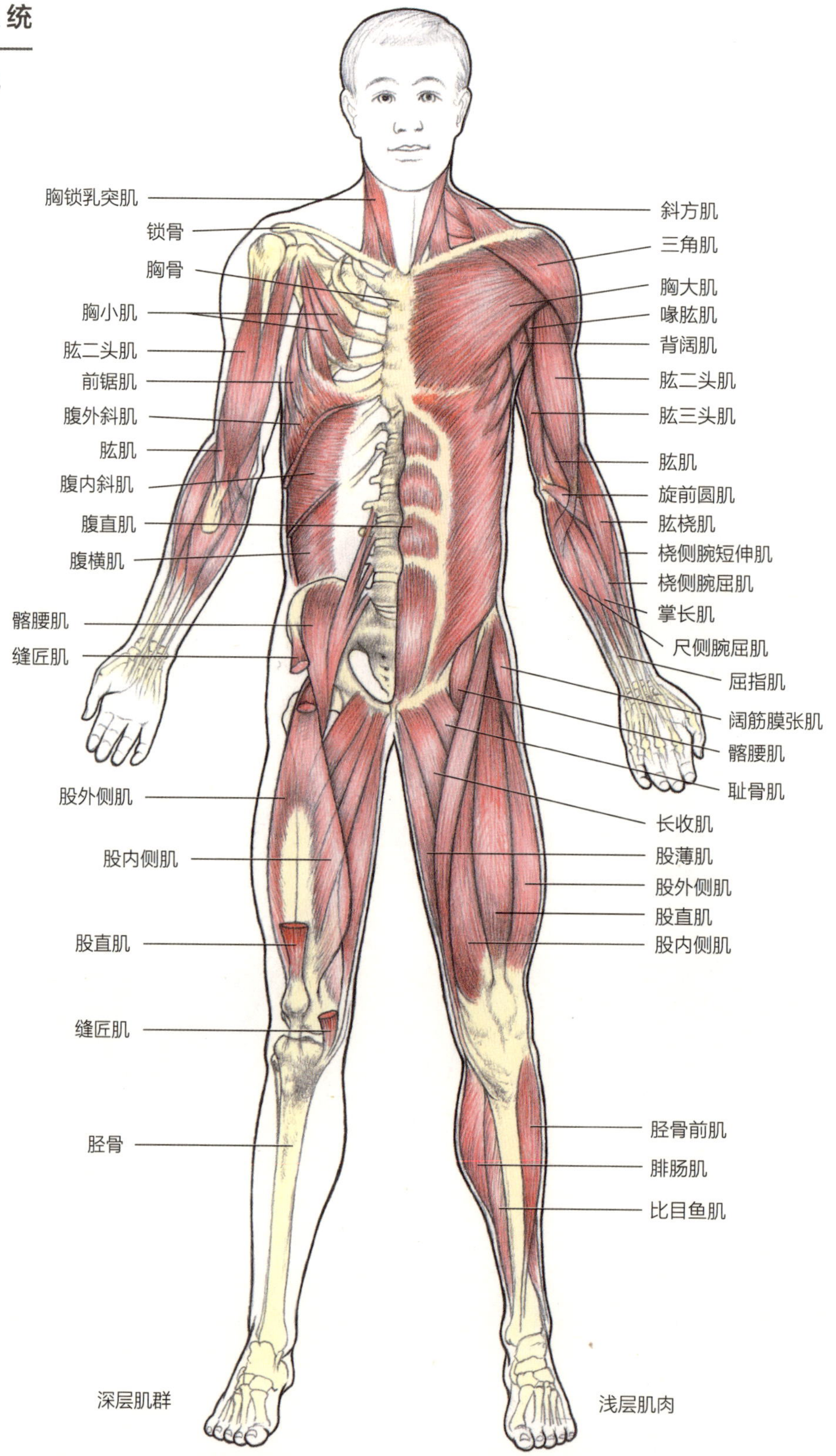
胸锁乳突肌
锁骨
胸骨
胸小肌
肱二头肌
前锯肌
腹外斜肌
肱肌
腹内斜肌
腹直肌
腹横肌
髂腰肌
缝匠肌
股外侧肌
股内侧肌
股直肌
缝匠肌
胫骨
深层肌群
斜方肌
三角肌
胸大肌
喙肱肌
背阔肌
肱二头肌
肱三头肌
肱肌
旋前圆肌
肱桡肌
桡侧腕短伸肌
桡侧腕屈肌
掌长肌
尺侧腕屈肌
屈指肌
阔筋膜张肌
髂腰肌
耻骨肌
长收肌
股薄肌
股外侧肌
股直肌
股内侧肌
胫骨前肌
腓肠肌
比目鱼肌
浅层肌肉

肌肉系统

后面观

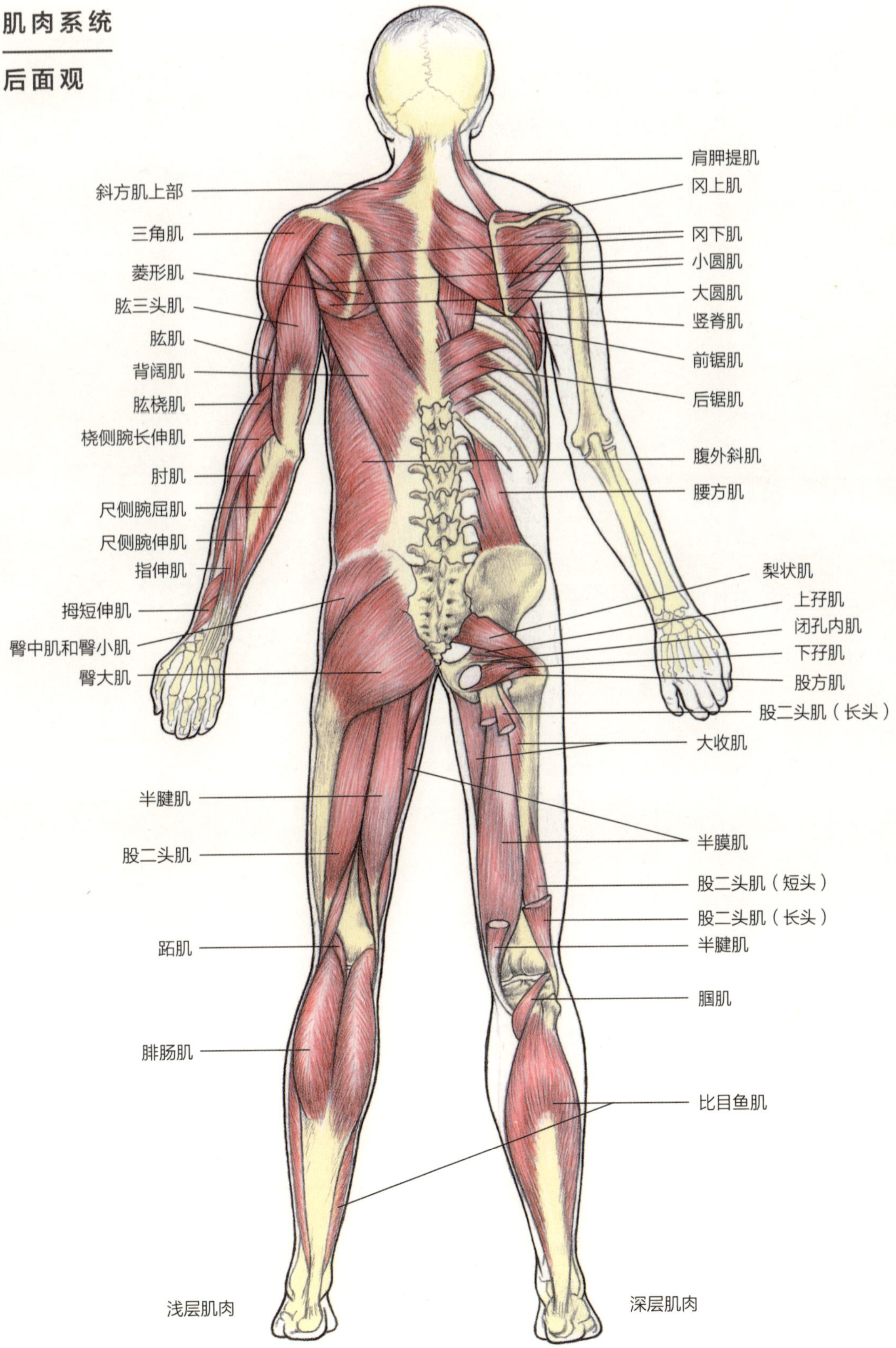
斜方肌上部
三角肌
菱形肌
肱三头肌
肱肌
背阔肌
肱桡肌
桡侧腕长伸肌
肘肌
尺侧腕屈肌
尺侧腕伸肌
指伸肌
拇短伸肌
臀中肌和臀小肌
臀大肌
半腱肌
股二头肌
跖肌
腓肠肌
肩胛提肌
冈上肌
冈下肌
小圆肌
大圆肌
竖脊肌
前锯肌
后锯肌
腹外斜肌
腰方肌
梨状肌
上孖肌
闭孔内肌
下孖肌
股方肌
股二头肌（长头）
大收肌
半膜肌
股二头肌（短头）
股二头肌（长头）
半腱肌
腘肌
比目鱼肌
浅层肌肉
深层肌肉

骨的典型表面形态

形态	名词解释	举例
髁	骨节两端大的圆形突起，通常与其他骨骼构成关节	·股骨内、外侧髁 ·胫骨外侧髁
上髁	髁上的突起	肱骨的内、外上髁
小平面	小而平的关节表面	脊椎关节表面
头	骨末端明显的圆形突起，通常参与构成关节	肱骨头
嵴	细长的峰状突起	骨盆的髁嵴
线	骨表面低而粗涩的嵴	股骨粗线
突	骨表面的明显突起	·肩胛骨的喙突和肩峰 ·肘关节尺骨鹰嘴
棘	远离骨表面的明显的、尖锐的突起	·颈椎棘突 ·肩胛冈
缝	固定或半固定关节之间的关节缝	颅骨骨缝
转子	非常大的突起	股骨大转子
结节	小而圆的突起	肱骨大结节
粗隆	大而圆或粗糙的突起	骨盆坐骨粗隆，一般称为坐骨
孔	骨表面圆形的洞或开口	贯穿脊柱，容纳脊髓的椎孔
窝	骨表面空、浅而平的凹陷	肩胛骨冈上窝和冈下窝

"骨骼"源于希腊语"干枯"一词。新生婴儿有350块骨骼，随着年龄增长许多骨骼会融合在一起，形成一块骨骼，所以成年人有206块骨骼。

骨骼系统

骨骼系统包括骨、韧带（连接两骨的纤维结缔组织）和关节。其中关节有时也被看作一个独立的系统，即关节系统。

除促进运动外，骨骼系统的主要功能还包括：支撑肌肉、保护内脏及软组织和储存多余矿物质，长骨的骨髓还具有造血功能。

全身系统的相互关系

人体各个系统是通过复杂关系相互依存的统一体。比如：运动时，呼吸系统输送氧气，消化系统将食物分解成必需营养素，随后，循环系统通过血液将氧气和营养素送达肌肉，产生肌肉收缩所需能量并完成运动。

淋巴系统和循环系统帮助运输新陈代谢产生的废物，并通过消化系统和泌尿系统排出。

骨骼系统

前面观

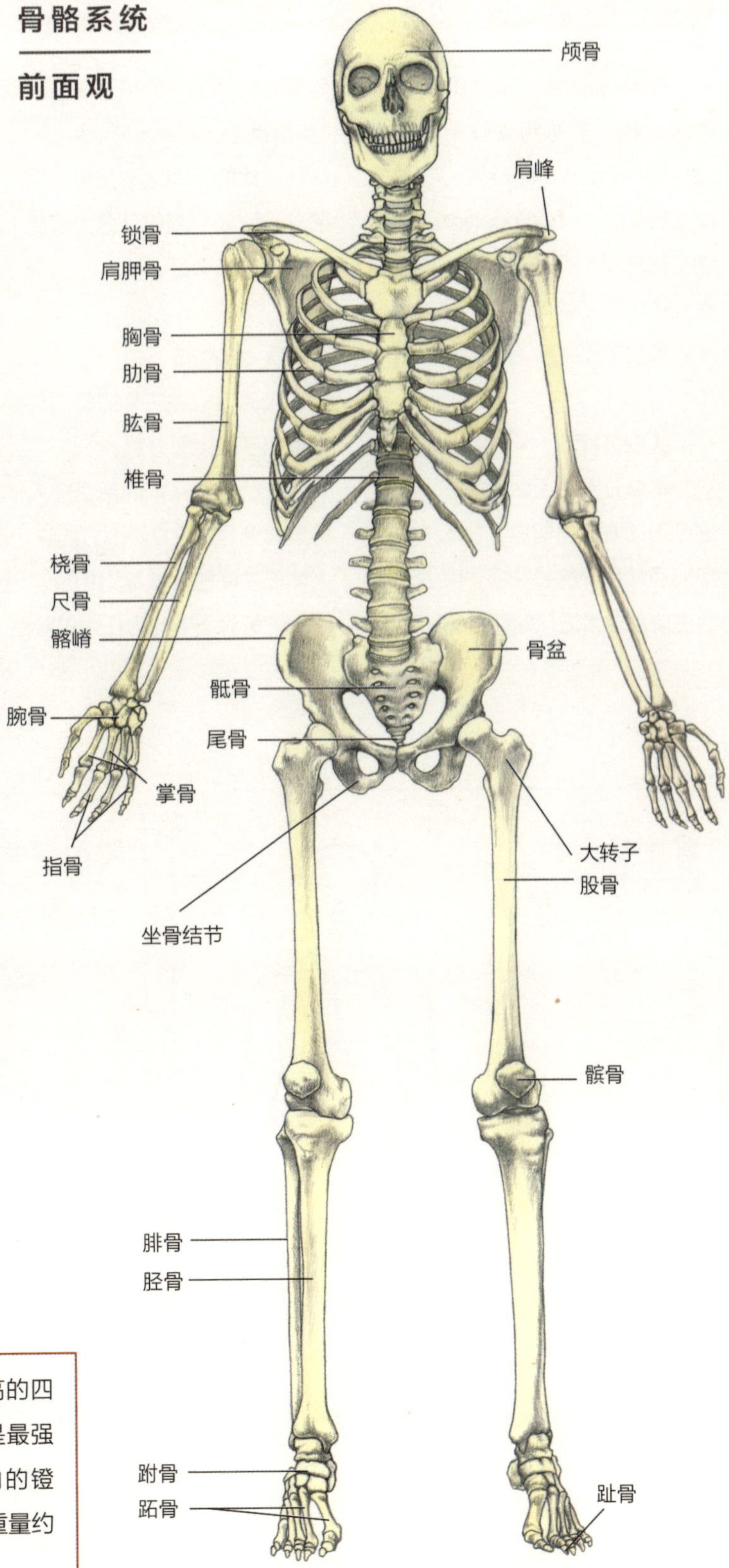

股骨（大腿骨）高度约为人身高的四分之一，是人体中最大、最重，也是最强壮的骨骼。人体最短的骨骼是耳内的镫骨，只有约2.5毫米长。成年人骨骼重量约为9千克。

人体的面与分区

在学习解剖学和分析人体运动时，我们需要用到解剖学姿势（anatomical position），又称标准姿势（standard position）。描述任何动作和解剖学结构的位置时都应该以该姿势为标准（解剖学标准姿势如下图所示）。

人体分区

本书分别对人体表面不同部位进行运动方法的指导。在本书中，我们通常所说的“头部（head）”会由解剖学术语“颅部（cranial）”所替代。颅部一词来源于拉丁语的“头盖骨（cranium）”。

人体的不同区域又可以进一步区分，比如：颅部又分为额区、顶区、枕区和颞区。

人体的面

人体可以被三个假想的、相互垂直的基准平面分割。

矢状面指从前面后贯穿人体，将人体分为左、右两部分的纵切面。人体正中间的线被称为中线。通过中线的矢状面被称为正中矢状面。

冠状面（额状面）是指由上至下贯穿人体，将人体分为前、后两部分的纵切面。

水平面（横切面）是指垂直中线从人体中间穿过，将人体分为上、下两个部分平面。

人体局部的内部结构可以通过以上任意平面进行观察，关节的运动方位也可以根据上述平面定义，因此这三种平面也被称为运动面。了解解剖学基准面可以帮助大家更好的理解运动图谱，明白自己在看人体的哪个局部、从什么角度看。

解剖学姿势

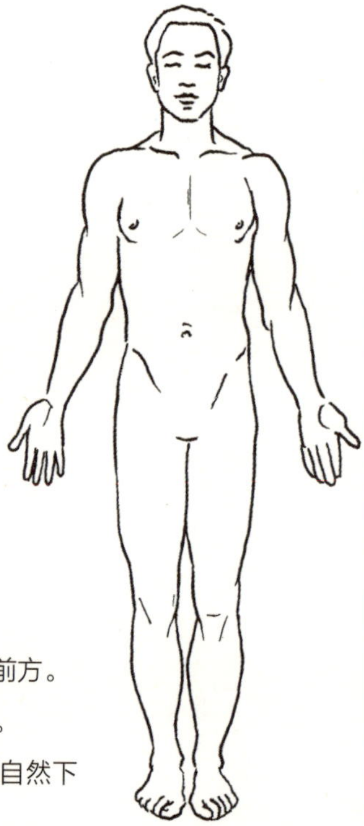

- 人体直立，面向前方。
- 双腿、双脚并拢。
- 两臂于身体两侧自然下垂、掌心向前。

解剖学平面

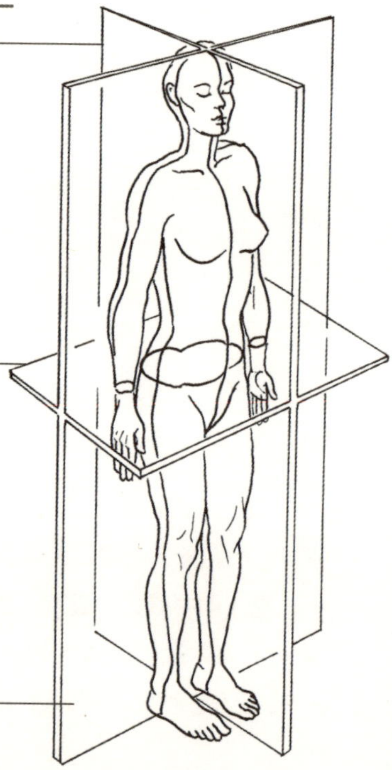

解剖学方位术语

解剖学方位术语是用来描述人体结构和人体各部相互位置关系的标准用语。

人体是一个复杂的三维结构，学习正确的方位术语可以帮助大家理解人体部位的相对位置。

无论人体是站姿、坐姿还是卧姿，方位术语都应以解剖学姿势为标准进行描述。描述方向的术语不受关节运动的影响（参见18~20页）。

解剖学方位术语

方位	定义	举例
前	向前面的，腹侧的	腹肌在身体前面
后	向后的，背侧的	腘绳肌位于大腿后面
上	在另一结构之上，靠近头部的	肩部在髋部之上
下	在另一结构之下，靠近脚部	髋部在肩部之下
外侧	远离身体中线，朝向外侧	膝关节外侧
内侧	靠近身体中线，向内	膝关节内侧
近端	靠近躯干或四肢根部。有时也指肌肉的起点	髋关节位于膝关节近端
远端	远离身体中部或位于四肢末端。也指远离肌肉起点的位置	脚趾位于腿的最远端
浅	靠近身体表面的	股直肌位于股四头肌的最浅层
深	远离身体表面，靠近深处	心脏位于肋骨深侧，受肋骨保护
俯卧	面朝下躺卧	比如：俯卧挺身的起始姿势（参见72页）
仰卧	面朝上躺卧	比如：卷腹起始姿势（参见111页）

关节运动

想分析一项复杂运动就必须了解关节是如何运动的（哪个关节在动，如何运动?）。本章将帮助您认识各个关节，使运动分析更容易。

关节的类型

有些关节是固定或半固定的，只能小幅度活动或不能活动。比如：颅骨各骨间通过骨缝紧密连接，形成固定关节，不可以活动；但连接脊柱和骨盆的骶髂关节就是半固定关节，可以小幅度活动。

第三类是滑膜关节，可以自由活动，具体活动方式由它们特定的形状、大小和结构决定。

滑膜关节是人体最常见的关节。其典型特征是具有关节囊包裹，关节囊在关节周围，运动可以刺激其内膜分泌滑液。典型的滑膜关节包括肩关节、膝关节、髋关节、踝关节、手关节、脚关节和椎关节。

关节功能

当我们做出一个动作，比如举重或者跑步时，神经刺激配合肌肉收缩促使滑膜关节活动。

例如：进行肱二头肌屈曲训练时（参见96页直立弯举），连接上臂骨和桡骨、尺骨的二头肌收缩变短，牵拉前臂，使肘关节角度变小，重物被举起。

关节的运动

一般的运动形式适用于大多数主要关节，但也有一些特殊活动方式只发生在特定关节。

一般的关节运动都发生在相似的解剖平面上。比如：肩关节、髋关节和膝关节的屈伸都发生在矢状面上（参见16页）。这样学习关节运动和进行运动分析就显得更容易了。

下面的表格首先列出了一般关节运动，随后展示的是只有特定关节才可以完成的特殊运动。

其实，严格地说，只用运动形式和四肢或者身体部位相结合来命名运动是很不准确的。就像“伸腿”这个词，我们并不知道动作具体发生在膝关节、髋关节还是踝关节。所以我们要习惯运动形式结合关节的命名方法，比如：肩关节屈曲、膝关节伸展、脊柱旋转、肩胛骨下压等（躯干运动可能是个例外，因为脊柱的所有关节都相互配合参与全身运动）。

关节运动一般是成对的，因为每个运动都必须配合一个回来的动作使它回到原位。典型的成对运动有屈曲和伸展、外展和内收、伸长和收回（参见20页）。当您阅读第二部分的运动分析时就会用到这些成对运动。

请记住，所有运动都是按照解剖学姿势命名的（参见16页）。就像“屈肘”这个动作，不管您运动时是站立、仰卧还是坐着，都叫“屈肘”。

主要关节运动形式

主要运动形式	面	描述	举例
外展	冠状面	远离中线的运动	健身机髋关节外展（参见56页）
内收	冠状面	向中线靠拢的运动	健身机髋关节内收（参见55页）
屈	矢状面	缩小两个结构之间的角度	前臂向上臂移动，直立弯举，哑铃上举时（参见96页）
伸	矢状面	增加两个结构之间的角度	前臂远离上臂。直立弯举，哑铃下降时（参见96页）

续表

主要运动形式	面	描述	举例
旋内	水平面	沿垂直轴向中线旋转	站姿拉力器夹胸（参见38页）
旋外	水平面	沿垂直轴远离中线旋转	转腰
环转	各平面	肩关节和髋关节的完整旋转	转圈挥动手臂
特殊运动			
1. 踝关节运动			
跖屈	矢状面	足尖向下	器械直立提踵（向上，参见60页）
背屈	矢状面	足背向小腿前面靠拢	器械直立提踵（向下，参见60页）
2. 前臂（桡尺关节）运动			
旋前	水平面	转动腕关节，手向肘内侧旋转	正坐弯举（参见97页）
旋后	水平面	转动腕关节，手向肘外侧旋转	手环转动作
3. 肩胛骨运动			
下降	冠状面	肩胛骨向下的运动，如：下压肩胛骨	稳定肩带骨。比如屈髋收腹（参见113页）
上提	冠状面	肩胛骨向上的运动，如：耸肩	耸肩提哑铃（参见84页）
外展（前伸）	水平面	肩胛骨远离脊柱的动作	坐式划船（参见70页）
内收（后缩）	水平面	肩胛骨朝向脊柱的动作	坐式划船（参见70页）
向下旋转（旋内）	冠状面	肩胛骨向下旋转。由上旋还原	器械胸前下拉（参见64页）
向上旋转（旋外）	冠状面	肩胛骨向上旋转。其下沿向上、向外移动	器械胸前下拉（参见64页）
4. 肩关节运动			
水平外展／伸（横向外展）	水平面	肱骨跨越身体远离中线运动	平卧飞鸟（参见36页）
水平内收／屈（横向内收）	水平面	肱骨跨越身体朝向中线运动	平卧飞鸟（参见36页）
5. 脊柱／躯干运动			
侧屈	冠状面	在冠状面，躯干远离中线的动作	哑铃侧屈（参见109页）
还原	冠状面	在冠状面，躯干向中线还原的动作	哑铃侧屈（参见109页）
6. 腕关节运动			
屈（掌屈）	矢状面	手向前臂前表面运动	坐姿反握腕弯举（参见100页）
伸（背屈）	矢状面	手向前臂后表面运动	坐姿正握腕弯举（参见101页）

关节的运动

膝关节是人体最大的关节，髋关节是最强壮的关节，而肩关节可能是最不稳定的关节。

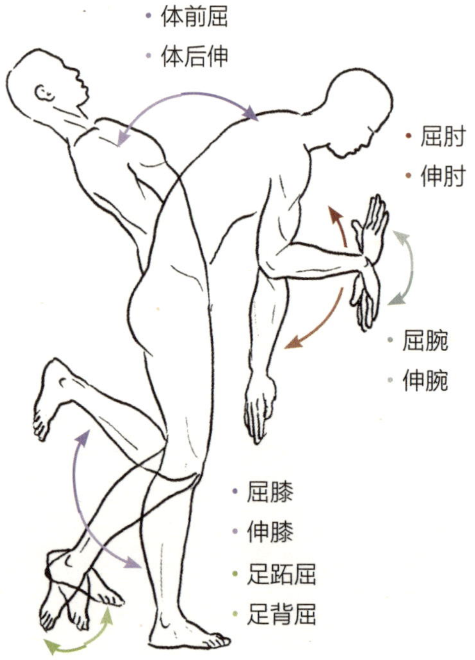

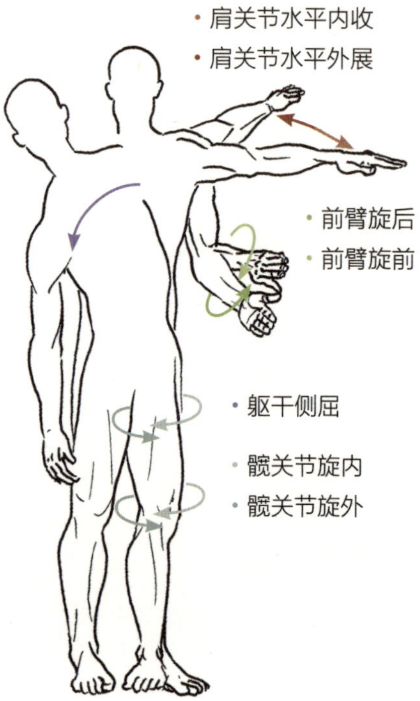

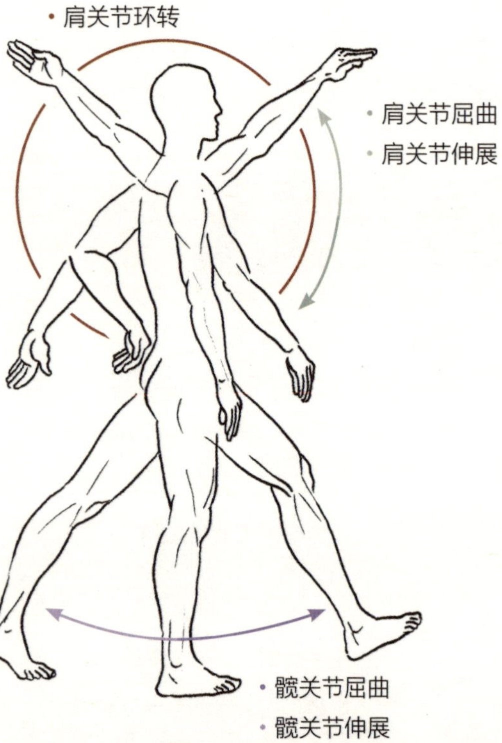

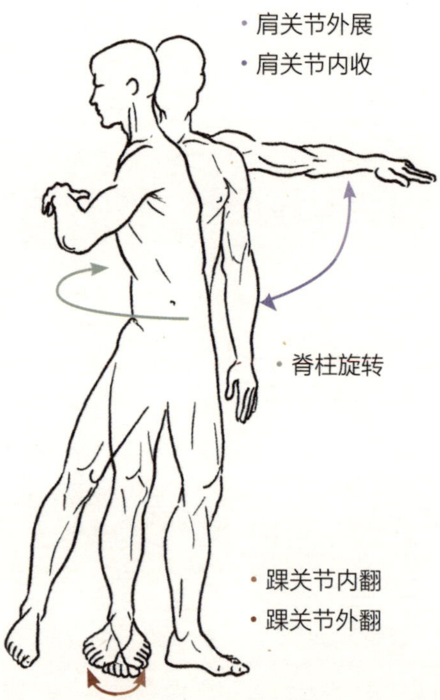

姿势与肌肉平衡

对于大多数训练者来说，更需要的是通过训练均衡力量并应用于日常生活中，所以我们把这些运动定义为“功能性训练”。本书收录的很多训练和健身器械都更侧重于这类训练。

功能性训练

SAID原则（Spencific Adaptation to Imposed Demands，单一负担适应性原则）是指：身体可以为了适应某种需求而做出一系列变化，这也是力量训练的基本原则和前提。

就像定期规律的自行车训练能让您成为一名更好的骑手而不是赛跑者。采用特定的姿势、部位功能和最符合日常生活需求的方式训练是非常重要的。

比如：以站立姿势进行训练可以加强脊柱、躯干和腿部稳定肌群的力量，使它们更适合日常活动。

这完全不代表在健身房训练就是枯燥和严格的，而是说我们需要把训练原则融合到训练方法中。只要坚持通过正确、有效的动作要领完成训练动作的原则，在确保安全的前提下，不在健身房也可以进行训练。

使一种运动更有用的方法之一是“承重”，也就是直立进行训练。但如果您是初学者或者想单独锻炼特定的肌肉，从坐位训练开始可能更好。另一种使训练更加功能化的方法是综合而非单独训练。也就是说每次训练时都让包括运动肌群和稳定肌群的多个肌肉群参与运动。

开链运动和闭链运动

功能训练过程中，另一个经常被提到的概念是开链运动和闭链运动。这两个名词最初是由整形外科医生亚瑟·斯坦德勒博士提出的：在开链运动过程中，近端肌肉的附着点是固定的，远端肌肉可以活动，比如捡东西或者踢球。在闭链运动过程中，远端肌肉附着点是固定的，而近端肌肉可以活动，如从椅子上站起来或者做引体向上。

骨盆的位置

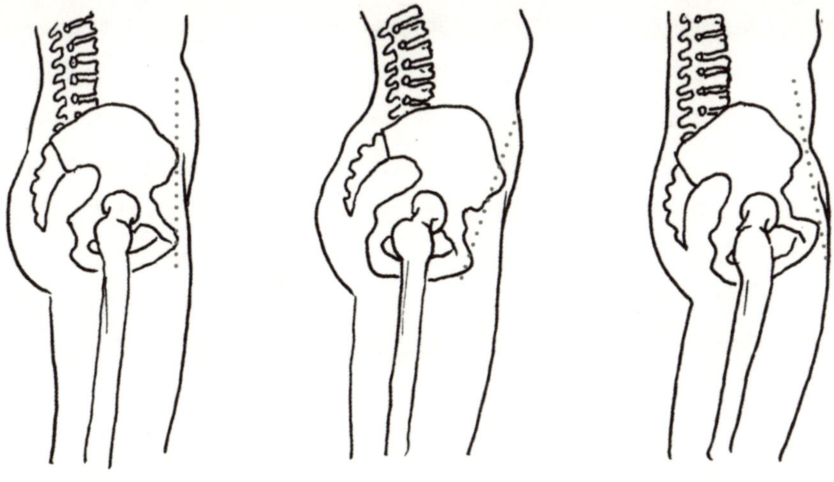
骨盆中立位　骨盆前倾　骨盆后倾

在健身界，闭链运动一般被定义为手或脚或者二者同时与地面接触，使身体与地面形成闭合环路的运动（如下蹲）。虽然杠铃弯举一般被认为是闭链运动，但根据亚瑟·斯坦德勒博士的定义，这应该是一种开链运动。

本书以亚瑟·斯坦德勒博士的定义为准（详细请参考每项训练的快速参考条目）。

虽然目前仍有分歧，但我们一般认为与地面形成闭合环路的锻炼姿势更有效、更稳定，也更适合体质较弱的人。闭链运动在一般锻炼和伤后复健中都有广泛应用。

姿势及其调整

万有引力作用于人体，使人体产生重力。重力作用的方向，也就是由人体重心到地心的连线即是引力线。

站立时，当身体的主要标记位置（如髁关节、膝关节、髋关节和肩关节）都和引力线一致时，就叫中位校准。这时身体前后、左右保持平衡，用最省力的姿势对抗地心引力。人体脊柱曲线保持平衡，从侧面看，耳、肩、髋、膝、踝都在铅垂线上。

在中位校准的姿势中，骨盆处于中位，与耻骨和髂前上棘在一条垂线上（参见21页图）。这种姿势下，如果把骨盆比作装满水的水桶，水恰好不会溢出，此时，如果骨盆前倾，水从前面流出；骨盆后倾，水从后面流出。

当我们在训练过程中改变身体姿势：下蹲或者做俯卧撑时，重力持续作用，平衡临界点不断改变，我们就需要花费更多力气保持身体平衡的姿势（无论仰卧、坐或者以一定角度倾斜身体时都需要调整脊柱位置，且位置都以解剖学姿势命名）。比如：如果下蹲训练要求保持“脊柱中立位”，就需要在练习过程中使耳、肩、臀和骨盆处在一条直线上（当然并不一定是一条垂直于地面的线）。

姿势控制和调整不良姿势都可能造成姿势补偿，影响动作质量，降低锻炼的安全性和效率。姿势补偿是指运动过程中所用关节、关节活动方式、动作幅度以及参与运动的稳定肌群和运动肌群偏离运动分析中理想状态的情况。

以不正确的直立弯举训练为例（参见96页），通过下背部用力的“作弊”方法也可以举起杠铃（这种方法的特征是身体前后摇摆）。因为训练者的姿势平衡能力不足以负荷所选择杠铃的重量，弯举过程中肘关节活动范围缩小，肱二头肌不能得到充分锻炼。另外，因为下背部不稳定，作为稳定肌群的腹部肌群也得不到充分锻炼，使下背部受伤的风险提高。

稳定肌和运动肌

对肌肉进行分类的常见标准之一是看肌肉执行的是稳定功能还是运动功能。

运动肌指主要参与运动的肌肉，就像执行弯举的肱二头肌。

稳定肌指运动过程中保持身体稳定，负责调整姿势并确保运动肌高效运动的肌肉。

比如，在直立弯举训练过程中（参见96页），肌腱轴维持肩关节稳定，腹部肌群确保脊柱处于自然居中位置，而肱二头肌进行等张收缩。特定的位置、形状、角度和结构使一些肌肉更适合充当稳定肌。

腹部肌群是本书自始至终强调的主要稳定肌群之一。其他具有稳定功能的肌肉还有臀肌和腘绳肌群、阔筋膜张肌、股直肌、髂腰肌、内收肌群、胫骨后肌、竖脊肌、前锯肌、斜方肌中部和下部、菱形肌和肩袖肌群。

成对的稳定肌群使我们前后、左右保持稳定，能维持人体自然姿势。

在功能性训练过程中（为生活需要），我们希望按照肌肉自然的方式进行训练，也就是把稳定肌仍当作稳定肌进行训练，把运动肌仍当作运动肌进行练习。但当我们使用健身器械时，器械会支撑我们的身体（特别是坐位、俯卧、仰卧或倾斜类），这时就用不到稳定肌群。稳定比力量更重要，所以使用器械进行训练时请注意调整、保持正确姿势。

各种目标的训练计划

	次数（每周）	持续时间（分钟）	训练强度（1~10级）	重复次数	训练组数	组间休息时间
初学者	2	20~45	5~7	8~12	1~2	30~1分钟
减脂	2~4	15~30*	4~6	15~30	1~2	15~30秒
心血管耐力	2~4	15~30*	5~7	12~25	1~3	15~1分钟
肌肉耐力	3~5	20~45	3~8	12~30	2~3	30秒~2分钟
肌肉伸缩性	3~5	20~45	6~7.5	12~15	2~3	30秒~2分钟
健美**	3~6	40~75	7~8.5	6~12	4~6	30~90秒
力量型训练**	3~6	40~75	8~10	1~8	4~5	2~8分钟
重量型训练**	3~6	20~45	3~9	1~6	4~5	2~8分钟

*进行有氧运动（如跑步或骑车）时请不要参考这个时间。

**第一次按照高级训练计划训练时，需要专业指导。

训练分析

运动分析帮助训练者了解在特定的训练中哪些关节和肌肉参与了运动，以及它们是如何运动的。改变训练动作或者动作不正确既会改变参与训练的肌肉又会影响肌肉参与运动的方式。训练分析可以帮助训练者确定特定训练中的肌肉是不是自己想要锻炼的肌肉。因此理解训练分析是训练者必须掌握的技能。

分析一项训练的方法很多。本书采用一种简单、有效的方法，即提出问题（见下文）。训练分析也适用于静态体位分析，比如瑜伽姿势或者伸展，在伸展运动中，只要使关节保持特定的角度就能使一些肌肉伸展，另一些肌肉收缩，以保持身体平衡、姿势稳定。

分析一项运动时，最常被提到的3个主要问题：

- 什么或哪些关节在运动?
- 关节是如何运动的（屈曲、伸展等）?
- 什么肌肉参与了运动?

有助于理解一项运动的其他问题：

- 训练过程中什么肌肉用于维持身体平衡?
- 训练中如何掌握、改进以及变化训练方法?

训练计划实例请参考132页。

第二部分

训练解剖学

胸部

力量训练一般原则

- 确保充分的热身运动时间，特别是针对训练过程中会用到的肌肉的热身。
- 训练需要循序渐进。肌肉和关节一般需要3个月的时间适应新的锻炼内容。
- 根据自己的经验和能力选择适当的训练频率（初学者每周2~3次，资深者可以适当提高频率）。
- 先进行组合肌群训练，再进行单肌训练，先训练大肌群再训练小肌群。
- 好的形式和技巧很重要，进行力量训练之前先要保证身体稳定性。
- 要知道“好的疼痛（锻炼成果）”和“坏的疼痛（受伤）”之间的区别。锻炼过程中不要忽视“坏的疼痛”，这是一种警示信号。
- 要进行全方位运动。
- 均匀呼吸，不要憋气。
- 根据自身情况对锻炼进行调整，包括练习种类、持续时间以及训练强度。

胸部训练涉及的肌肉

名称	附着的关节	起点	止点	作用
胸大肌	肩关节	·（上部）起于锁骨半侧内 ·（中部）起于胸骨 ·（下部）起于第1~6软肋骨与胸骨连接处	肱骨结节间沟	肩关节： ·内收 ·水平内收 ·旋内 ·屈
胸小肌	肩胛骨到肋骨	3~5肋骨前表面	肩胛骨喙突	肩胛骨： ·外展 ·下回旋 ·下降
三角肌前束	肩关节	锁骨外1/3前面	肱骨外侧	肩关节： ·屈 ·水平屈 ·旋内
肱三头肌	肩关节和肘关节	肩胛骨和肱骨上后方	尺骨鹰嘴	肘关节伸展
前锯肌	肩关节	胸侧1~9肋骨处	肩胛骨内侧	肩胛骨： ·外展 ·上旋
喙肱肌	肩关节	肩胛骨喙突	肱骨干中部内侧	肩关节： ·水平内收
肘肌	肘关节	肱骨外侧髁后面	尺骨鹰嘴后表面	伸肘（与肱三头肌一起工作）

注：肱三头肌详细介绍见手臂部肌肉（87页）。

胸肌

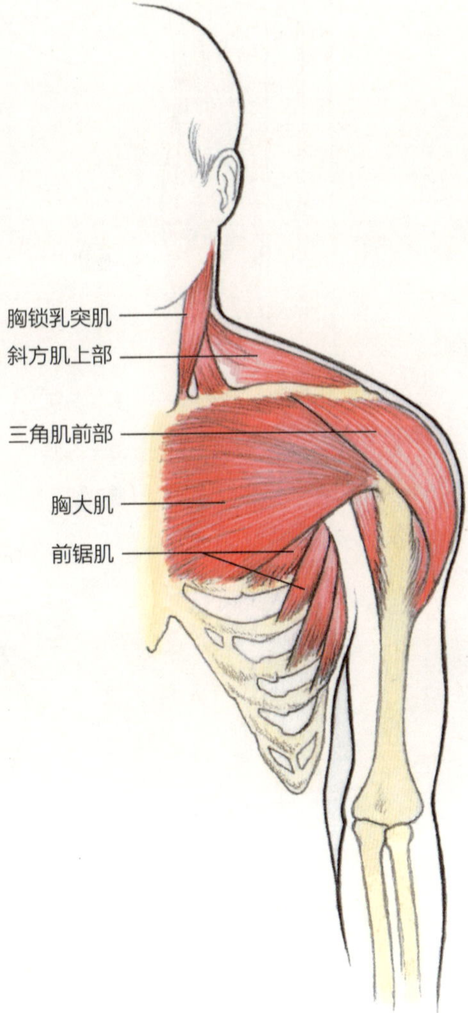

体前浅层肌肉（包含骨骼）

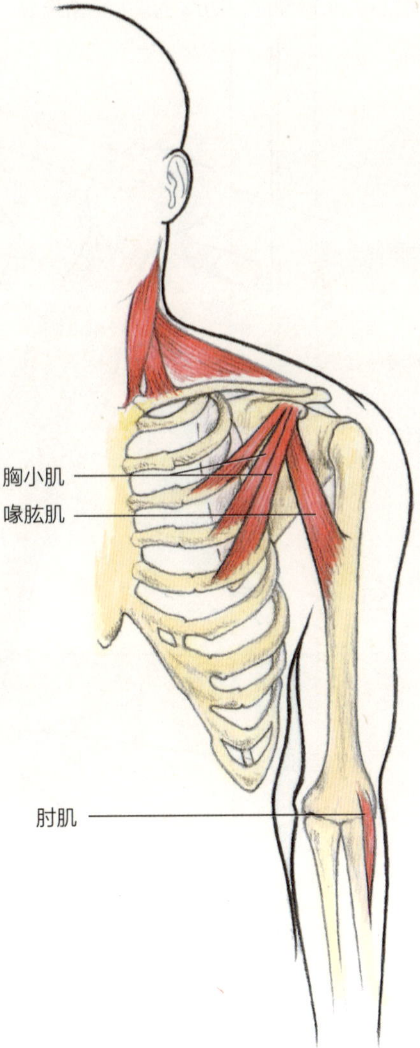

体前深层肌肉（包含骨骼）

杠铃平板卧推

核心训练・多关节・推・开链运动・杠铃・中、高级训练者

在世界壮汉（Strongest Man）大赛中，来自菲律宾的选手安东尼·克拉克平板推举重量达363千克，是他自身体重（159千克）的2.5倍左右！

动作说明

从器械架上抓取杠铃。屈肘，使杠铃下降到上胸部水平位置。向上推举杠铃到手臂伸直，动作还原。不断重复。

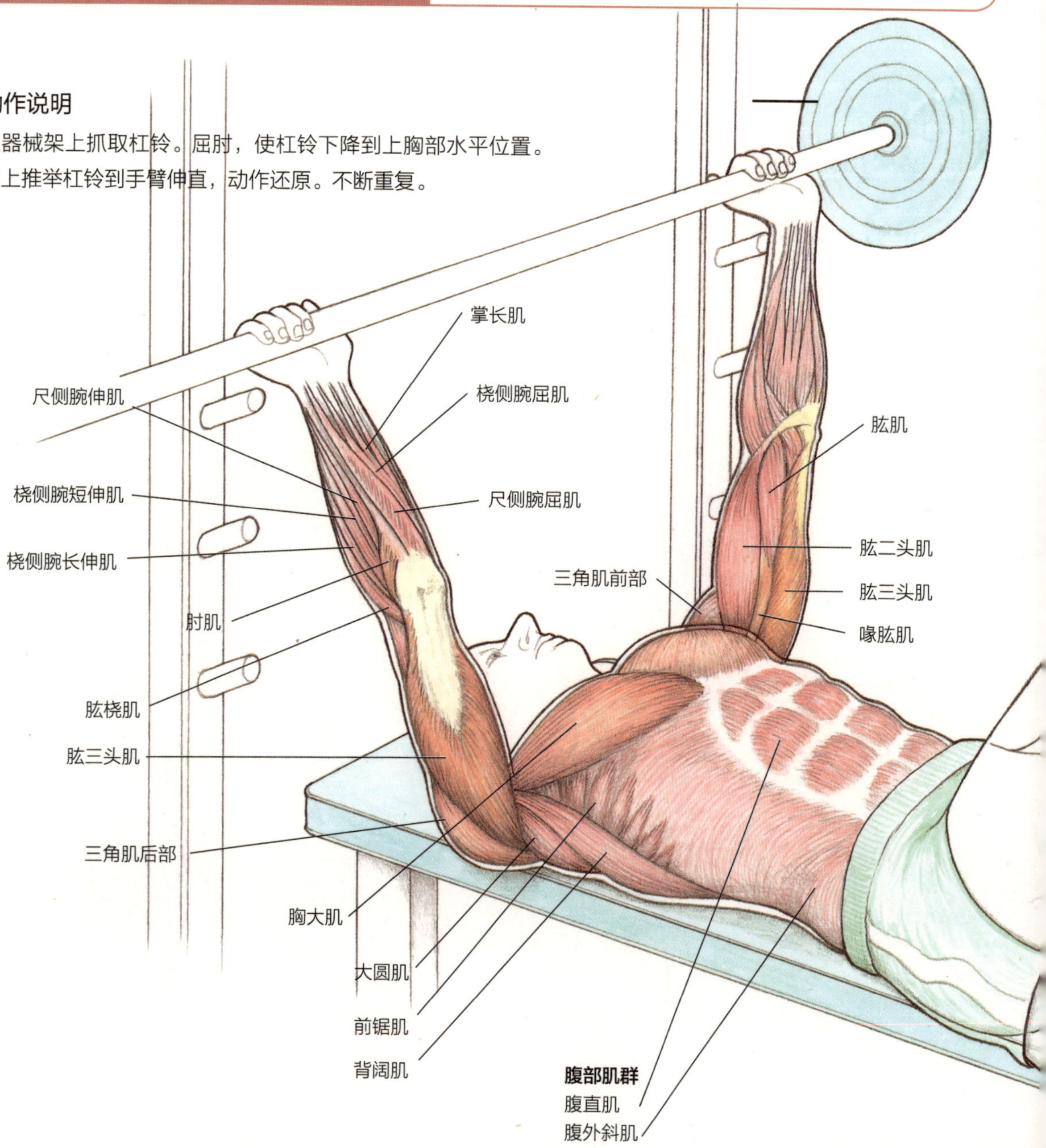

训练技巧

- 在增加重量之前确保正确的体位。
- 避免依靠冲力运动，要以缓慢可控的速度运动。
- 上推杠铃时呼气。

动作分析	关节1	关节2	关节3
关节	肘关节	肩关节	肩胛胸壁关节
关节运动	向上——伸； 向下——屈	向上——水平内收、屈； 向下——水平外展、伸	向上——肩胛骨部分上旋、外展； 向下——肩胛骨部分下旋、内收
运动肌肉	肱三头肌、肘肌	胸大肌（特别是其胸骨和锁骨的附着部分）、喙肱肌、三角肌前部	前锯肌

稳定肌群	
	肩胛部：前锯肌、胸小肌、斜方肌下部。 肩关节部：肩袖肌群、肱二头肌。 躯干中部：腹部和臀部肌群、菱形肌、斜方肌下部、背阔肌。

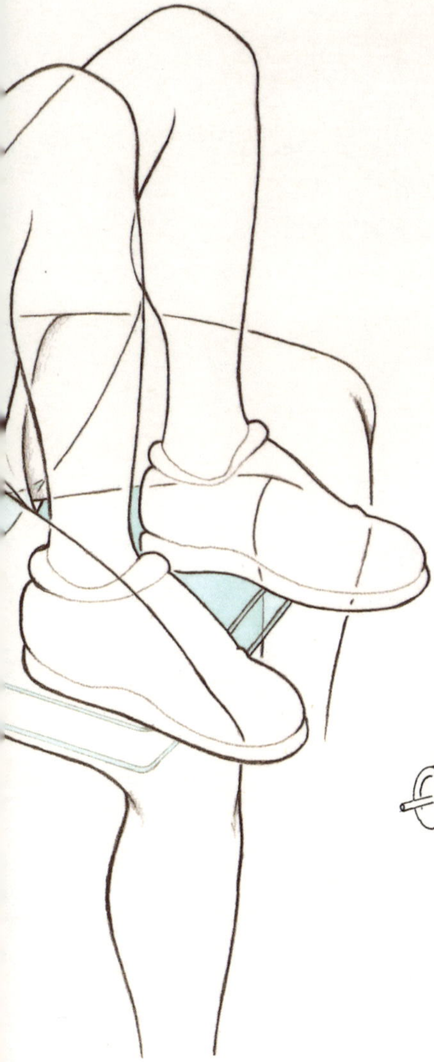

起始位置

- 仰卧。
- 中握距（比肩稍宽）。
- 脊柱平放（如有可能，可将双脚放在长凳上以减小下背部弓度）。

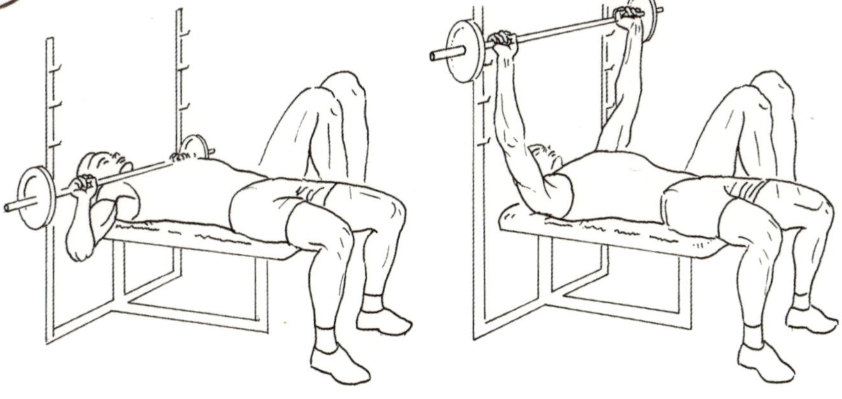

俯卧撑

核心训练・多关节・推・闭链运动・体重・功能训练・从初级到高级训练者

目前，来自英国的帕迪・道尔（Paddy Doyle）以一年（1988~1989年）做1,500,230个俯卧撑的突出成绩维持吉尼斯世界纪录。

动作说明

保持身体姿势，屈肘，使身体降低至地面。向上推举身体至手臂伸直且肘关节伸展，还原。不断重复。

训练技巧

- 以缓慢可控的速度运动。
- 保持脊柱平直。
- 避免依靠冲力运动。

动作分析	关节1	关节2	关节3
关节	肘关节	肩关节	肩胛胸壁关节
关节运动	向上——伸； 向下——屈	向上——水平内收、屈； 向下——水平外展、伸	向上——肩胛骨部分上旋、外展； 向下——肩胛骨部分下旋、内收
运动肌肉	肱三头肌、肘肌	胸大肌（特别是其胸骨和锁骨附着部分）、喙肱肌、三角肌前部	前锯肌

稳定肌群	俯卧撑相较杠铃平板卧推更强调稳定性。 肩胛部：前锯肌、胸小肌、菱形肌、斜方肌下部。 肩关节部：肩袖肌群、肱二头肌。 躯干中部：腹部、臀部和股四头肌肌群，腰方肌，背阔肌。

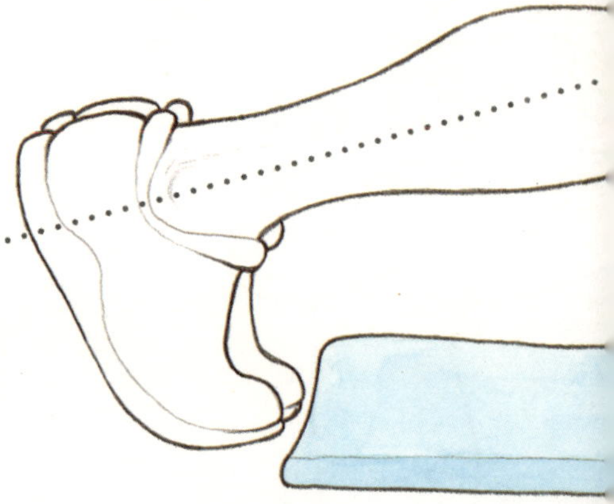

起始位置

- 俯卧。
- 用手掌和脚尖支撑，向上抬起身体。
- 伸直手臂，保持两臂距离略比肩宽，手掌在前胸靠上水平位置。
- 保持身体平直。

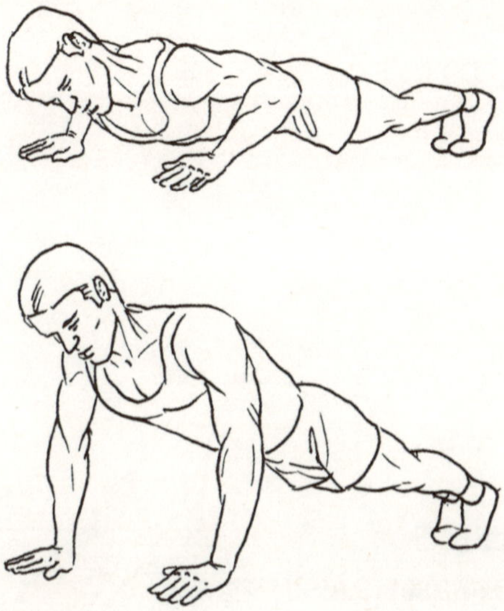

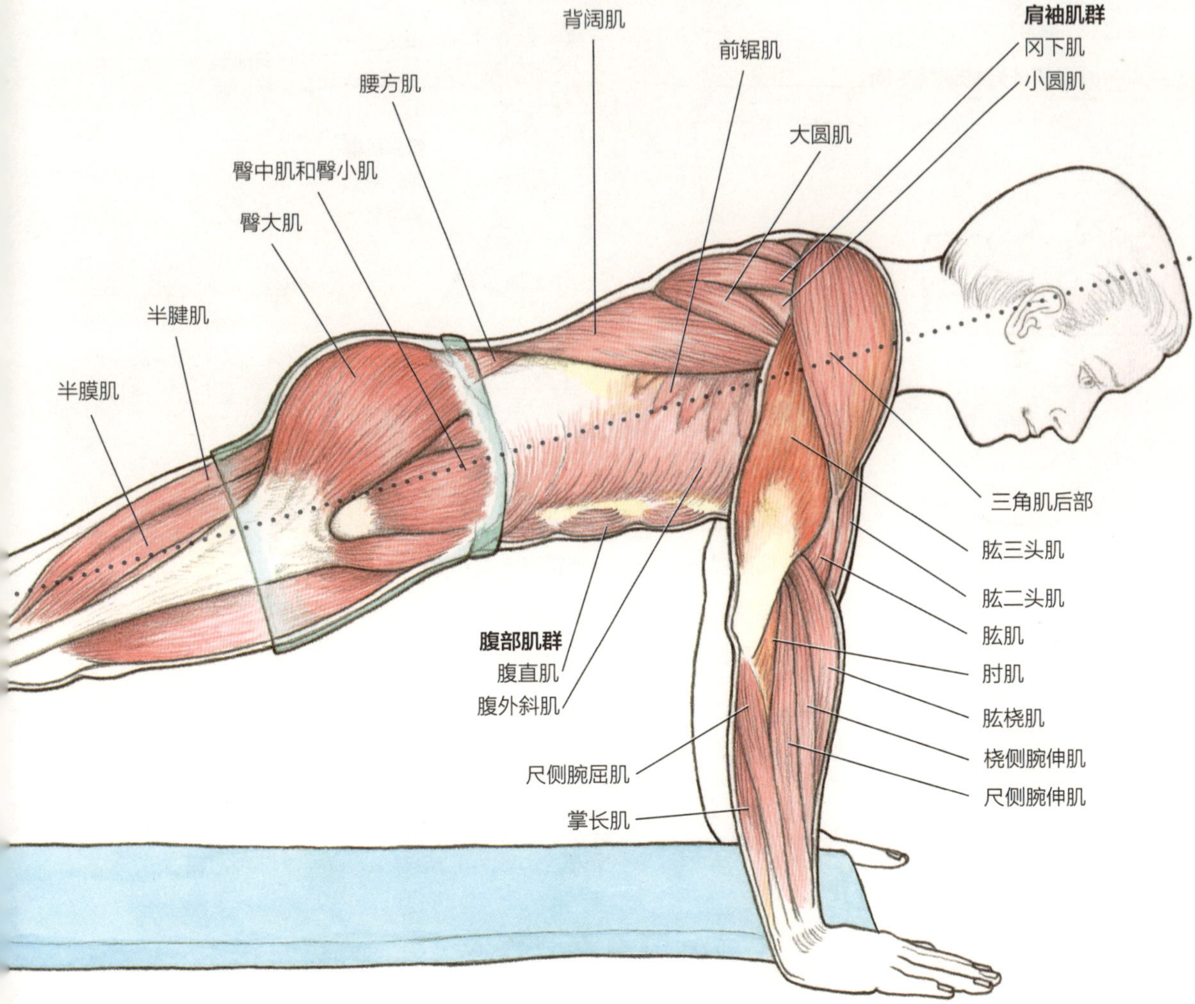

上斜杠铃卧推

核心训练 · 多关节 · 推 · 开链运动 · 杠铃 · 中、高级训练者

上斜的角度可以使运动时的力量集中在上胸部。但大多数健身房长凳倾斜的角度都过高，在45~60度。理想的倾斜角度是与水平呈15~30度。

动作说明

从器械架上抓取杠铃。屈肘，使杠铃下降到上胸部水平位置。上推杠铃到手臂伸直，动作还原。不断重复。

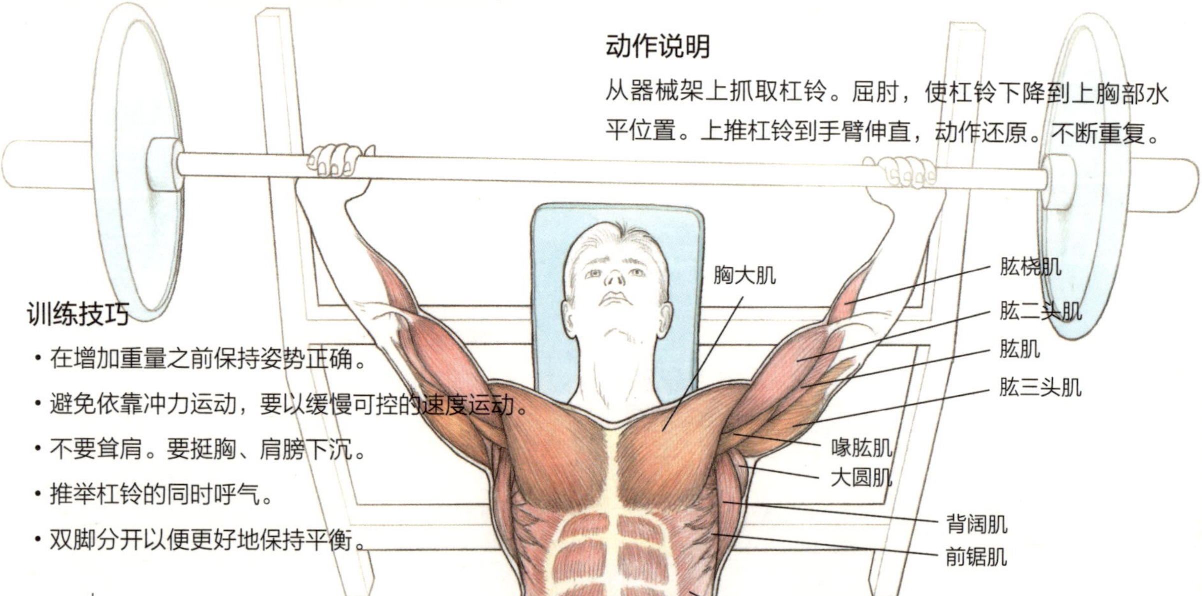

训练技巧

- 在增加重量之前保持姿势正确。
- 避免依靠冲力运动，要以缓慢可控的速度运动。
- 不要耸肩。要挺胸、肩膀下沉。
- 推举杠铃的同时呼气。
- 双脚分开以便更好地保持平衡。

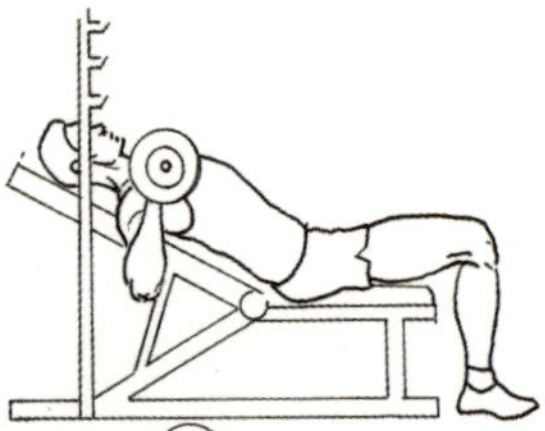

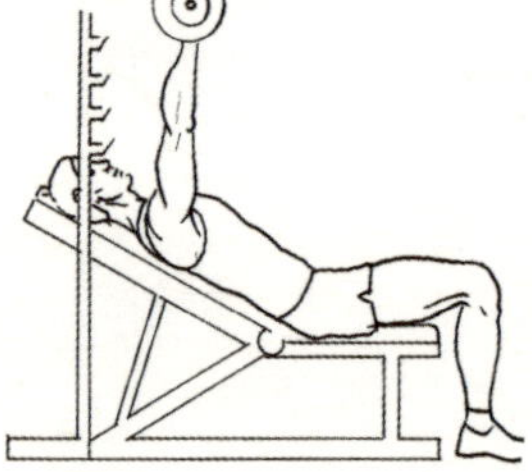

起始位置

- 仰卧在上斜长凳上。
- 中握距抓举杠铃，双手距离比肩稍宽。
- 调整姿势使杠铃可以降至上胸部。
- 脊柱平直（可能的话将双脚放在长凳上）。

稳定肌群

肩胛部：前锯肌、胸小肌、菱形肌、斜方肌下部。

肩关节部：肩袖肌群、肱二头肌。

躯干中部：腹部和臀部肌群、背阔肌。

动作分析	关节1	关节2	关节3
关节	肘关节	肩关节	肩胛胸壁关节
关节运动	向上——伸； 向下——屈	向上——水平内收、屈； 向下——水平外展、伸	向上——肩胛骨部分上旋、外展； 向下——肩胛骨部分下旋、内收
运动肌肉	肱三头肌、肘肌	胸大肌（特别是其胸骨和锁骨附着部分）、喙肱肌、三角肌前部	前锯肌

下斜杠铃卧推

核心训练・多关节・推・开链运动・杠铃・高级训练者

进行这项训练需要使用专门的下斜长凳。仰卧在下斜长凳上，血液会涌向头部，您可能需要一段时间来适应这种姿势。为减轻晕眩感，请均匀呼吸，不要憋气。完成训练后慢慢站起来。

动作说明

从器械架上抓取杠铃，与上胸部平行。屈肘，使杠铃下降到上胸部水平位置。向上推举杠铃到手臂伸直，动作还原。不断重复。

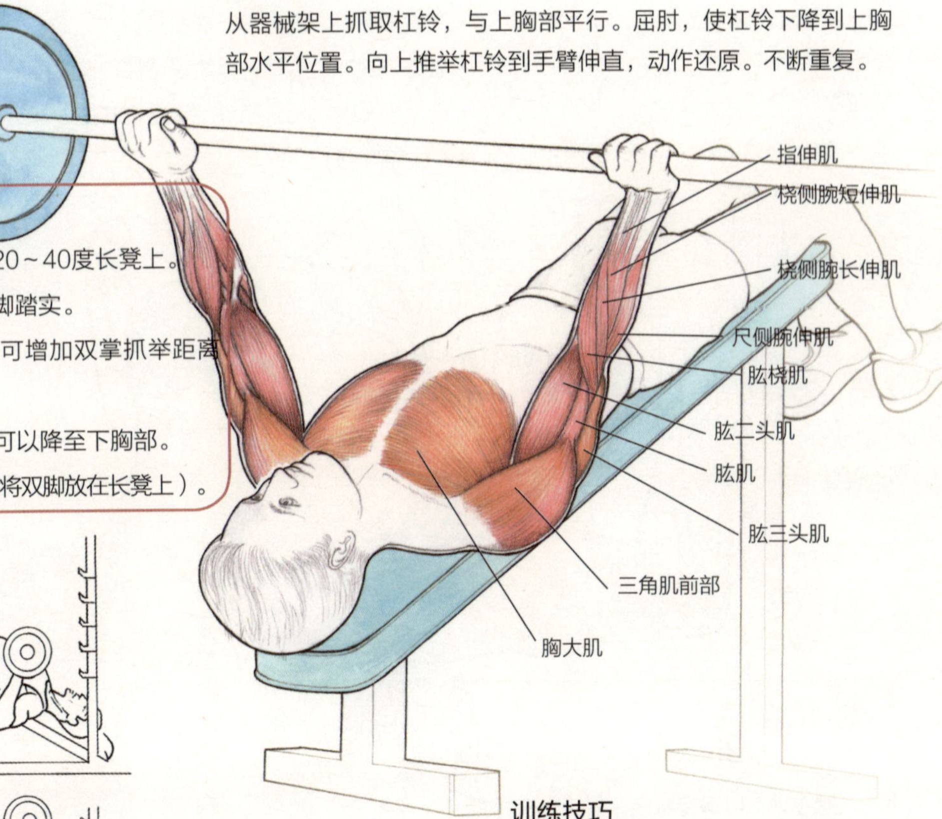

起始位置

- 仰卧在下斜角度为20～40度长凳上。
- 保证身体稳定，双脚踏实。
- 中握距抓举杠铃，可增加双掌抓举距离以保持平衡。
- 控制姿势，使杠铃可以降至下胸部。
- 脊柱平直（可能的话将双脚放在长凳上）。

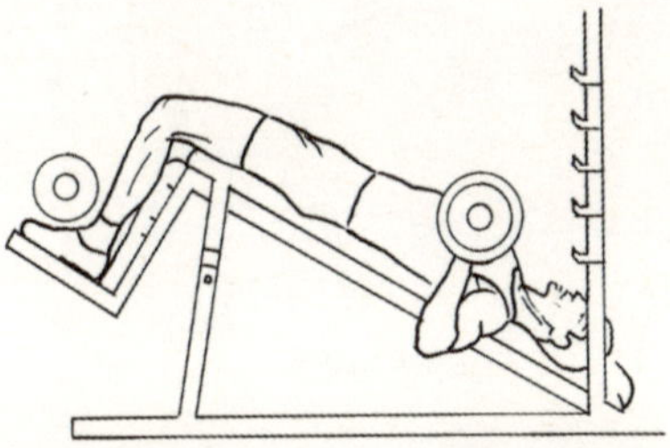

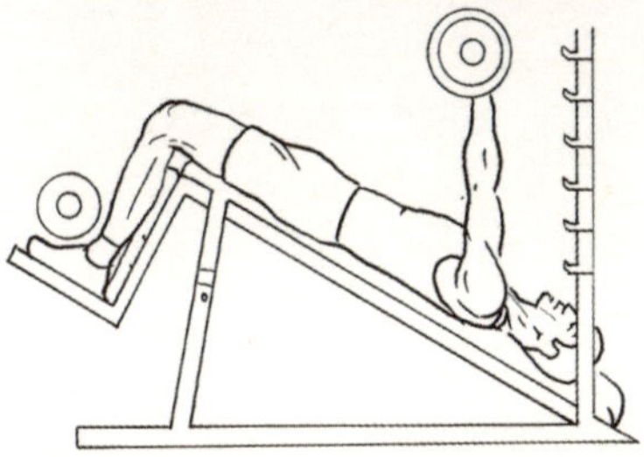

训练技巧

- 在增加重量之前保持正确姿势。
- 避免依靠冲力运动，以缓慢可控的速度运动。
- 向上推举杠铃时呼气。
- 肘关节向外张，与上胸部平行。

稳定肌群
肩胛部：前锯肌、菱形肌、斜方肌。 肩关节部：肩袖肌群、肱二头肌（短头）。 躯干中部：腹部和臀部肌群、背阔肌。

运动分析	关节1	关节2
关节	肘关节	肩关节
关节运动	向上——伸； 向下——屈	向上——水平内收、微屈； 向下——水平外展、微伸
运动肌群	肱三头肌、肘肌	胸大肌下部、喙肱肌、三角肌前部

哑铃平卧推举

核心训练・多关节・推・开链运动・哑铃・从初级到高级训练者

与杠铃平板卧推（参见28页）相比，使用哑铃使您可以通过更大幅度的运动训练肌肉。因为两只手的重量需要分别控制，这项训练对于稳定性的要求更高。

动作说明

屈肘，使哑铃降至上胸部。向上推举哑铃至手臂伸直，动作还原。不断重复。

训练技巧

- 在增加重量之前保持正确姿势。
- 避免依靠冲力运动，以缓慢可控的速度运动。
- 向上推举时，两只哑铃不要完全并拢，保持15厘米左右的距离。
- 向上推举哑铃时呼气。

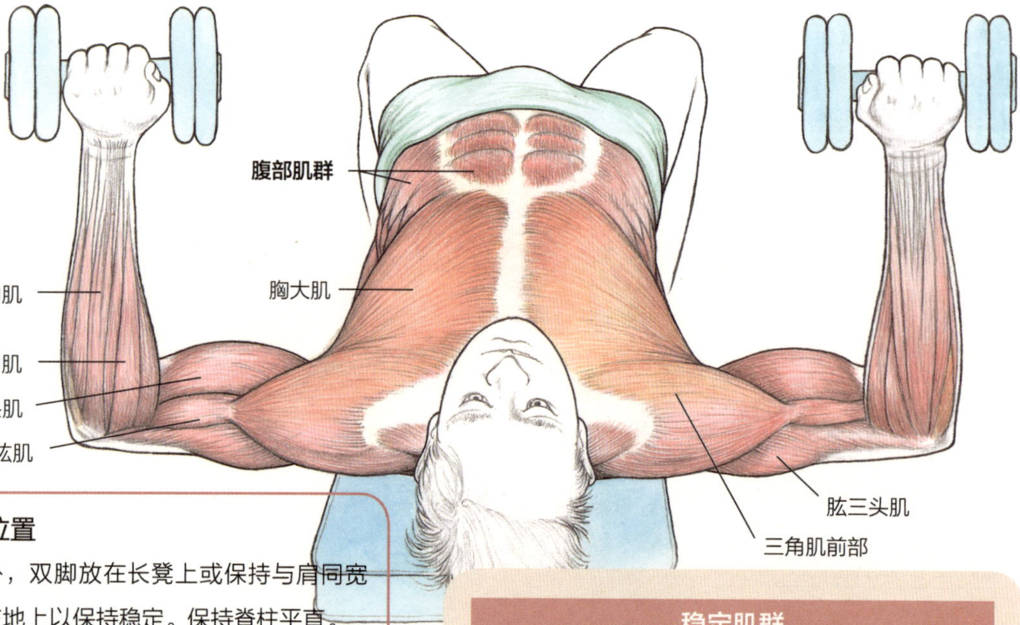

起始位置

- 仰卧，双脚放在长凳上或保持与肩同宽踏在地上以保持稳定。保持脊柱平直。
- 用力举起哑铃。
- 保持哑铃在上胸部位置，垂直于肘关节之上。

稳定肌群

肩胛部：前锯肌、胸小肌、菱形肌、斜方肌下部。
肩关节部：肩袖肌群、肱二头肌。
躯干中部：腹部和臀部肌群、背阔肌。

动作分析	关节1	关节2	关节3
关节	肘关节	肩关节	肩胛胸壁关节
关节运动	向上——伸；向下——屈	向上——水平内收、屈；向下——水平外展、伸	向上——肩胛骨部分上旋、外展；向下——肩胛骨部分下旋、内收
运动肌群	肱三头肌	胸大肌（特别是胸骨和锁骨附着部分）、喙肱肌、三角肌前部	前锯肌

扩胸训练器夹胸

辅助训练・单关节・推・开链运动・器械・从初级到高级训练者

扩胸训练器还有很多名字，包括：蝴蝶机、飞鸟机等。

动作说明

前推扩胸训练器的两个活动臂在胸前并拢，再将两个活动臂向后分开至两侧。不断重复。

训练技巧

- 在增加重量之前保持正确姿势。
- 坐正、脊柱伸直。
- 避免依靠冲力运动，要以缓慢可控的速度运动。
- 训练过程中避免弓背耸肩，要保持挺胸、两肩下压。
- 前推并拢两个活动臂的同时吸气。
- 两脚分开以保持平衡。

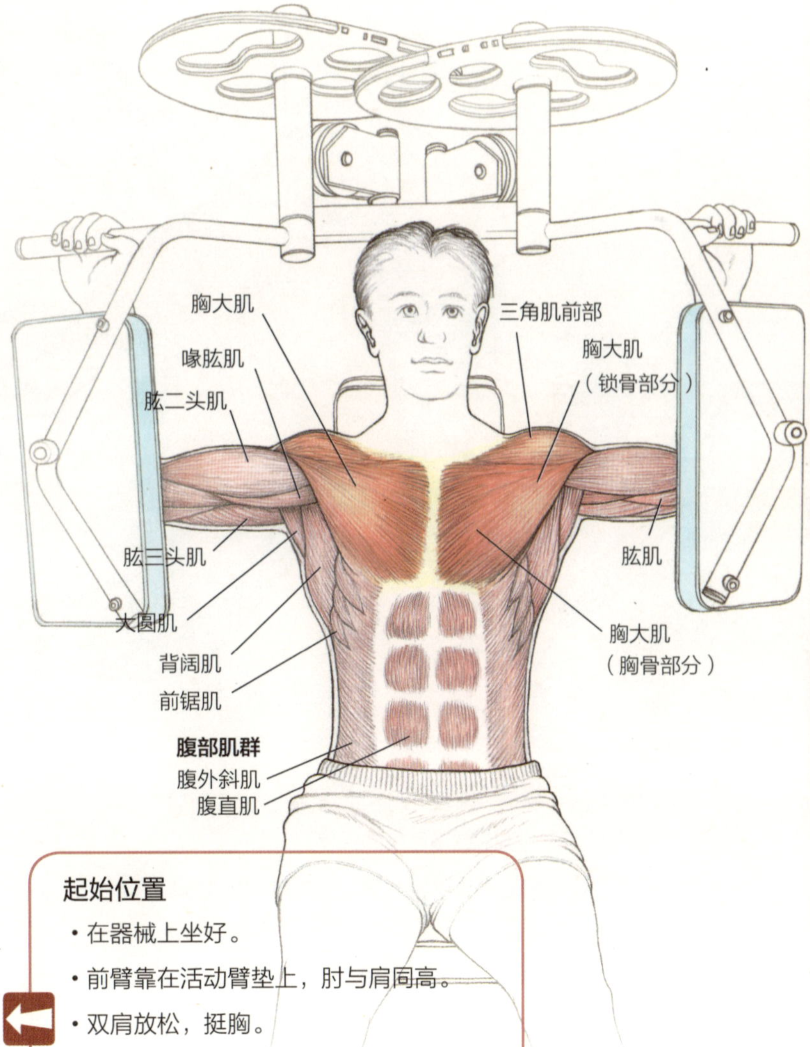

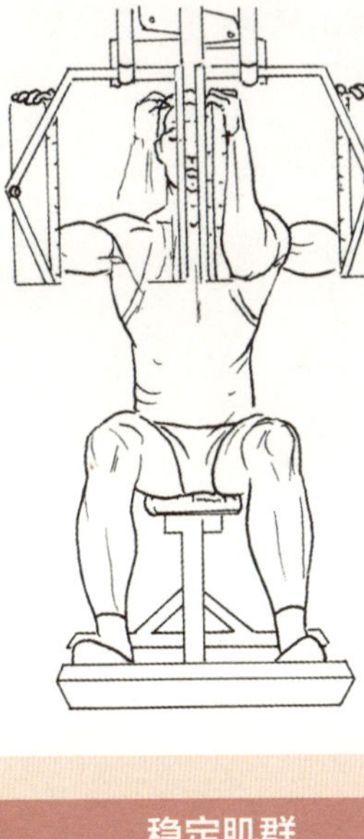

起始位置

- 在器械上坐好。
- 前臂靠在活动臂垫上，肘与肩同高。
- 双肩放松，挺胸。
- 保持脊柱伸直，双脚踏在器械踏板上。

稳定肌群

肩胛部：前锯肌、胸小肌、菱形肌、斜方肌（尤其是下部）。
肩关节部：肩袖肌群、肱二头肌。
躯干中部：腹部和臀部肌群、背阔肌。

运动分析	关节1	关节2
关节	肩关节	肩胛胸壁关节
关节运动	向内——水平内收； 还原——水平外展	向内——轻度外展； 还原——轻度内收
运动肌群	胸大肌（特别是胸骨和锁骨附着部分）、喙肱肌、三角肌前部	前锯肌

平卧飞鸟

辅助训练 · 单关节 · 推 · 开链运动 · 哑铃 · 从初级到高级训练者

这项训练对肩和上胸部的平衡能力要求较高。

动作说明

手持哑铃向身体两侧下降，至胸部肌肉充分拉伸。恢复原位并不断重复。

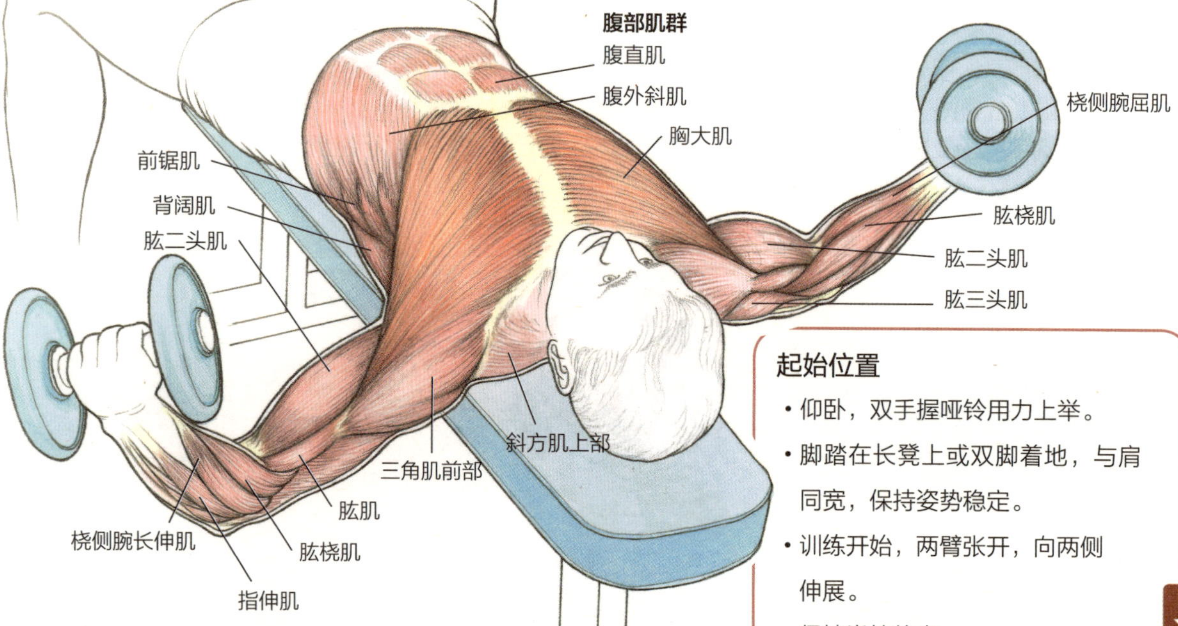

起始位置

- 仰卧，双手握哑铃用力上举。
- 脚踏在长凳上或双脚着地，与肩同宽，保持姿势稳定。
- 训练开始，两臂张开，向两侧伸展。
- 保持脊柱伸直。

训练技巧

- 在增加重量之前保持正确姿势。
- 避免依靠冲力运动，要以缓慢可控的速度运动。
- 避免肩部肌肉紧张和肘关节过度伸展，外展角度为10度左右为宜。
- 保持挺胸，不要弓背。
- 力量来自胸部挤压，而不是用手推举。
- 举起哑铃时呼气。

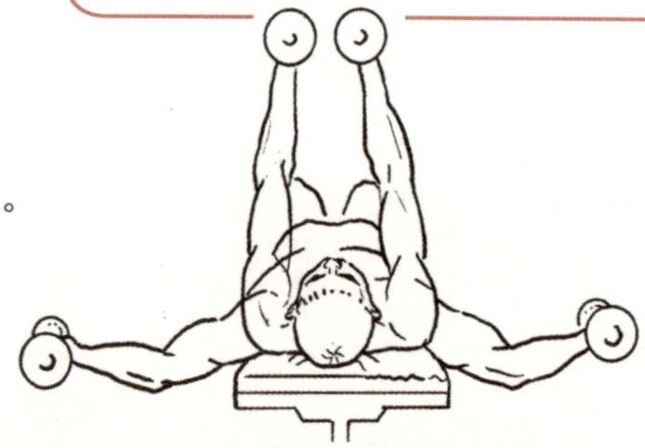

稳定肌群
肩胛部：前锯肌、胸小肌、菱形肌、斜方肌下部。 肩关节部：肩袖肌群、肱二头肌。 肘部：肱三头肌、肱肌。 腕部：腕屈肌。 躯干中部：腹部和臀部肌群、背阔肌。

运动分析	关节1	关节2
关节	肩关节	肩胛胸壁关节
关节运动	向上——水平内收； 向下——水平外展	向内——轻度外展； 还原——轻度内收
运动肌群	胸大肌（特别是胸骨和锁骨附着部分）、喙肱肌、三角肌前部、肱二头肌（短头）	前锯肌

双杠臂屈伸

核心训练・多关节・推・开链运动・体重・中、高级训练者

这是最常见的训练之一，姿势补偿比较常见。为了达到良好的效果，建议在开始时采用正确的方法，尽量重复此项训练。

动作说明

身体下降至胸部肌肉稍有拉伸感。用手臂力量控制动作，保持姿势，双臂向上推撑身体，还原并不断重复。

训练技巧

- 避免依靠冲力运动，要以缓慢可控的速度运动。
- 不要耸肩弓背，要保持挺胸、两肩下压。
- 力量集中产生于胸部和肱三头肌的收缩。
- 向上推撑身体时呼气。

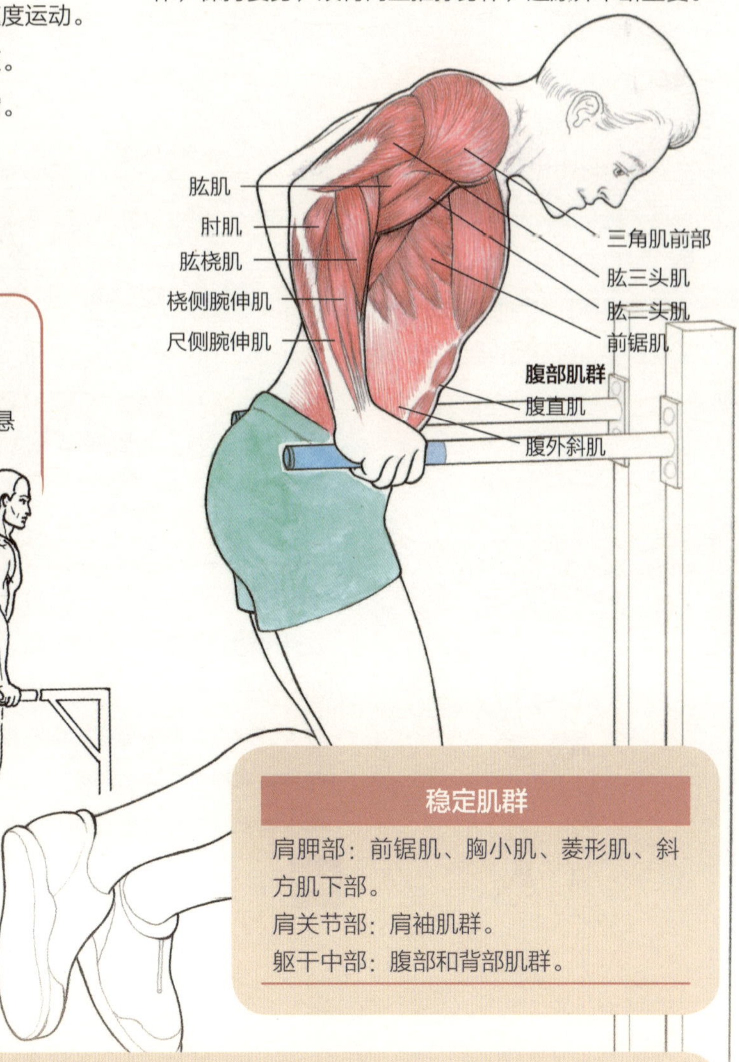

起始位置

- 双手握杠，登上器械。
- 双臂伸直，向上推撑身体，使身体悬空，保持挺胸，躯干稍向前倾。

稳定肌群

肩胛部：前锯肌、胸小肌、菱形肌、斜方肌下部。

肩关节部：肩袖肌群。

躯干中部：腹部和背部肌群。

动作分析	关节1	关节2	关节3
关节	肘关节	肩关节	肩胛胸壁关节
关节运动	向上——伸； 向下——屈	向上——内收、屈； 向下——外展、伸	向上——内收、稍微下压和向下旋转； 向下——外展、稍微上提和向上旋转
运动肌群	肱三头肌、 肘肌	胸大肌、胸小肌、喙肱肌、 背阔肌、大圆肌	前锯肌、斜方肌下部、菱形肌

站姿拉力器夹胸

辅助训练・单关节・推・开链运动・拉力器・中、高级训练者

拉力器夹胸是在高拉滑轮下拉训练器上完成的。第一台健身房高拉滑轮下拉训练器是由美国健身先驱杰克・拉兰内于1950年设计的。

动作说明

牵拉弹力绳手柄于体前并拢。保持肘关节姿势不变并不断重复。向前牵拉弹力绳时肩关节旋内，还原时肩关节旋外。

训练技巧

- 在增加重量之前保持正确姿势。
- 避免依靠冲力运动，要以缓慢可控的速度运动。
- 避免肘关节过度伸展和肩部过紧。保持肘关节伸展角度在10度左右为宜。
- 保持前胸和两肩舒展，不要弓背。前锯肌收缩，前拉肩胛骨。
- 力量来自胸肌收缩而不是双手拉拽。
- 将两条弹力绳手柄拉至并拢时呼气。

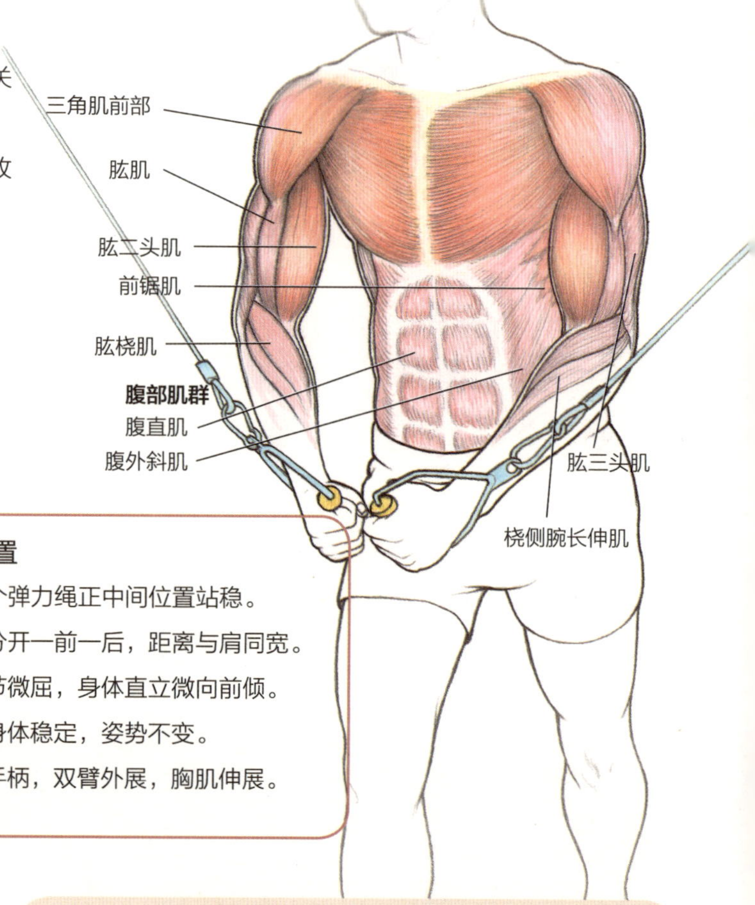

起始位置

- 在两个弹力绳正中间位置站稳。
- 两脚分开一前一后，距离与肩同宽。
- 膝关节微屈，身体直立微向前倾。
- 保持身体稳定，姿势不变。
- 握住手柄，双臂外展，胸肌伸展。

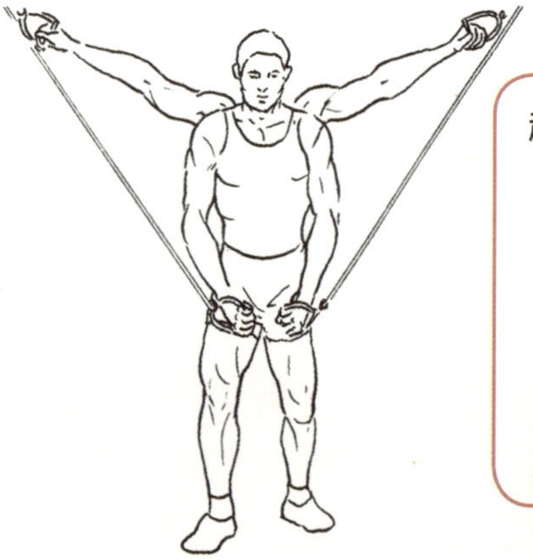

稳定肌群

肩胛部：前锯肌、胸小肌、菱形肌、斜方肌下部。
肩关节部：肩袖肌群、肱二头肌。
肘关节部：肱三头肌、肱肌。
腕关节部：腕屈肌。
躯干中部：腹部和臀部肌群、背阔肌。
全部腿部肌肉参与维持站立姿势。

运动分析	关节1	关节2
关节	肩关节	肩胛胸壁关节
关节运动	向前——水平内收、旋内；向后——水平外展、旋外	向前——外展；复原——内收
运动肌群	胸大肌（特别是胸骨和锁骨附着部分）、胸小肌、三角肌前部、喙肱肌、肱二头肌（短头）、背阔肌	前锯肌

弹力带臂屈伸

辅助训练·多关节·推·开链运动·弹力带·初、中级训练者

弹力带最初只应用于疾病的康复治疗中，但随着家庭训练的推广，弹力带已经成为日常力量训练的实用工具。

训练技巧

- 运动速度缓慢可控，避免依靠冲力运动。
- 保持身体平直。
- 不要耸肩弓背，要保持挺胸。前锯肌收缩，拉肩胛骨向前。
- 双臂前伸时呼气。

动作说明

双手抓住弹力带两端，把弹力带放在背后、手臂下方、胸部水平位置。抬起手臂，肘部弯曲至胸前。保持腕关节固定，双掌与地面平行。向身体前方伸直双臂。还原并不断重复。

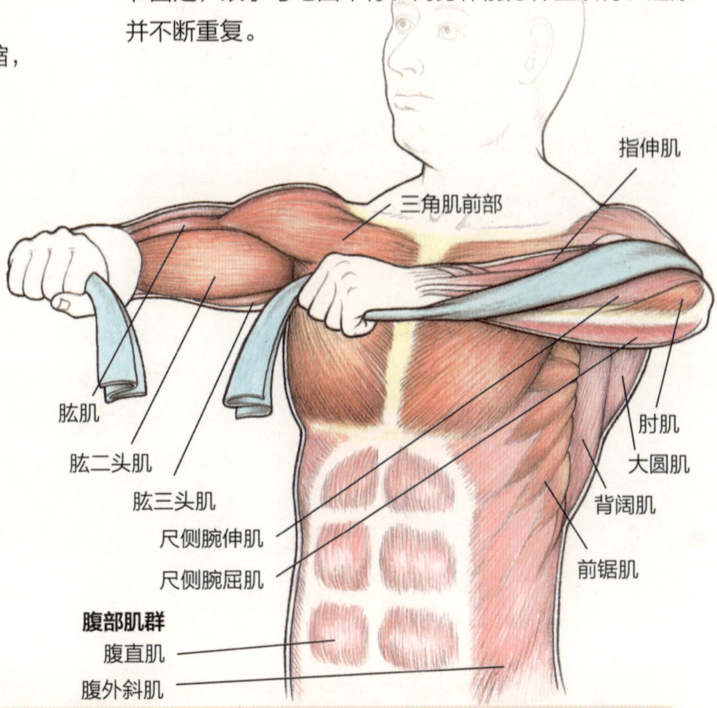

起始位置

- 直立，双脚分开与肩同宽。
- 膝关节放松。
- 保持身体平直、稳定。

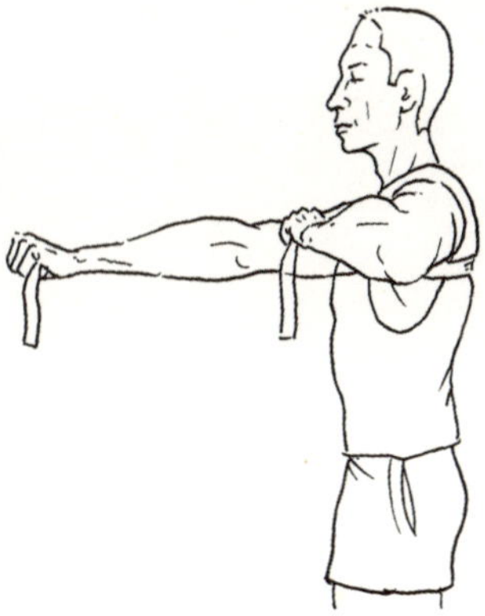

稳定肌群	这项运动看起来简单，但其实对稳定肌群的要求很高。 肩胛部：前锯肌、胸小肌、菱形肌、斜方肌下部。 肩关节部：肩袖肌群、肱二头肌。 躯干部：腹部和臀部肌群、腰方肌、全部腿部肌群。

动作分析	关节1	关节2	关节3
关节	肘关节	肩关节	肩胛胸壁关节
关节运动	向前——伸； 还原——屈	向前——水平内收； 还原——水平外展	向前——稍微向上旋转、外展； 还原——稍微向下旋转、内收
运动肌群	肱三头肌、肘肌	胸大肌（特别是胸骨和锁骨附着部分）、喙肱肌、三角肌前部	前锯肌

腿部及臀部

腿部及臀部的主要肌肉

名称	跨越关节	起点	止点	作用
腓肠肌	踝关节和膝关节	股骨内、外上髁	足跟跟骨后表面	踝关节跖屈（强） 膝关节屈曲（弱）
比目鱼肌	踝关节	胫、腓骨上2/3后面	足跟跟骨后表面	踝关节跖屈
股四头肌：股直肌	膝关节和髋关节	髂前下棘前面	髌骨和髌韧带至胫骨粗隆	髋关节屈曲 膝关节伸展
股四头肌：股外侧肌、股中间肌、股内侧肌	膝关节	股骨外侧面、前面和内表面	至髌骨边缘	膝关节伸展
腘绳肌（一般作为一块肌肉整体发挥作用）： 长、短股二头肌（外侧）；半腱肌和半膜肌（内侧）	髋关节和膝关节	股二头肌（短头）从股骨后粗线下部和外侧髁嵴开始，其他从骨盆坐骨结节开始	股二头肌延伸至腓骨头和胫骨外侧髁，半腱肌和半膜肌则止于胫骨内侧髁	髋关节伸展 膝关节屈曲 （股二头肌可使髋关节和膝关节旋外，半腱肌和半膜肌可使髋关节和膝关节旋内）
内收肌群（整体作用）： 耻骨肌、短收肌、长收肌、大收肌、股薄肌	髋关节（股薄肌也跨越膝关节）	耻骨和坐骨	沿股骨内侧止于股骨小转子、粗线和内侧髁嵴；股薄肌止于胫骨内表面上端	髋关节内收
阔筋膜张肌	髋关节	髂前上棘	髂胫束	髋关节外展、屈曲协助髋关节旋内
臀大肌	髋关节	髂骨后嵴、骶骨及腰椎的韧带	髂胫束	髋关节伸展及旋外
臀中肌和臀小肌（也合称外展肌）	髋关节	均起自髂骨外表面	均结束于股骨大转子	髋关节外展、旋外（臀中肌），旋内（臀中肌、臀小肌）
髂腰肌	髋关节	骶骨底，髂骨内表面；第12胸椎和1~5腰椎侧面	股骨小转子	髋关节屈曲

续表

名称	跨越关节	起点	止点	作用
髋部外旋肌群：梨状肌、上孖肌、下孖肌、闭孔外肌、闭孔内肌、股方肌（位于臀大肌深处）	髋关节	髂骨前部，坐骨后部和闭孔	股骨大转子	髋关节旋外

腿部肌肉

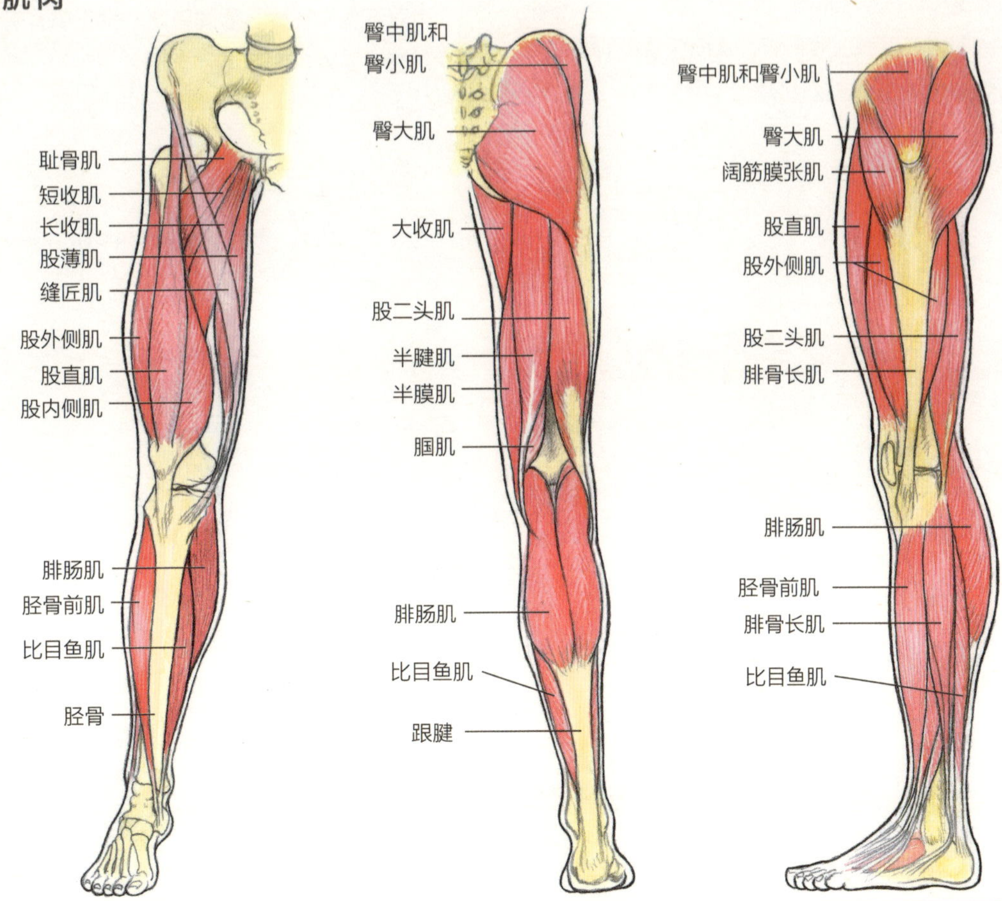

注：虽然胫骨前肌、胫骨后肌、腓骨长肌、腓骨短肌和缝匠肌也是重要的腿部肌肉，但由于作用比较简单，所以在此不详细描述。

杠铃半蹲

核心训练・多关节・推・闭链运动・杠铃・中、高级训练者

杠铃半蹲在训练中有广泛的应用价值，包括从健美到功能性训练和背部创伤复健。相比器械坐位腿伸展（参见58页）这样的开链运动，闭链运动过程中施加在关节和肌肉上的压力更有效也更自然。

训练技巧

- 在增加重量之前保持正确姿势。
- 避免依靠冲力运动，要以缓慢可控的速度运动。
- 保持身体平直，脊柱居中。
- 挺胸，不要弓背。
- 膝关节不要超过两脚尖连线的垂直线。
- 不要踮脚，重心放在脚掌中部和脚跟上。
- 初级者可以从膝关节弯曲45度开始。
- 下蹲时吸气以增加腹内压，从而保持挺胸并避免脊柱弯曲。起立时呼气。

动作说明

慢慢下蹲，髋部后移像坐在椅子上。下蹲至膝关节弯曲至接近90度，也就是在大腿与地面平行前停下来。恢复并不断重复。

起始位置

- 取下杠铃并退后至方便下蹲的位置。
- 直立，两脚分开与肩同宽，膝关节放松。
- 双手抓举杠铃，掌间距离略宽于肩，保持舒适姿势。

运动分析	关节1	关节2
关节	髋关节	膝关节
关节运动	向下——屈； 向上——伸	向下——屈； 向上——伸
运动肌群	臀大肌、腘绳肌	股四头肌

稳定肌群
躯干部：腹部肌群、竖脊肌、腰方肌。
髋部：臀中肌和臀小肌、外旋肌群、内收肌群。
小腿部：踝关节稳定肌群、腓肠肌。

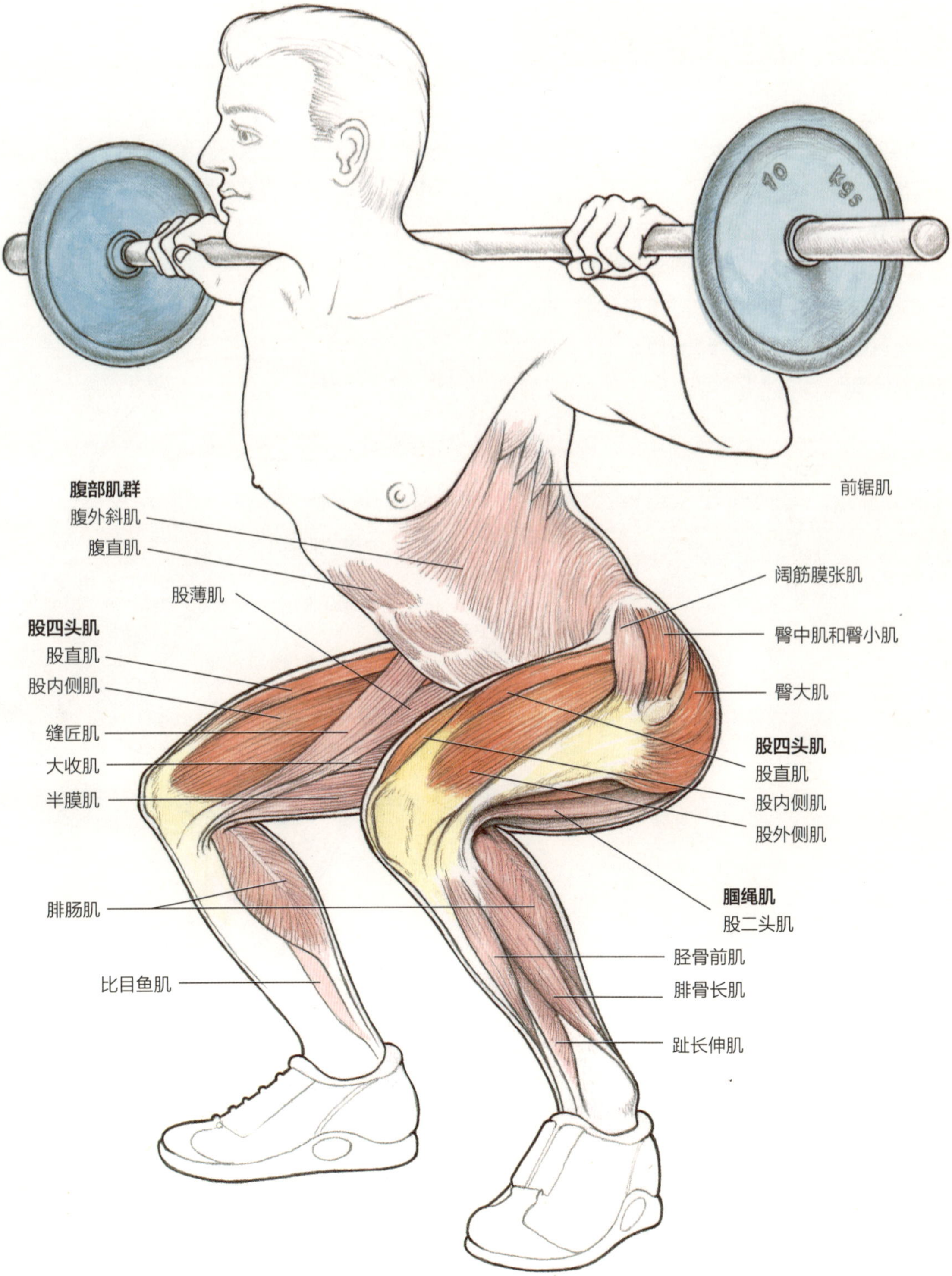

注：若膝关节疼痛，不要进行此项训练。初学者需要咨询专业教练找到适合自己的杠铃起始重量。

徒手半蹲

核心训练・多关节・推・闭链运动・体重・初、中级训练者

下蹲是最基本的核心运动之一。本页集中介绍保持身体姿势的基本原理，注意在开始任何腿部训练之前都必须确保姿势正确。

训练技巧

- 保持身体平直，脊柱居中。
- 挺胸，不要弓背。
- 膝关节不要超过两脚尖连线的垂直线。
- 不要踮脚，重心放在脚掌中部和脚跟上。
- 如果不能保持腰部曲线就减小下蹲角度。初学者可以从膝关节弯曲45度开始。
- 下蹲时吸气，起立时呼气。

动作说明

慢慢下蹲，髋部后移像坐在椅子上。下蹲至膝关节弯曲接近90度，也就是在大腿与地面平行前停下来。恢复并不断重复。

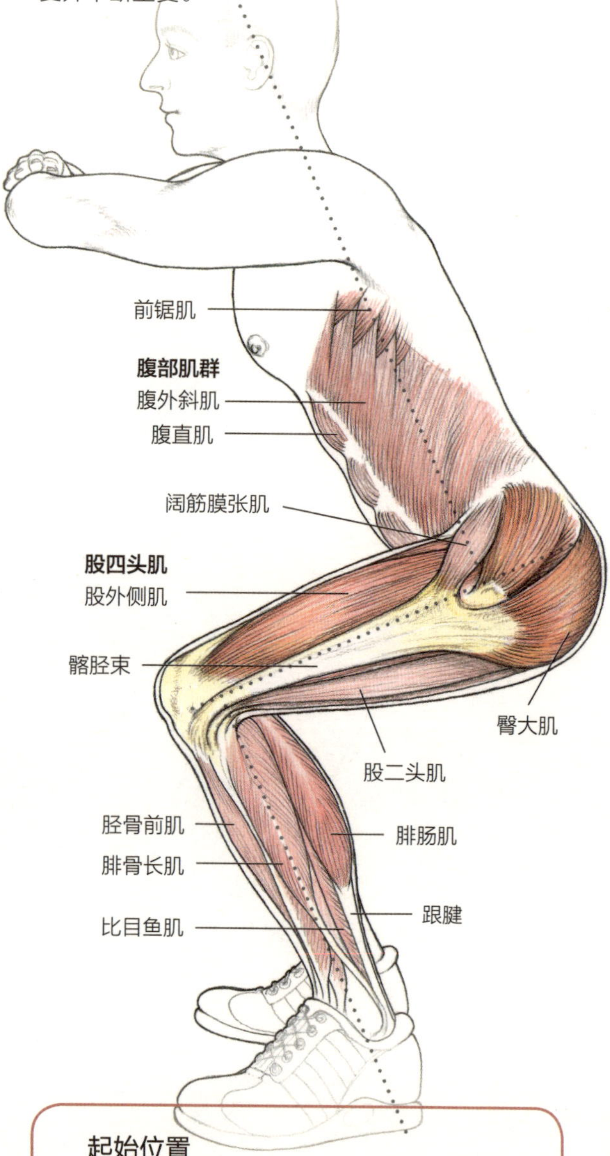

稳定肌群

躯干部：腹部肌群、竖脊肌、腰方肌。
髋部：臀中肌和臀小肌、外旋肌群、内收肌群。

运动分析	关节1	关节2
关节	髋关节	膝关节
关节运动	向下——屈；向上——伸	向下——屈；向上——伸
运动肌群	臀大肌、腘绳肌	股四头肌

起始位置

- 直立，两脚分开与肩同宽，膝关节放松。
- 保持身体平直，脊柱居中。
- 双臂在胸前交叉。

杠铃颈后半蹲

核心训练·多关节·推·闭链运动·杠铃·中、高级训练者

下蹲训练种类繁多。屈膝下蹲（The Plié squat）源自法语，是“弯曲”的意思，指芭蕾动作中双腿打开，膝盖弯曲的动作。

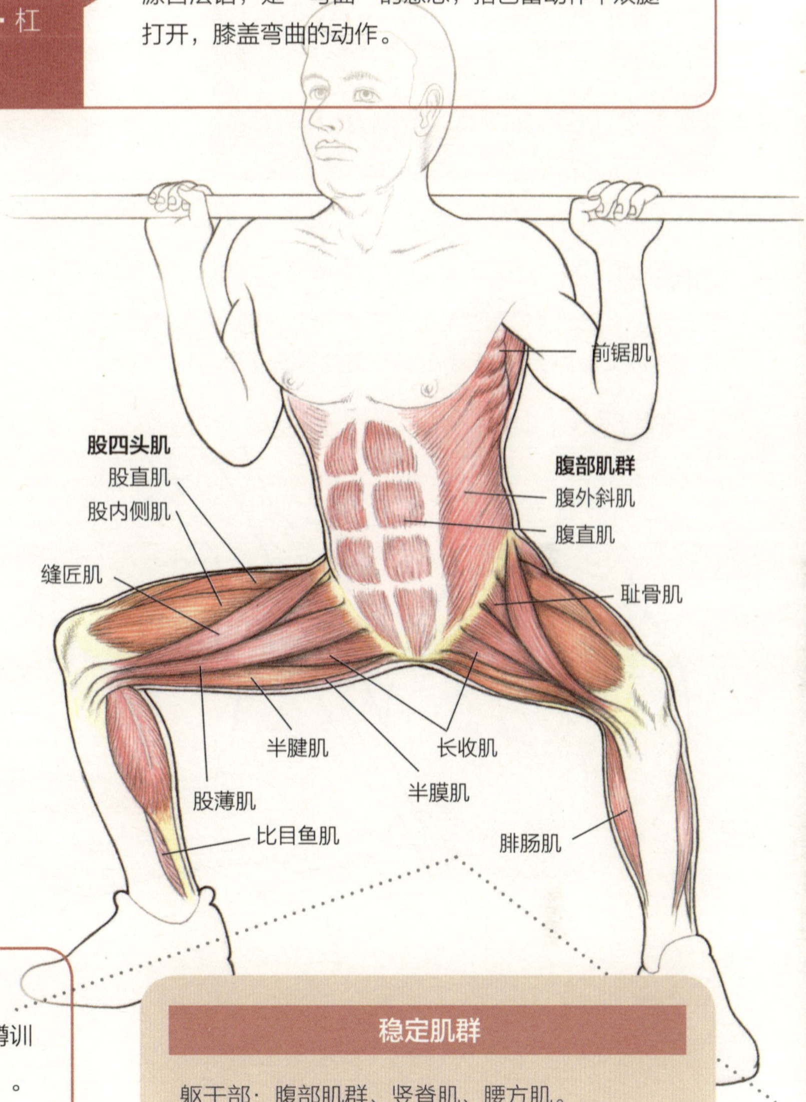

动作说明

缓慢下蹲，髋部后移像坐在椅子上。下蹲至膝关节弯曲接近90度，也就是在大腿与地面平行前停下来。恢复并不断重复。

训练技巧

- 在增加重量之前保持正确姿势。
- 避免依靠冲力运动，要以缓慢可控的速度运动。
- 保持身体平直，脊柱居中。
- 挺胸，不要弓背。
- 膝关节不要超过两脚尖连线的垂线，并避免膝关节、踝关节旋内。
- 重心放在脚掌中部和脚跟上，不要踮脚。
- 下蹲时吸气，起立时呼气。

起始位置

- 如果使用下蹲架训练请参考杠铃半蹲训练中介绍的方法取下杠铃（见42页）。
- 直立，双脚分开，距离相当于两倍肩宽，双腿外旋45度。膝关节放松。

稳定肌群

躯干部：腹部肌群、竖脊肌、腰方肌。
髋部：外旋肌群、臀中肌和臀小肌、内收肌群。
小腿部：踝关节稳定肌群、腓肠肌。

运动分析	关节1	关节2
关节	髋关节	膝关节
关节运动	向下——屈、外展； 向上——伸、内收	向下——屈； 向上——伸
运动肌群	臀大肌、腘绳肌、内收肌群	股四头肌（特别是外侧面）

器械上斜腿举

核心训练 · 多关节 · 推 · 开链运动 · 器械 · 中、高级训练者

屈腿训练器械自1943年由克兰西 · 罗斯（Clancy Ross）和里昂 · 斯坦恩（Leo Stern）研制成功后一直沿用至今。上斜屈腿训练器是目前正在使用的屈腿训练器之一它被认为比垂直屈腿训练器更安全。

动作说明

通过膝关节和髋关节屈曲使重物平台下降，到膝关节弯曲角度接近90度为止。恢复到起始位置并不断重复。

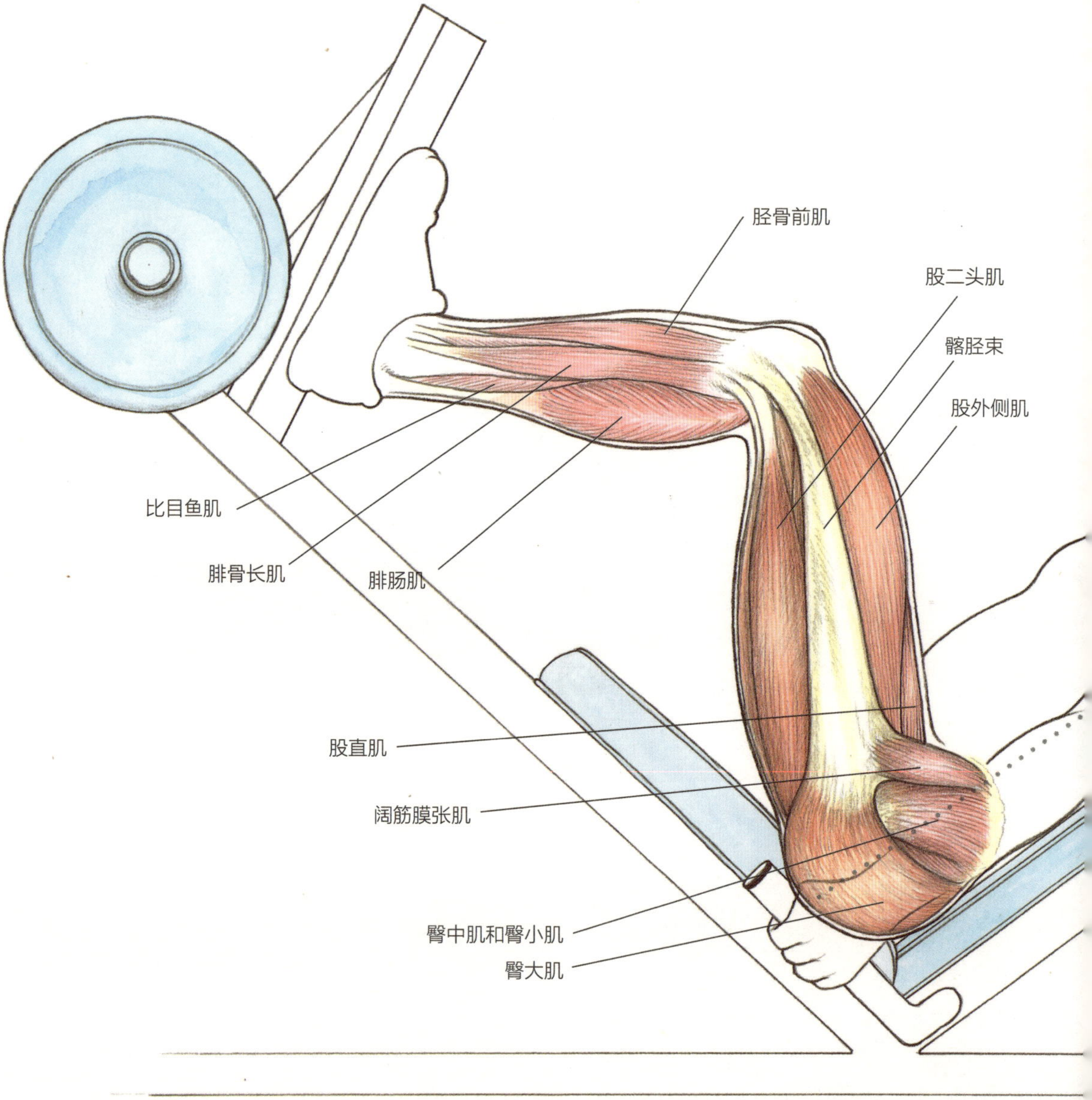

起始位置

- 坐在训练器上，背部平直，紧靠椅背。
- 双脚放在踏板上并分开与肩同宽。
- 膝关节微屈双脚放平。
- 打开制动杆并将把手推至两侧。
- 支撑训练重量，保持起始姿势。
- 保持身体平直，脊柱居中。
- 膝关节放松。

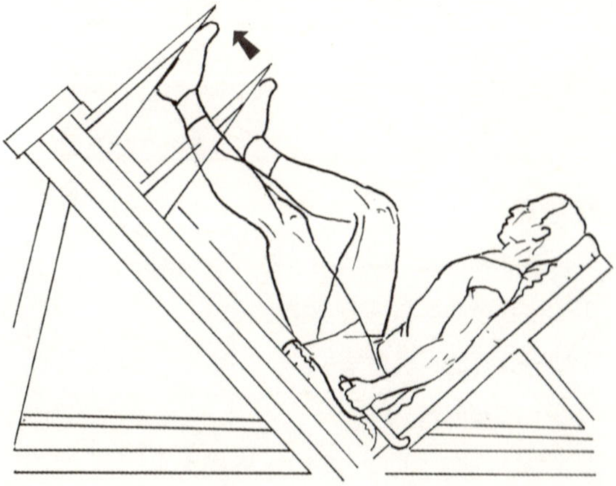

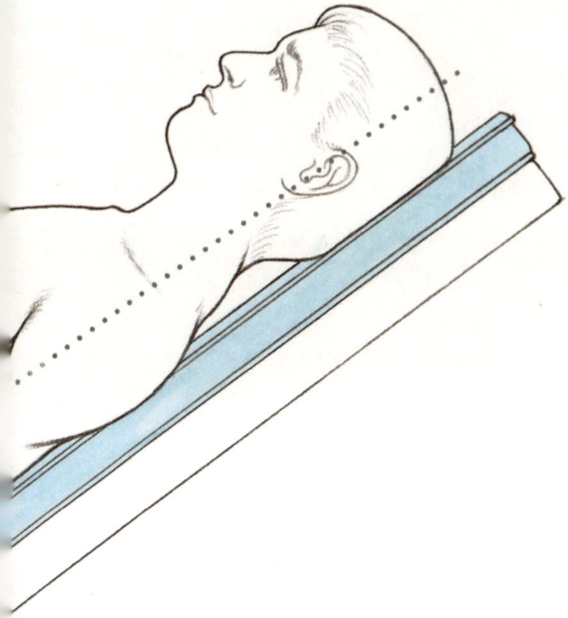

训练技巧

- 在获得充分正确指导的前提下，使用上斜屈腿训练器。
- 在增加重量之前保持正确姿势。
- 避免依靠冲力运动，要以缓慢可控的速度运动。
- 运动过程中保持下背部紧贴靠背，可根据需要调整器械靠背的角度。
- 如果不能保持腰部曲线，可减小膝关节弯曲角度。
- 保持身体平直，脊柱居中。
- 挺胸，不要弓背。
- 膝关节不要超过两脚尖连线的垂直线。
- 重心放在脚掌中部和脚跟上，不要踮脚。通过双脚推起重物。
- 屈膝时吸气，伸膝时呼气。

稳定肌群
躯干部：腹部肌群、竖脊肌、腰方肌。 髋部：臀中肌和臀小肌、外旋肌群，内收肌群。 小腿部：踝关节稳定肌群、腓肠肌。

运动分析	关节1	关节2
关节	髋关节	膝关节
关节运动	向下——屈； 向上——伸	向下——屈； 向上——伸
运动肌群	臀大肌、腘绳肌	股四头肌

哈克深蹲

核心训练・多关节・推・闭链运动・器械・高级训练者

哈克深蹲是一种高级的训练形式，对姿势和稳定性的要求都很高。即便如此，在姿势正确、身体平衡的前提下，该训练方法的安全性仍存在疑问，因为这项训练施加在膝关节的剪切力[①]非常大。

训练技巧

- 只有高级训练者可以使用该器械进行训练。
- 运动过程中，保持下背部紧贴椅背。
- 保持身体平直，脊柱居中。
- 挺胸，不要弓背。
- 膝关节不要超过两脚尖连线的垂直线。
- 重心放在脚掌中部和脚跟上，不要踮脚。
- 如果不能保持腰部曲线就减小下蹲角度。从膝关节弯曲45度开始。
- 下蹲时吸气，起立时呼气。

动作说明

髋关节、膝关节屈曲，缓慢下蹲至膝关节弯曲至90度左右。恢复并不断重复。

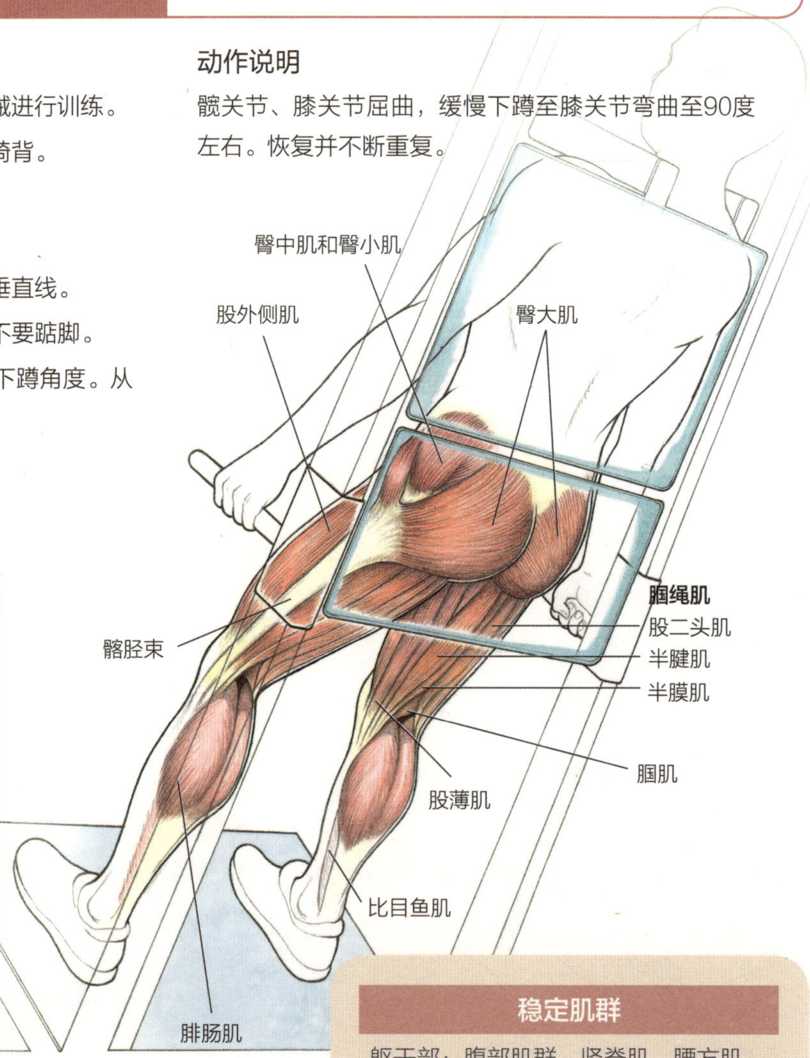

起始位置

- 仰卧在训练器靠背上。
- 双脚放在平台上并分开与肩同宽。
- 膝关节微屈，双脚放平。
- 打开制动杆，双腿支撑重量。
- 膝关节放松，保持身体平直，脊柱居中。

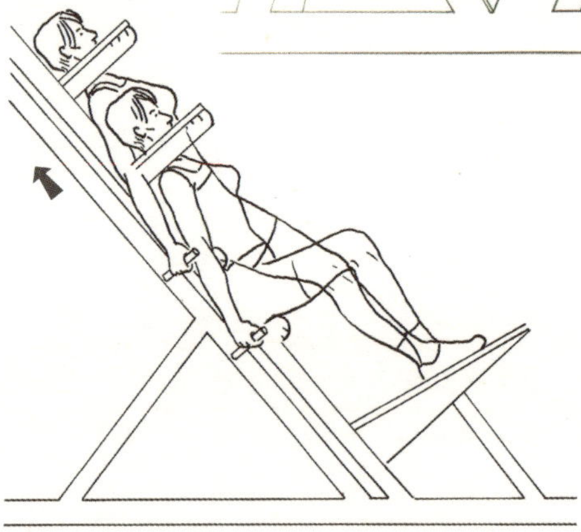

稳定肌群

躯干部：腹部肌群、竖脊肌、腰方肌。

髋部：臀中肌和臀小肌、外旋肌群、内收肌群。

小腿部：踝关节稳定肌群、腓肠肌。

运动分析	关节1	关节2
关节	髋关节	膝关节
关节运动	向下——屈； 向上——伸	向下——屈； 向上——伸
运动肌群	臀大肌、腘绳肌	股四头肌

注①：剪切力为血流与血管内皮间的摩擦力。

早安式体前屈

辅助训练 · 单关节 · 拉 · 闭链运动 · 杠铃 · 中、高级训练者

这项训练起源于19世纪50~60年代，那时背部伸展机还没有问世，然而它的应用是永恒的。

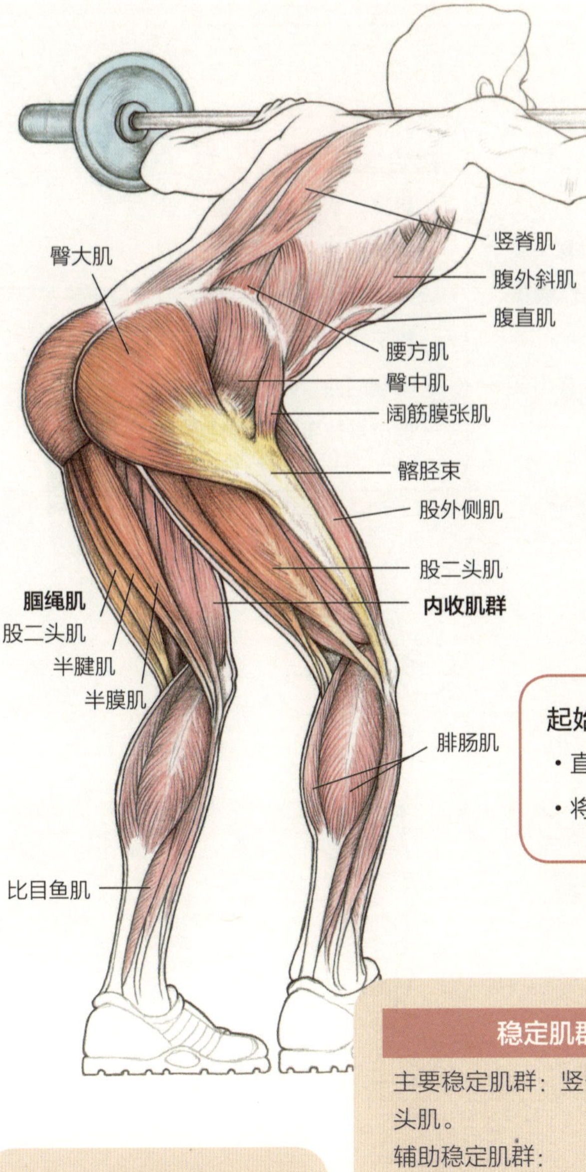

动作说明

通过髋关节屈曲使躯干前倾至与地面平行，体前屈过程中膝关节稍弯。恢复至起始姿势并重复。

训练技巧

- 在获得充分正确指导的前提下进行训练。
- 姿势标准比负重重量更重要。开始时可以选择较轻的杠铃进行小幅度训练，直到适应为止。
- 保持身体姿势稳定。
- 不要弓背，要保持背部挺直。
- 腘绳肌柔韧性越小，维持背部挺直和腰部曲线所需的膝关节屈曲角度越大。
- 体前屈时吸气，还原时呼气。

起始位置

- 直立，双脚分开与肩同宽。
- 将杠铃置于肩背处(即三角肌后部、斜方肌上部)。

运动分析	关节
关节	髋关节
关节运动	向下——屈；向上——伸
运动肌群	臀大肌、腘绳肌

稳定肌群

主要稳定肌群：竖脊肌、股四头肌。

辅助稳定肌群：

肩胛部：斜方肌中部和下部、肩胛提肌、菱形肌、前锯肌。

腹部肌群。

髋部：臀中肌和臀小肌、外旋肌群、内收肌群、腰方肌。

小腿部：踝关节稳定肌群、胫骨前肌、腓肠肌。

负重弓步

核心训练·多关节·推·闭链运动·杠铃·初、中级训练者

负重弓步是杠铃半蹲的进阶训练，训练过程中训练者需以下蹲姿势向前迈一步。类似的进阶有很多种，但在进行更多进阶训练前必须正确掌握基础动作。

训练技巧

- 保持躯干挺直，训练过程中重心在双腿中间。
- 不要踮脚，膝关节不超过两脚尖连线的垂线。避免躯干过于前倾，以免膝关节前部承受过大压力。保持动作缓慢可控。
- 保持身体平直，脊柱居中。如果屈髋肌过度紧绷就会出现腰部补偿。
- 保持挺胸，不要弓背。

起始位置

- 直立，双脚分开与肩同宽。
- 斜方肌上部支撑杠铃。
- 向前迈一步，呈弓步，前脚位于膝关节正下方。后腿尽量向后，上提足跟。
- 前腿屈曲，降低身体。
- 保持身体平直，脊柱居中。

稳定肌群

躯干部：腹部肌群、竖脊肌、腰方肌。
髋部：臀中肌和臀小肌、外旋肌群、内收肌群。
小腿部：踝关节稳定肌群、腓肠肌。

运动分析	关节1	关节2
关节	髋关节（前腿）	膝关节（前腿）
关节运动	向下——屈； 向上——伸	向下——屈； 向上——伸
运动肌群	臀大肌、腘绳肌	股四头肌

动作说明

通过前腿膝关节和髋关节屈曲缓慢下蹲，直至关节屈曲约90度。后腿膝关节几乎接触地面。恢复起始姿势并重复。交换两腿位置并重复。

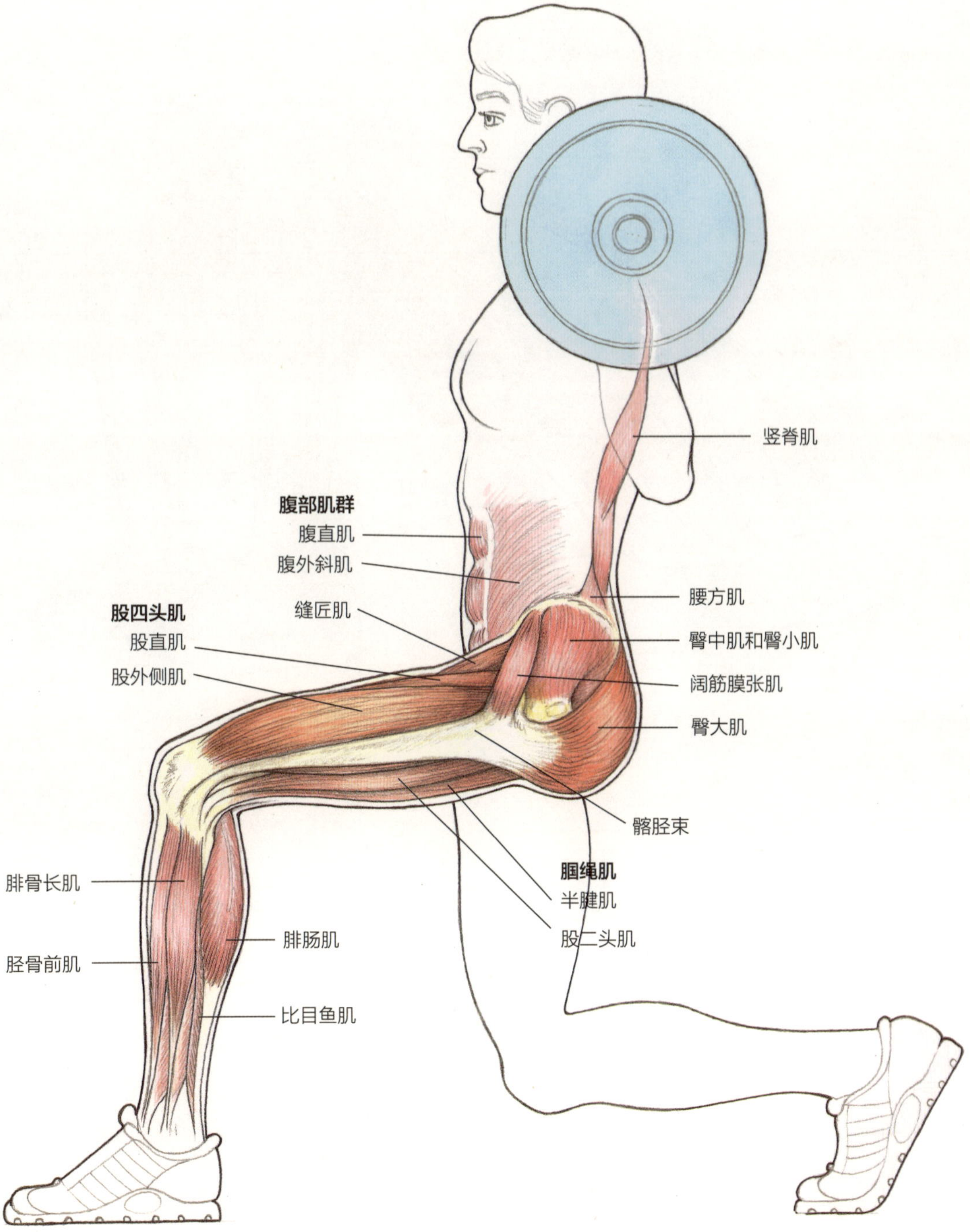

仰卧桥式挺臀

辅助训练・单关节・推・闭链运动・体重・从初级到高级训练者

直到最近，这项训练仍常被用于背部伤后康复治疗和理疗。这是逐渐进入健身房和日常训练的核心稳定性训练之一。

动作说明

通过伸展髋关节缓慢抬高躯干和下背部。停顿片刻，恢复并重复。

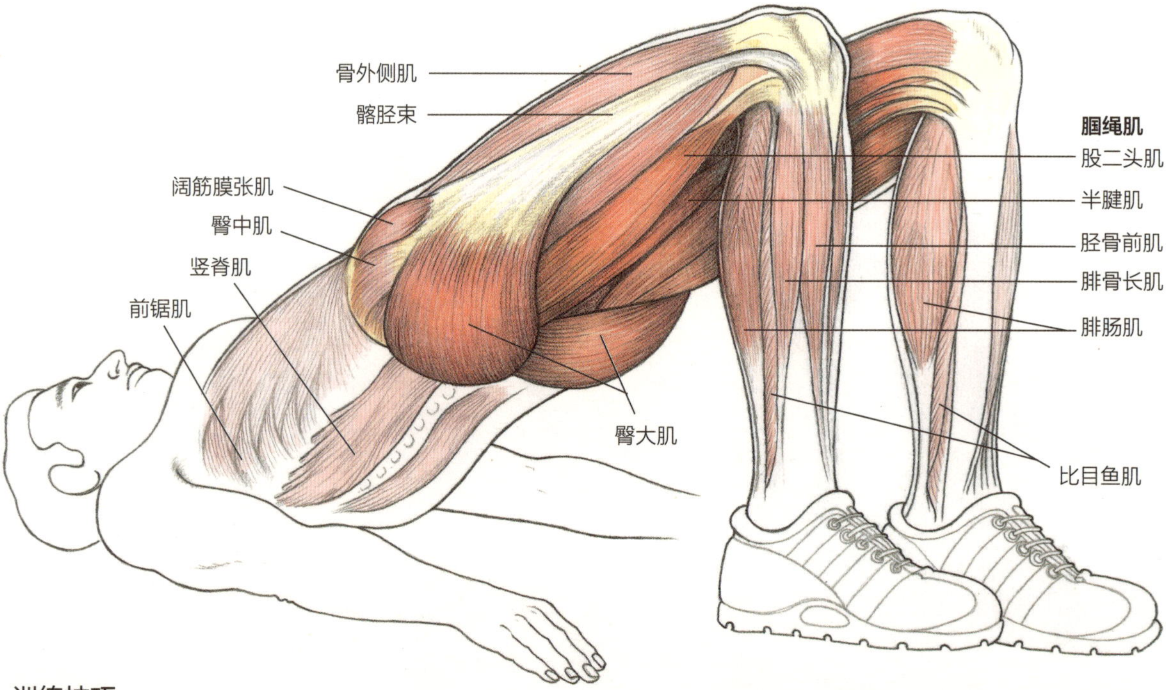

训练技巧

- 髋关节带动运动。
- 双膝分开与髋同宽。

起始位置

- 仰卧，膝关节弯曲，双脚放平。

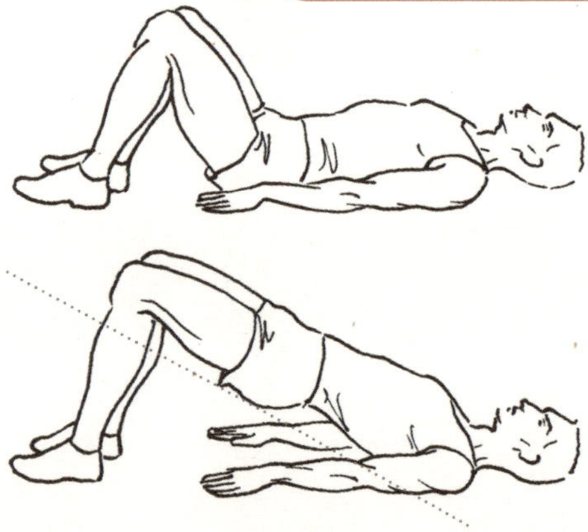

运动分析	关节
关节	髋关节
关节运动	向上——伸； 向下——屈
运动肌群	臀大肌、腘绳肌

稳定肌群
主要稳定肌群：竖脊肌、腹部肌群、股四头肌。 辅助稳定肌群： 肩胛部：斜方肌中部和下部、前锯肌。 躯干部：腰方肌。 髋部：臀中肌和臀小肌、外旋肌群、内收肌群。

直立拉力器直腿后拉

辅助训练 · 单关节 · 推 · 开链运动 · 器械 · 从初级到高级训练者

在进行这项流行的健身训练时，训练者们的动作常常不标准，常见的错误包括拉力过重、惯性运动以及姿势补偿。缓慢有效地运动配合适合的重量可以使臀大肌充分活动。

动作说明

通过髋关节伸展向后拉拉力器绳索。停顿片刻，还原并不断重复。双腿交换位置并重复动作。

训练技巧

- 训练过程中避免躯干前倾以及下背部弯曲。臀大肌最多只能使髋关节向后伸展10~15度。更大幅度的动作通常是下背部伸展造成的。
- 保持身体平直、稳定。
- 缓慢运动，不要依靠冲力运动。

起始位置

- 将踝带装在拉力器绳索上并将踝带绑在一侧腿踝部。
- 一只脚站在踏板上或另一只脚稍微抬起，给训练动作留出空间。

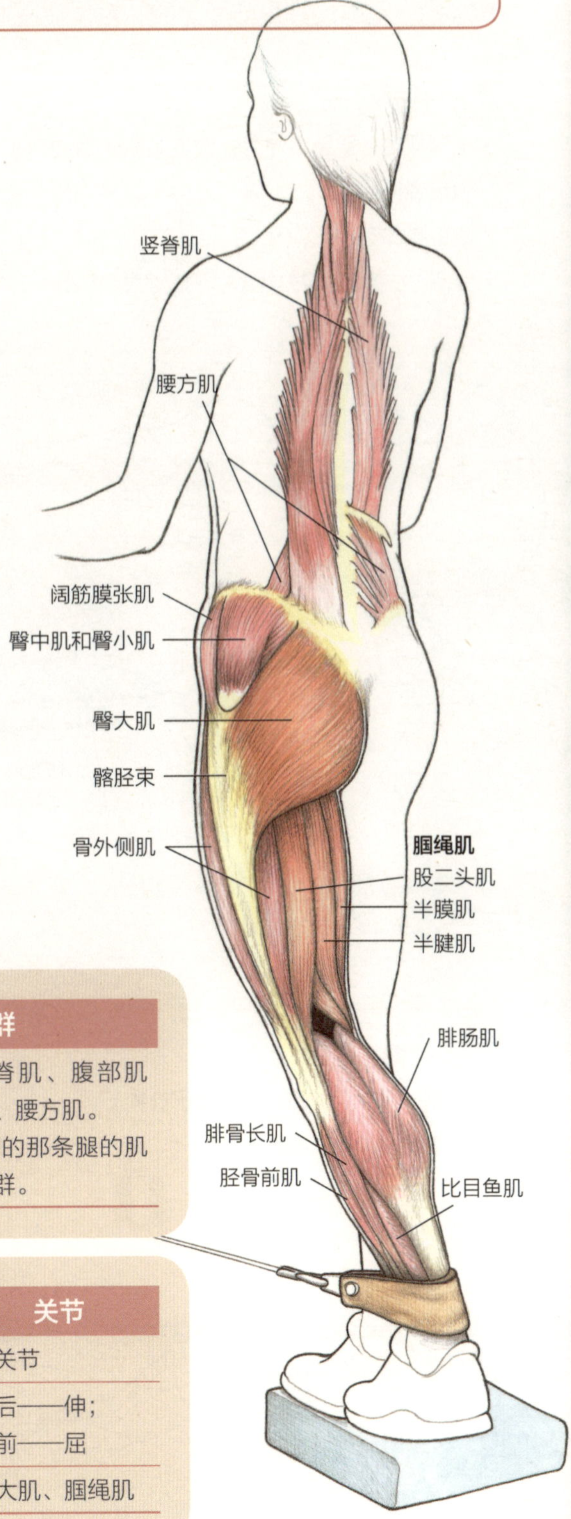

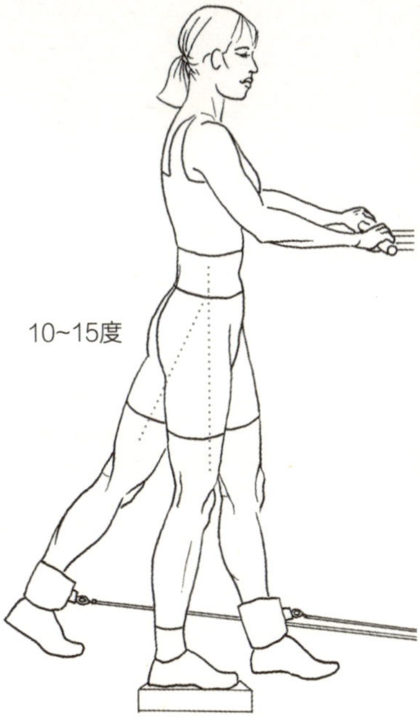

稳定肌群

主要稳定肌群：竖脊肌、腹部肌群、臀中肌和臀小肌、腰方肌。

静止不动起支撑作用的那条腿的肌肉也是重要的稳定肌群。

运动分析	关节
关节	髋关节
关节运动	向后——伸； 向前——屈
运动肌群	臀大肌、腘绳肌

俯卧髋屈伸

辅助训练·单关节·推·开链运动·体重·中、高级训练者

这是一项简单但适合中、高级训练者的运动，此训练更强调维持背部稳定的能力。有急性下背部疾病或不适的人群不适合这项训练。

训练技巧

- 缓慢运动，避免用冲力补偿或因躯干活动而引起姿势补偿。
- 避免腰部活动。
- 保持脊柱稳定。将力量集中于腹部稳定肌群。

动作说明

抱住长凳，保持双腿伸直并伸展髋关节至双腿与地面平行或略高。暂停片刻，恢复并重复。

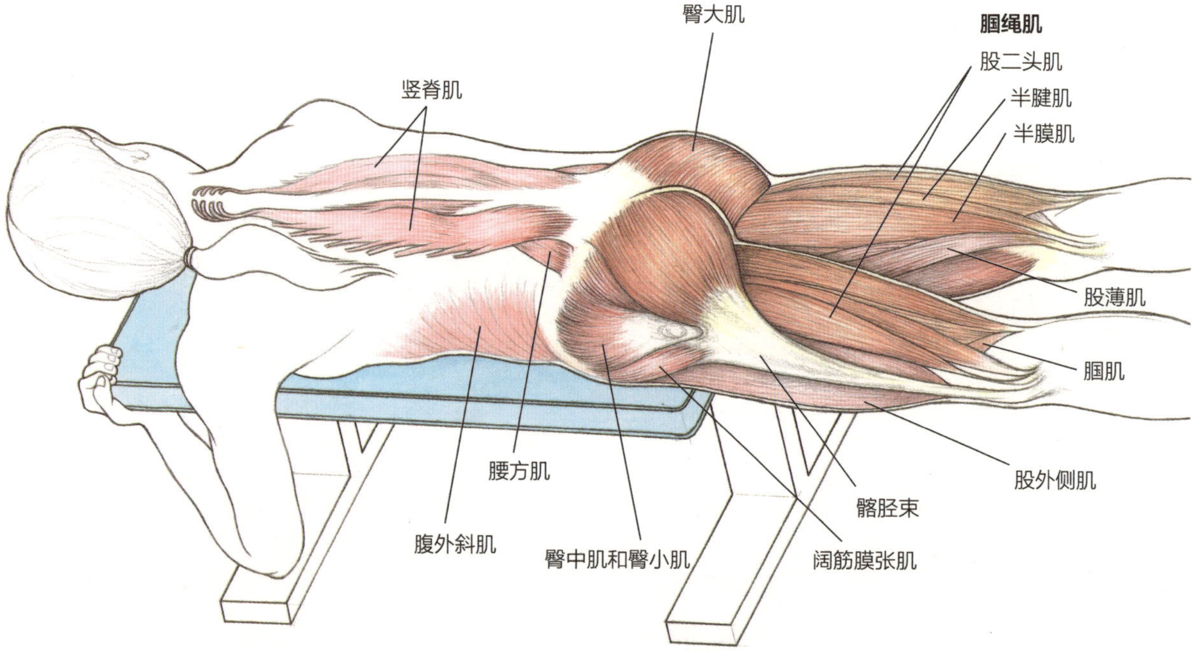

起始位置

- 俯卧，使臀部的躯干以上置于长凳上。
- 双腿伸直，脚尖着地。

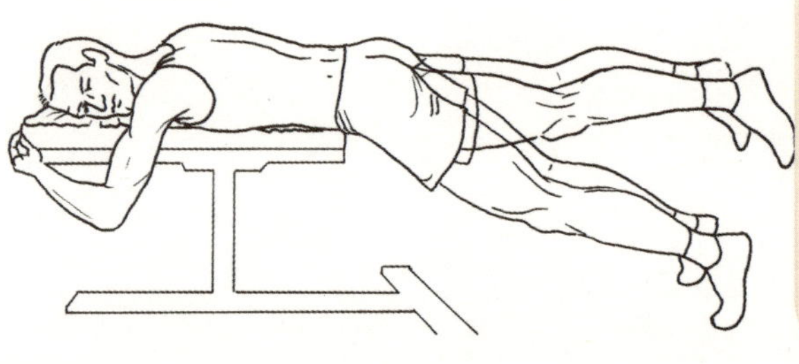

稳定肌群	躯干上部大多数肌肉都有稳定躯干的作用，特别是竖脊肌、腹部肌群、腰方肌。

运动分析	关节
关节	髋关节
关节运动	向上——伸； 向下——屈
运动肌群	臀大肌、腘绳肌

健身机髋关节内收

辅助训练 · 单关节 · 拉 · 开链运动 · 器械 · 从初级到高级训练者

“局部瘦身”是指通过反复训练特定区域达到局部减脂塑形的目的，这一概念引领了外展和内收训练器械的流行。正确使用时，这些器械可以起到稳定姿势、防止膝关节内侧受伤的作用。

训练技巧

- 在中等阻力下缓慢运动。
- 集中使用内收肌群力量，而不是由脚部发力。

动作说明

双腿并拢，暂停片刻，还原并不断重复。

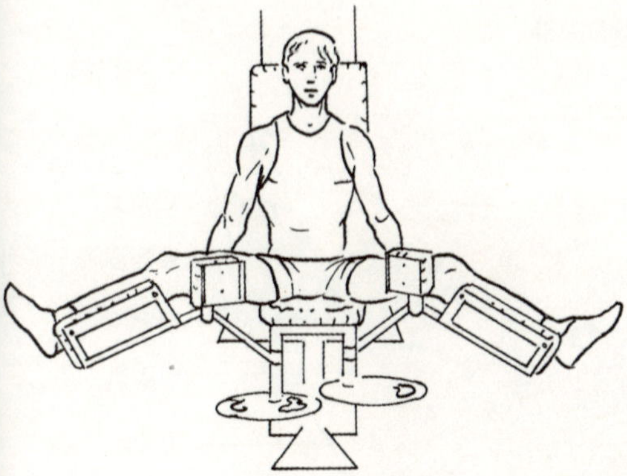

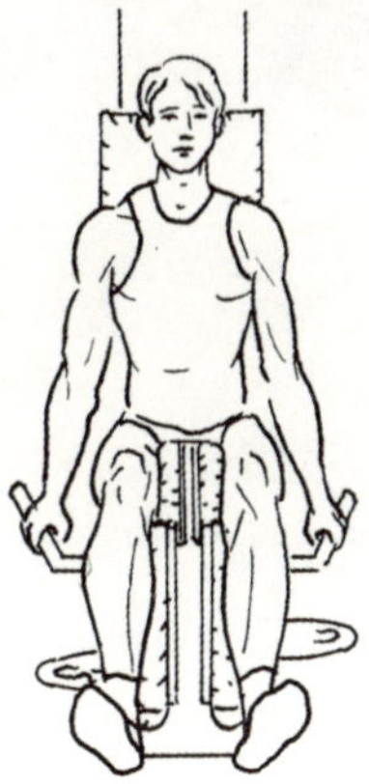

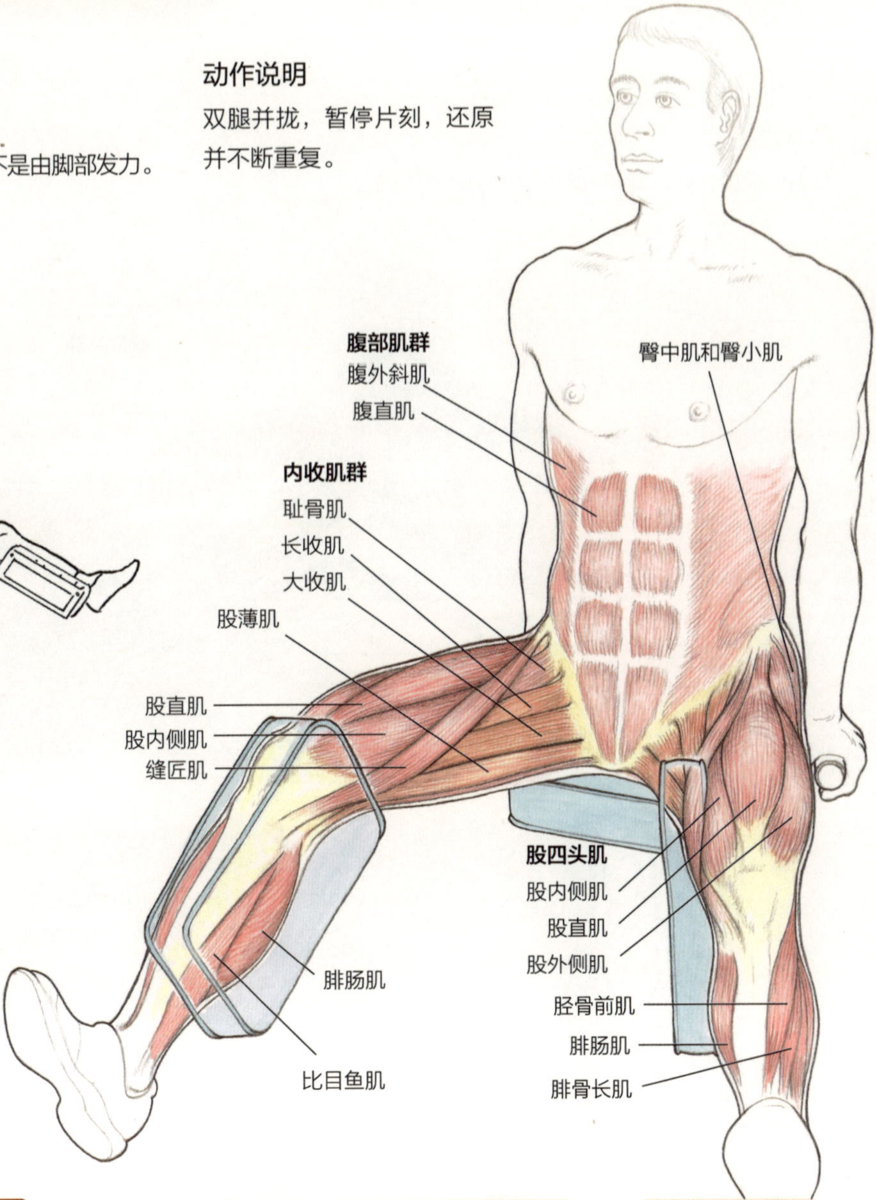

起始位置

- 坐在训练器上，双腿紧贴垫板。
- 身体坐直，坐骨支撑，保持挺胸。
- 有些器械可能需要调节操作杆使双腿位于适当位置。

运动分析	关节
关节	髋关节
关节运动	向内——内收； 向外——外展
运动肌群	内收肌群

稳定肌群
躯干部：腹部肌群、竖脊肌、腰方肌。

健身机髋关节外展

辅助训练・单关节・推・开链运动・器械・从初级到高级训练者

髋关节内收机和外展机比较容易混淆，但这两种器械所训练的肌肉都是维持身体稳定所需的稳定肌群，一般共同作用，因此在一个阶段同时进行髋关节内收和外展（参见55页）训练十分有益。

动作说明

用力使双腿分开，暂停片刻，还原并不断重复。

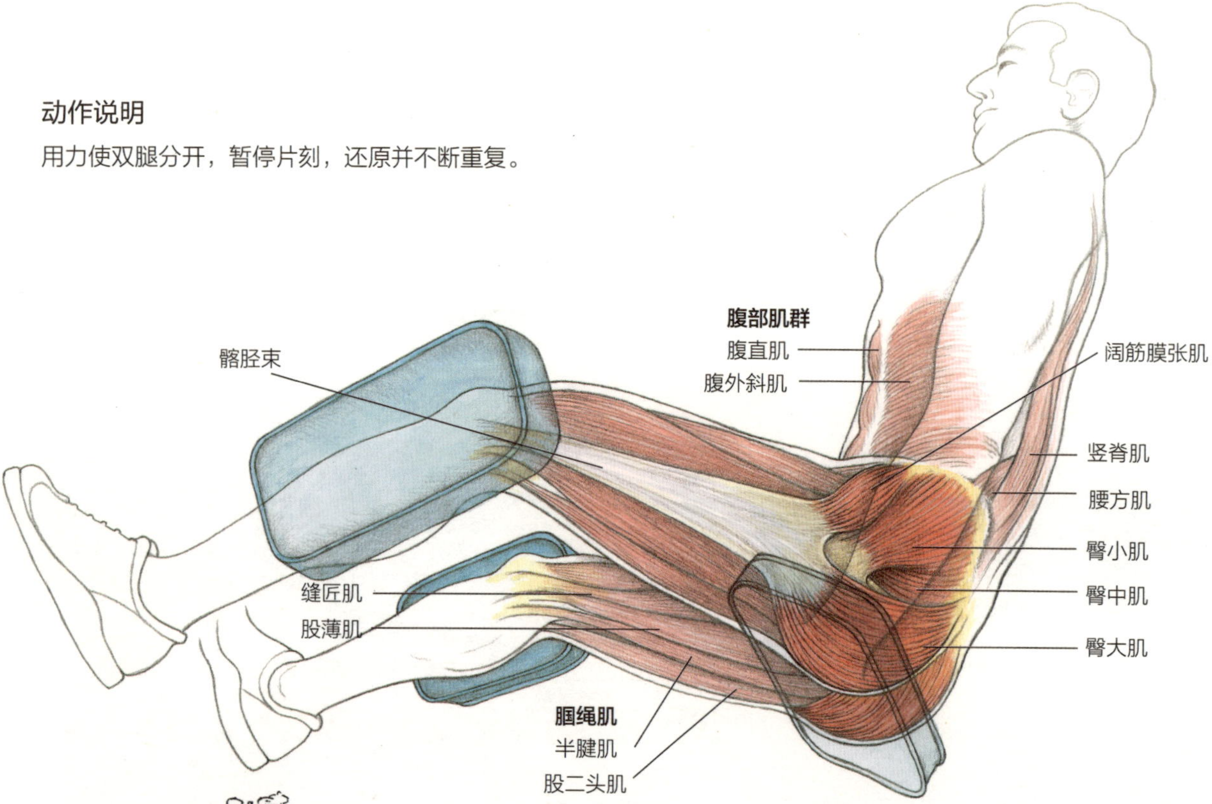

训练技巧

- 在中等阻力下缓慢运动。
- 避免依靠冲力运动。
- 髋关节外展时，不要弓背。
- 集中使用臀中肌和臀小肌力量，而不是由脚部或膝关节发力。

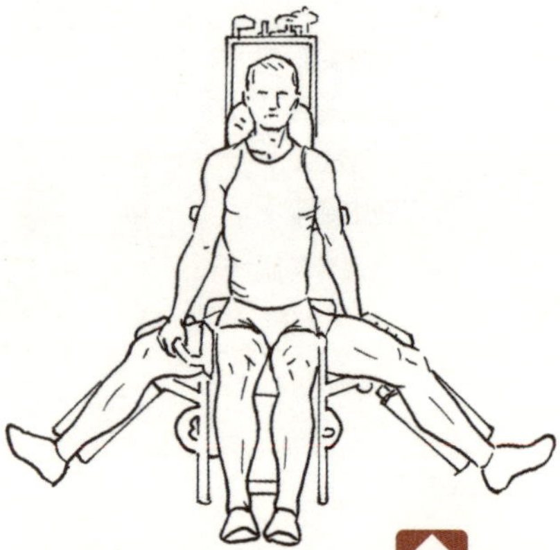

起始位置

- 坐在训练器上，双腿紧贴垫板。
- 身体坐直，坐骨支撑，保持挺胸。
- 有些器械可能需要调节操作杆使双腿位于适当位置。

稳定肌群
躯干部：腹部肌群、竖脊肌、腰方肌。

运动分析	关节
关节	髋关节
关节运动	向外——外展； 向内——内收
运动肌群	臀中肌和臀小肌、阔筋膜张肌

侧卧髋关节外展

辅助训练・单关节・拉・开链运动・体重・初、中级训练者

由于简·方达所写的一本畅销健身书，这项训练成为20世纪80年代最流行的健身方式。她是奥斯卡最佳女主角获奖者，也是有氧健身和家庭健身训练视频的先驱者。

动作说明

侧卧，通过外展髋关节缓慢抬起单侧腿至最高。暂停片刻，还原并不断重复。换另一侧腿并重复。

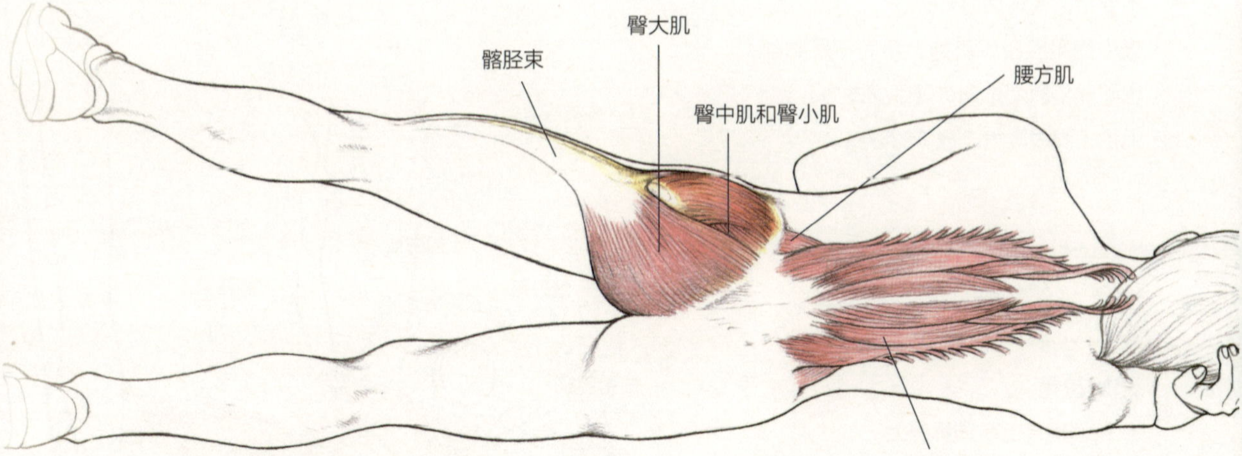

训练技巧

- 避免髋关节在训练过程中向前后翻转，用腹部肌群维持脊柱和骨盆稳定。
- 抬腿过程中，注意大腿不要向外侧旋转。
- 缓慢运动，避免依靠冲力运动。
- 避免髋关节过度外展。

起始位置

- 右侧卧位，头部靠在右侧手臂上。
- 保持身体平直，下面的腿伸直。

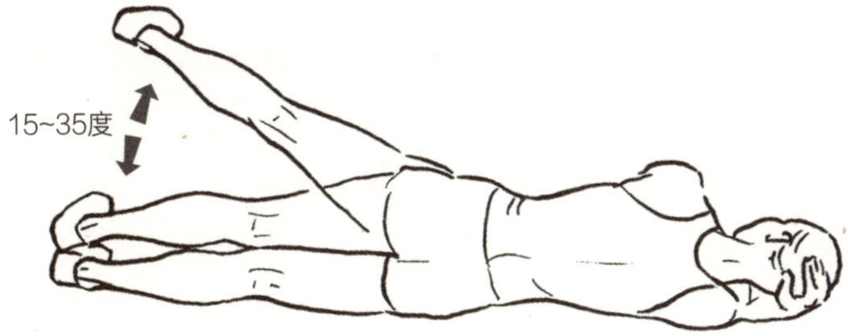

运动分析	关节
关节	髋关节
关节运动	向上——外展； 向下——内收
运动肌群	臀中肌和臀小肌、阔筋膜张肌

稳定肌群	躯干部：腹部肌群、竖脊肌、腰方肌。

器械坐位腿伸展

辅助训练・单关节・推・开链运动・器械・中、高级训练者

腿部伸展训练器是由杰克·拉兰内（Jack LaLanne，20世纪50年代著名健身专家）发明的，它是一种经典的专门训练股四头肌的器械。

训练技巧

- 缓慢运动，避免依靠冲力运动。
- 保持下背部紧靠椅背，运动过程中身体不要抬起或前后晃动。
- 集中使用股四头肌的力量而不是脚部，也不要依靠上拉训练器手柄发力。
- 上抬小腿时吸气，放下时呼气。

动作说明

通过伸展膝关节抬起小腿，直至全腿伸直。还原并不断重复。

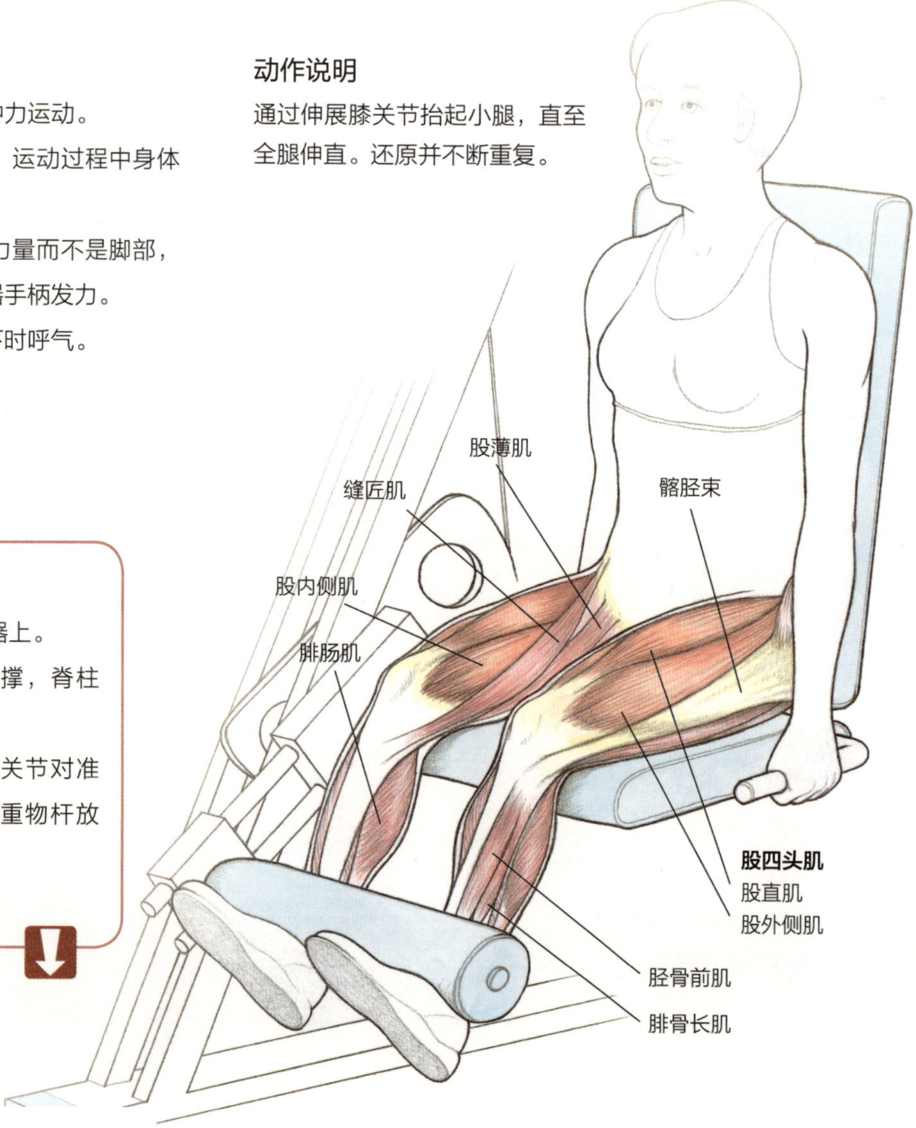

起始位置

- 背靠椅背坐在训练器上。
- 身体坐直，坐骨支撑，脊柱平直。
- 调整训练器，使膝关节对准操作杆支点，并将重物杆放在脚背曲线上。
- 双手握住两侧手柄。

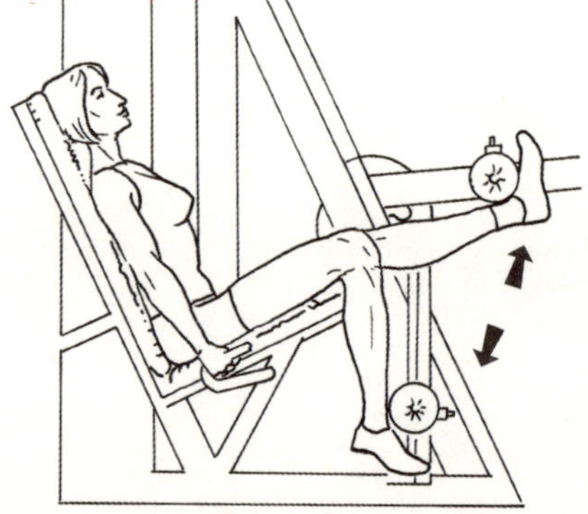

稳定肌群
腹部肌群、竖脊肌、斜方肌中部和下部和菱形肌等都发挥了适度稳定作用。

运动分析	关节
关节	膝关节
关节运动	向上——伸； 向下——屈
运动肌群	股四头肌

器械俯卧小腿屈伸

辅助训练・单关节・拉・开链运动・器械・中、高级训练者

腘绳肌力量薄弱会导致膝关节外展运动中膝关节受伤风险升高。俯卧小腿屈伸训练器是少有的单独训练腘绳肌的器械。

动作说明

通过膝关节屈曲向上抬起小腿。还原并不断重复。

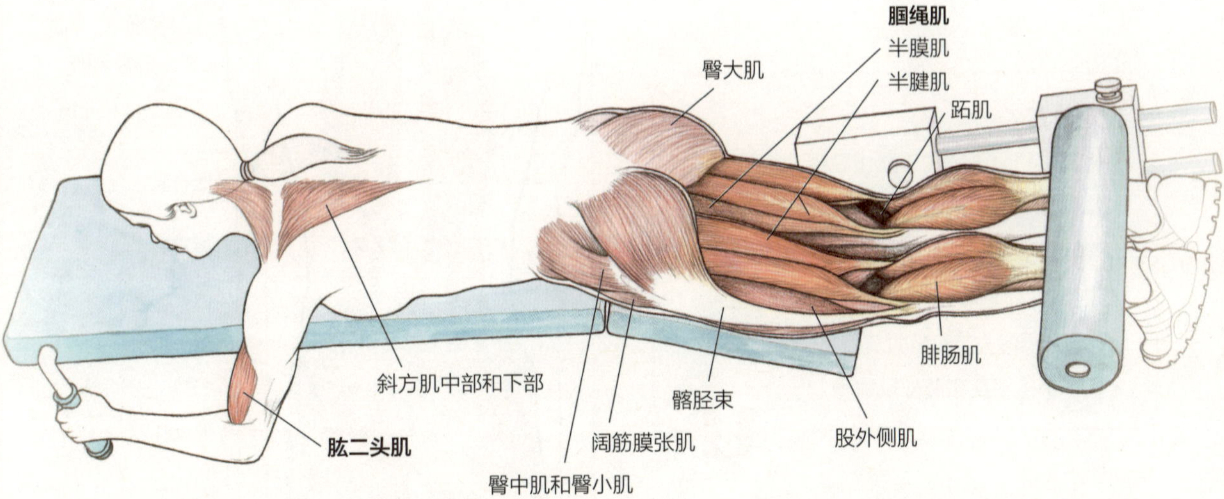

训练技巧

- 缓慢运动，不要依靠冲力运动。
- 避免膝关节过度伸展或小腿下放速度过快。
- 通过腹部稳定肌群避免髋关节上抬以及下背部摆动。
- 使用腘绳肌的收缩力而不是脚部力量。不要通过牵拉器械手柄发力。
- 小腿上抬时吸气，放下时呼气。

运动分析	关节
关节	膝关节
关节运动	向上——屈； 向下——伸
运动肌群	腘绳肌、腓肠肌

起始位置

- 俯卧在小腿屈伸训练器上，踝关节靠在重量杆滚垫之下。
- 调整训练器，使膝关节对准操作杆支点，重量杆滚垫位于踝关节曲线上。
- 双手握住两侧手柄。

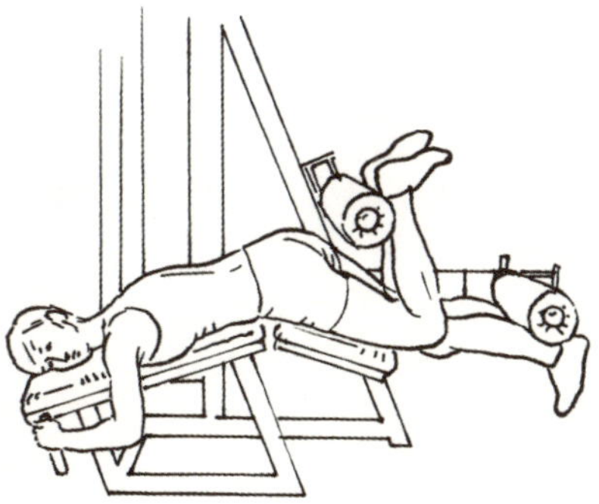

稳定肌群

躯干部：腹部肌群。
身体上部：肱二头肌、斜方肌中部和下部、前锯肌。

器械直立提踵

辅助训练·单关节·推·闭链运动·器械·中、高级训练者

直立提踵机是健身房中十分流行的训练器械。其实，训练者在家通过台阶也可以进行该训练。为增加训练负重，训练者还可进行单腿练习。

训练技巧

- 调整器械使小腿肌肉可以最大幅度运动。
- 避免膝关节弯曲或过度伸展。
- 集中使用小腿肌肉的力量，脚趾放松不发力。

起始位置

- 将脚趾和前脚掌置于器械踏板上。
- 膝关节弯曲，脊柱平直，踏上训练机，将双肩置于重力杆肩垫下方。
- 双手握住肩垫两侧的手柄。
- 通过伸展髋关节和膝关节直立于训练机上。
- 保持身体平直和腹部肌群稳定。

动作说明

通过踝关节跖屈尽量抬高脚跟。暂停片刻，至小腿肚有拉伸感时足跟下落。重复动作。

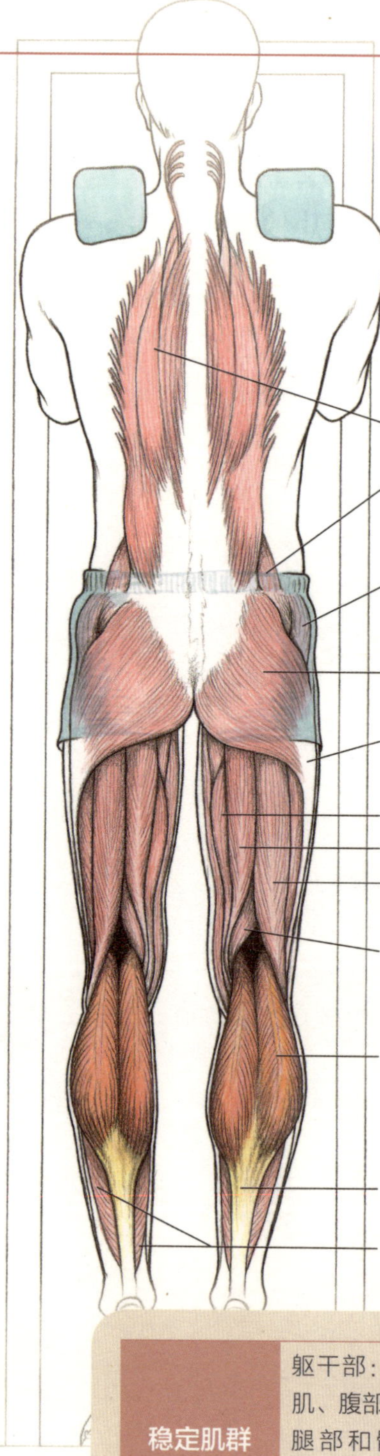

运动分析	关节
关节	踝关节
关节运动	向上——跖屈； 向下——背屈
运动肌群	主要包括：腓肠肌、比目鱼肌、胫骨后肌、腓骨长肌

稳定肌群	躯干部：竖脊肌、腰方肌、腹部肌群。 腿部和髋部：内收肌群、臀中肌和臀小肌、股四头肌。

器械坐式提踵

辅助训练・单关节・推・闭链运动・器械・中、高级训练者

与直立提踵机相比坐式提踵机更强调训练小腿的比目鱼肌。因为膝盖弯曲时，比目鱼肌可以得到更充分的训练。

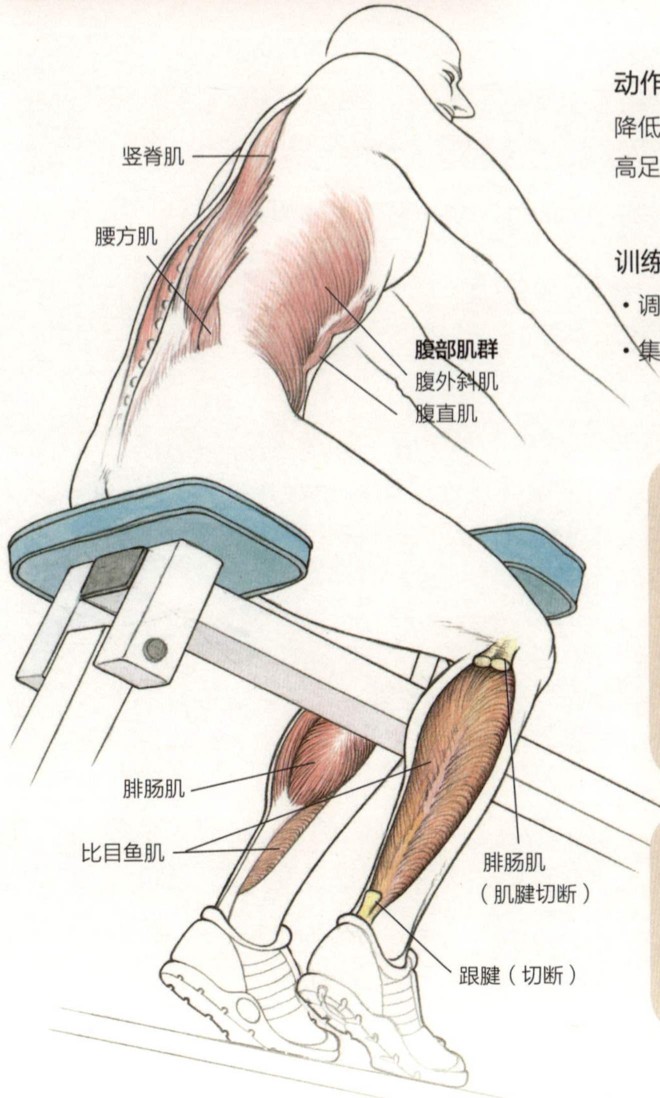

动作说明

降低足跟至小腿有拉伸感，通过踝关节跖屈尽量抬高足跟。恢复至起始位置并不断重复。

训练技巧

- 调整器械，使小腿肚肌肉可以最大幅度运动。
- 集中使用小腿肌肉的力量，脚趾放松不发力。

运动分析	关节
关节	踝关节
关节运动	向下——背屈； 向上——跖屈
运动肌群	比目鱼肌、腓肠肌、胫骨后肌、腓骨长肌

稳定肌群	腹部肌群、竖脊肌、斜方肌中部和下部、菱形肌等都发挥了适度稳定作用。

起始位置

- 坐骨支撑坐在器械座位上。
- 将脚趾和前脚掌置于器械踏板上。
- 将重力垫置于大腿靠近膝关节处，调节器械杠杆使其移动至大腿，以保证运动过程中始终有阻力施加在腿上。打开支撑杠杆。
- 保持身体平直和腹部肌群稳定。

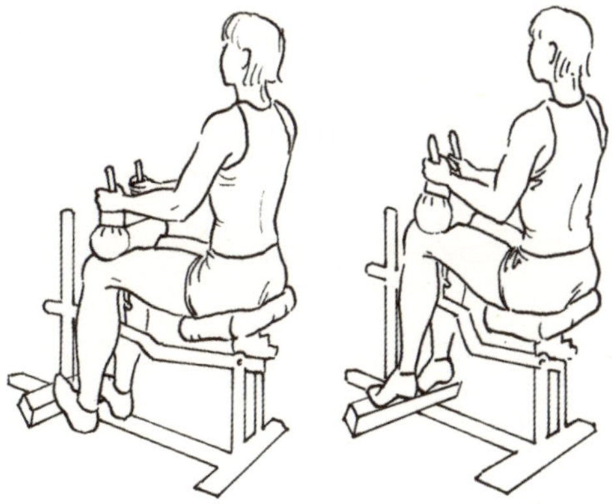

肩部及背部

肩部及背部的主要肌肉

名称	跨越关节	起点	止点	作用
竖脊肌	脊柱全长	髂后上棘及骶骨	所有肋骨、椎骨横突	脊柱伸展
背阔肌	肩关节	髂后上棘、骶骨、腰椎及下6节胸椎的棘突	肱骨内侧	肩关节内收、伸展、旋内、水平外展
斜方肌：上部肌纤维、中部肌纤维、下部肌纤维	脊柱至肩胛骨	枕骨、颈椎及胸椎棘突	肩峰及肩胛冈	整肌：肩胛骨回收； 上部肌纤维：肩胛骨上提； 中部肌纤维：肩胛骨外展； 下部肌纤维：肩胛骨下降及向上旋转
菱形肌	脊柱至肩胛骨	第7颈椎和第1～5胸椎棘突	肩胛骨内侧边缘，肩胛冈以下	肩胛骨下收、旋转
大圆肌	肩关节	肩胛骨下后面边缘	肱骨内侧	肩关节伸展、旋内、内收
三角肌：后部肌纤维、中部肌纤维、前部肌纤维	肩关节	后部肌纤维：肩胛冈下沿； 中部肌纤维：肩峰外侧面； 前部肌纤维：锁骨外1/3前面	肱骨外侧面	整肌：肩关节外展 后部肌纤维：肩关节伸展、水平外展、旋外； 中部肌纤维：肩关节外展； 前部肌纤维：肩关节屈、水平前屈及旋内
前锯肌	肩关节	前9根肋骨的胸壁侧	肩胛骨内侧缘前面	肩胛骨向前、向上旋转
腰方肌	脊柱至骨盆	髂嵴后内侧面	前4个腰椎横突和第12肋骨下缘	躯干侧屈、骨盆上提（站立时）

肩袖肌群

名称	跨越关节	起点	止点	作用
冈上肌	肩关节	冈上窝	肱骨大结节	肩关节外展（前15度）
冈下肌	肩关节	肩胛骨后表面冈下窝，紧靠肩胛棘下部	肱骨大结节	肩关节旋外、水平外展、伸展
小圆肌	肩关节	肩胛骨外侧缘上部和中部后面	肱骨大结节	肩关节旋外、水平外展、伸展
肩胛下肌	肩关节	沿肩胛下窝的前表面	肱骨小结节	肩关节旋内、内收、伸展

背部和肩部肌肉

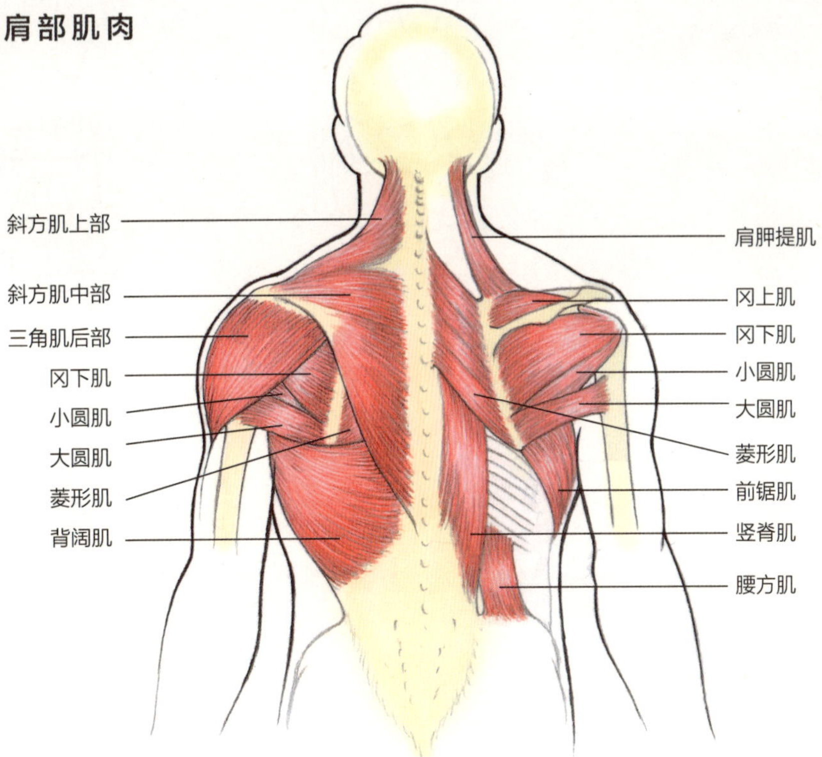

注：图左侧为背部和肩部的浅层肌肉，图右侧为背部和肩部的深层肌肉。

器械胸前下拉

核心训练・多关节・拉・开链运动・器械・从初级到高级训练者

下拉运动是最全面的上身训练之一，有很多不同形式。相比传统的颈后下拉，胸前下拉训练效果更好。

动作说明

下拉拉杆至上胸部。还原并重复。

起始位置

- 坐骨支撑坐在器械座位上，挺胸，脊柱平直。
- 双膝置于约束滚垫下方。
- 宽握距抓握杠杆。
- 双腿位于器械支架下。

训练技巧

- 避免依靠冲力运动，要以缓慢可控的速度全方位运动。
- 训练过程中不要耸肩弓背。要保持挺胸，双肩下沉。
- 身体稍向后倾有助于下拉杠杆时利用腹部肌群保持身体稳定。
- 下拉杠杆时吸气。

稳定肌群

躯干部：腹部肌群、竖脊肌。
肩关节部：肩袖肌群。
肩胛部：前锯肌、菱形肌、斜方肌下部。
前臂部：屈腕肌群。

动作分析	关节1	关节2	关节3
关节	肘关节	肩关节	肩胛骨
关节运动	向下——屈； 向上——伸	向下——内收、微伸； 向上——外展、微屈	向下——下旋、内收（后缩）、下沉； 向上——上旋、外展（伸长）、上提
运动肌肉	肱二头肌、肱肌、肱桡肌	背阔肌、大圆肌、胸大肌、三角肌后部	菱形肌、斜方肌

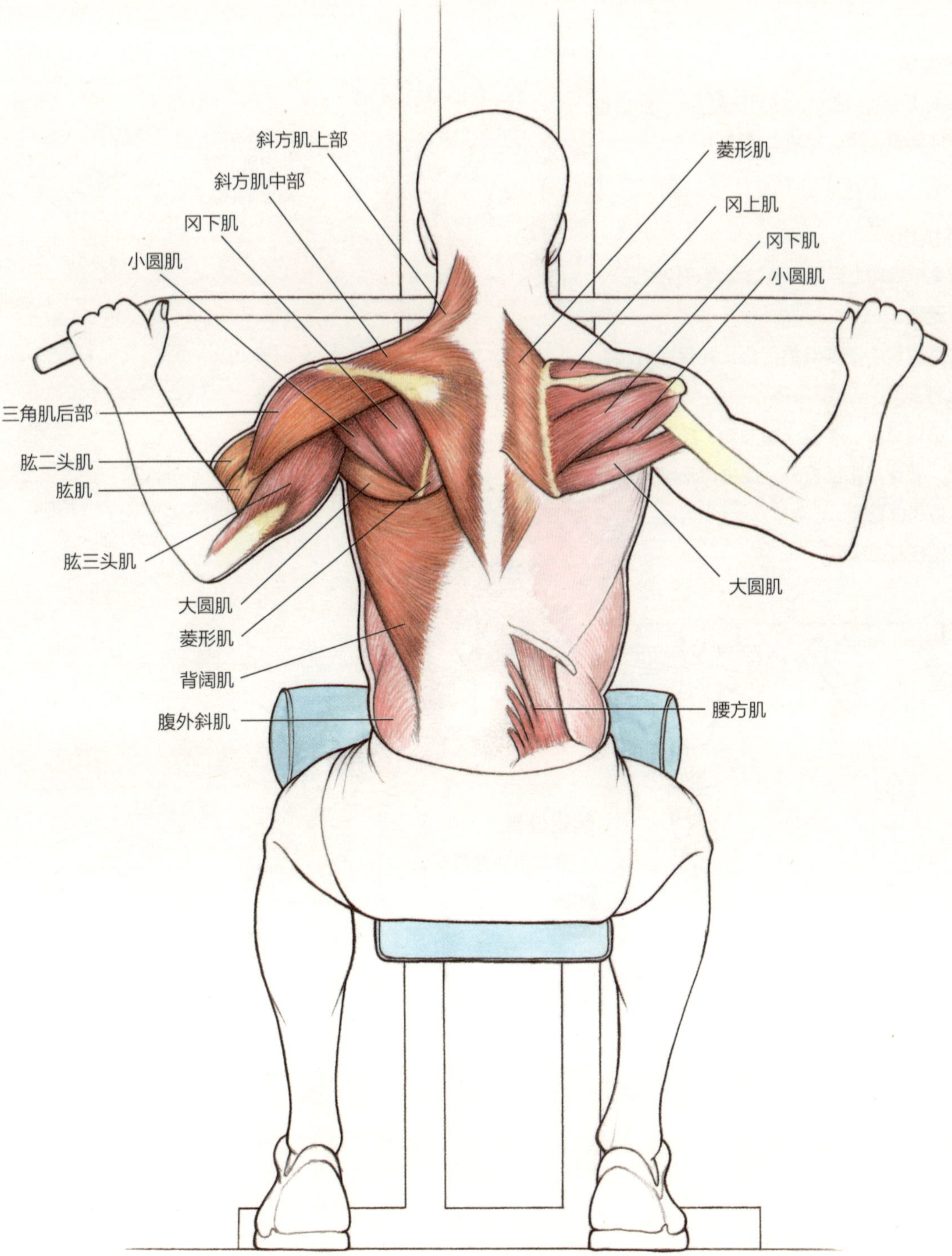
斜方肌上部
斜方肌中部
冈下肌
小圆肌
三角肌后部
肱二头肌
肱肌
肱三头肌
大圆肌
菱形肌
背阔肌
腹外斜肌
菱形肌
冈上肌
冈下肌
小圆肌
大圆肌
腰方肌

正握引体向上

核心训练·多关节·拉·闭链运动·体重·中、高级训练者

美国总统健康与体育委员会（the President's Council on Physical Fitness and Sport）针对引体向上制定了如下标准：男性平均8次，优秀者13次；女性平均1次，优秀者8次。

动作说明

身体向上牵拉，使上胸部至横杠处，然后控制身体缓慢下降。重复上述动作。

训练技巧

- 避免依靠冲力运动，要以缓慢可控的速度运动。
- 训练过程中不要耸肩弓背。要保持挺胸，双肩下沉。
- 在最低点时，不要靠肩关节“挂”在拉杆上，要保持胸部打开，用中背部稳定肌群维持身体稳定。
- 下拉杠杆时吸气。

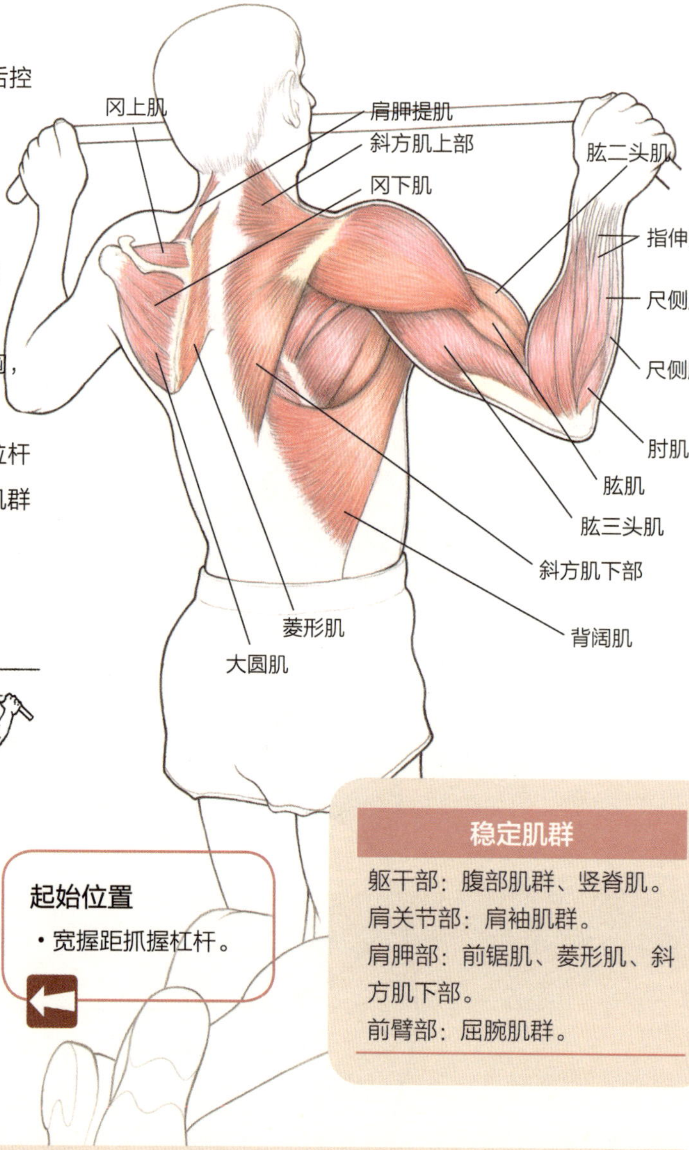

起始位置

- 宽握距抓握杠杆。

稳定肌群

躯干部：腹部肌群、竖脊肌。
肩关节部：肩袖肌群。
肩胛部：前锯肌、菱形肌、斜方肌下部。
前臂部：屈腕肌群。

动作分析	关节1	关节2	关节3
关节	肘关节	肩关节	肩胛骨
关节运动	向上——屈； 向下——伸	向上——内收、微伸； 向下——外展、微屈	向上——下旋、内收（后缩）、下沉； 向下——上旋、外展（伸长）、上提
运动肌群	肱二头肌、肱肌、肱桡肌	背阔肌、大圆肌、胸大肌、三角肌后部	菱形肌、斜方肌

直臂下拉

辅助训练 · 单关节 · 拉 · 开链运动 · 器械 · 中、高级训练者

直臂下拉有助于强化稳定肌群，如腹部肌群、前锯肌以及斜方肌下部。需要注意的是，训练质量比训练数量更重要。

动作说明

通过伸展肩关节下拉拉杆至双臂与身体中轴线平行。在控制下还原并不断重复。

训练技巧

- 避免依靠冲力运动，要以缓慢可控的速度全方位运动。
- 训练过程中不要耸肩弓背。要保持挺胸，双肩下沉。
- 保持躯干稳定，身体平直，脊柱居中。动作过程中，特别是中间位置时，应感到腹部肌群强烈收缩以维持身体稳定。
- 还原时呼气。

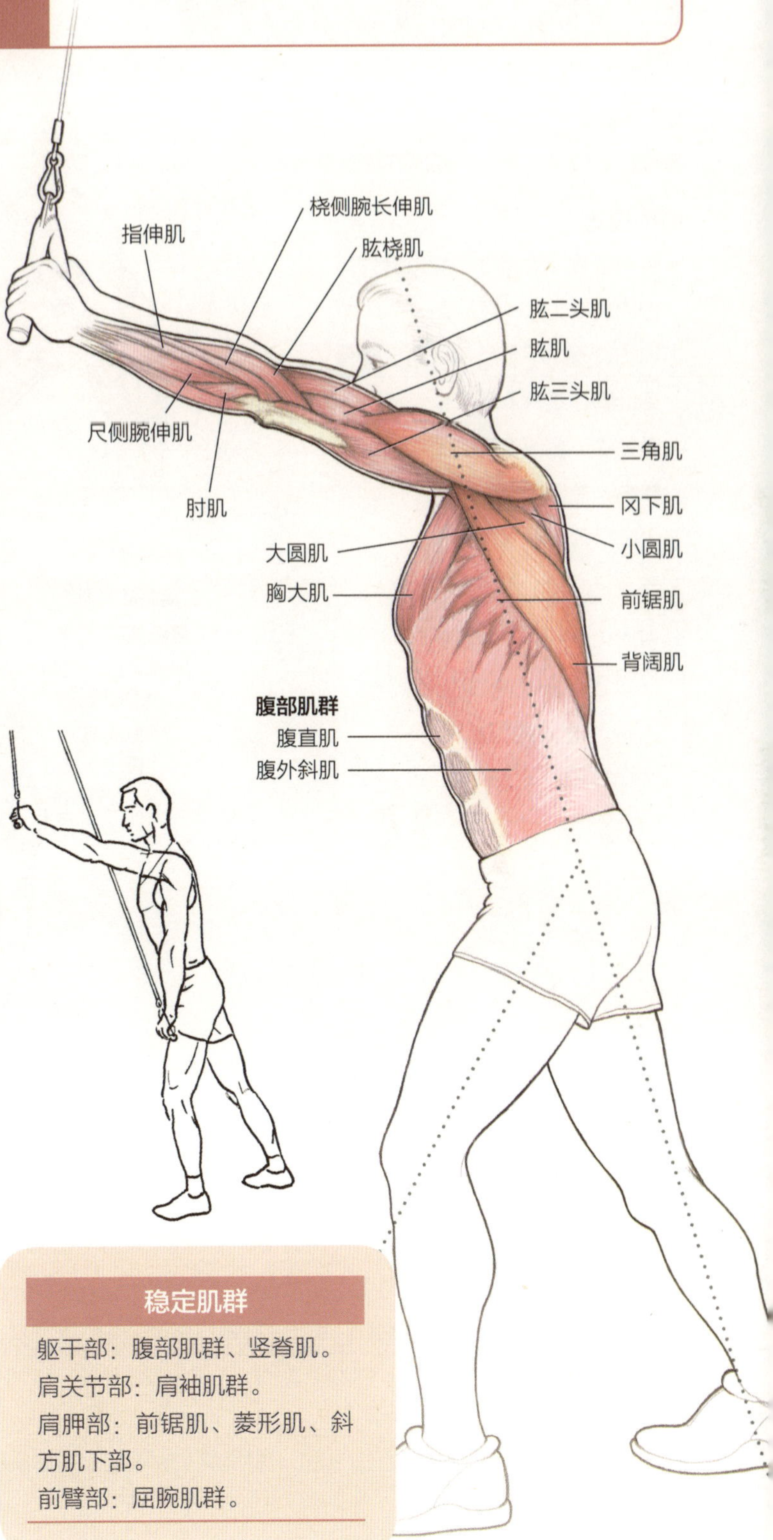

起始位置

- 面对高位拉力器，双腿前后分开站立以保持身体平衡，将约70%的重量放在前腿上。
- 中握距抓握拉杆（略比肩宽）。
- 保持身体平直，脊柱居中。

动作分析	关节
关节	肩关节
关节运动	向下——伸； 向上——屈
运动肌肉	背阔肌、大圆肌、胸大肌、三角肌后部

稳定肌群
躯干部：腹部肌群、竖脊肌。
肩关节部：肩袖肌群。
肩胛部：前锯肌、菱形肌、斜方肌下部。
前臂部：屈腕肌群。

俯身杠铃划船

核心训练・多关节・拉・开链运动・杠铃・中、高级训练者

在正确练习的前提下，俯身杠铃划船同时挑战稳定肌群和运动肌群，它是一项最有效、最全面的上身训练。

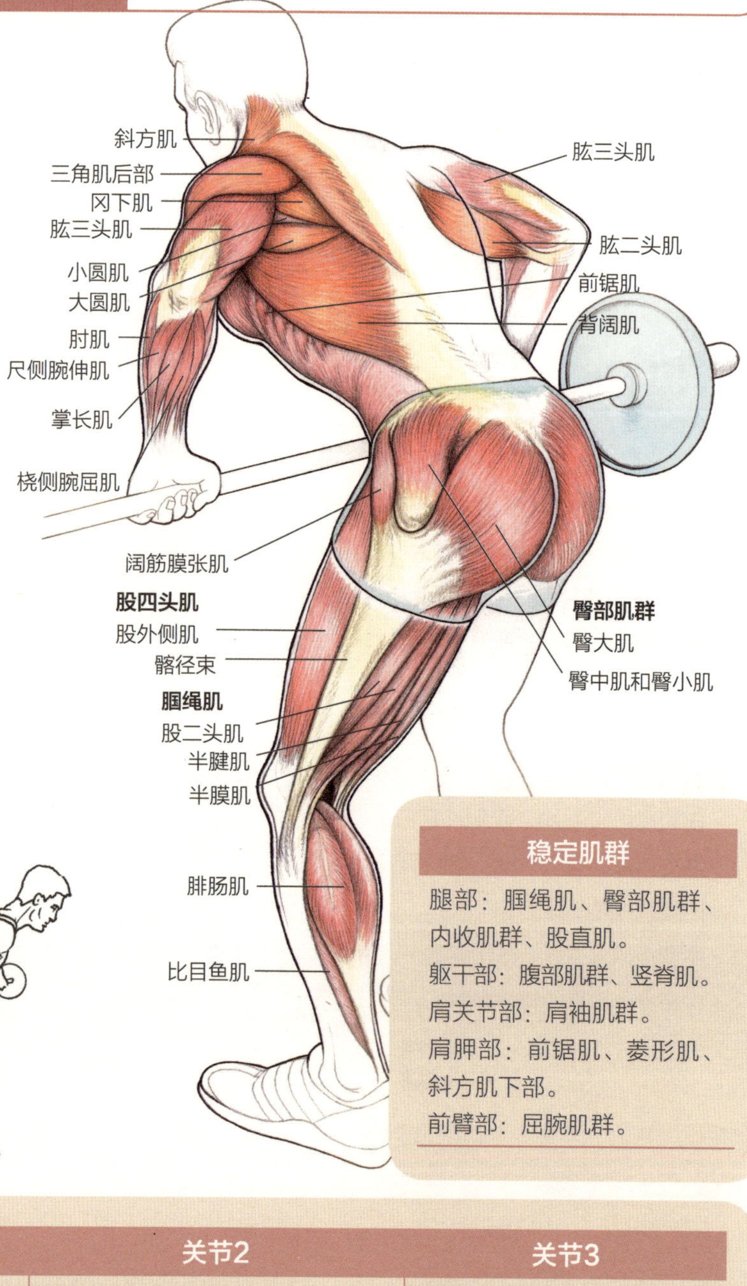

动作说明

将杠铃上拉至上腰部。还原并重复。

训练技巧

- 避免依靠冲力运动，要以缓慢可控的速度全方位运动。
- 训练过程中不要耸肩弓背。要保持挺胸，双肩下沉。
- 避免中下背部弯曲。要保持骨盆居中，脊柱平直。
- 上拉杠铃时吸气。

起始位置

- 以固定的蹲举姿势手握杠铃，确保姿势稳定。
- 宽握距、正手抓握杠铃。

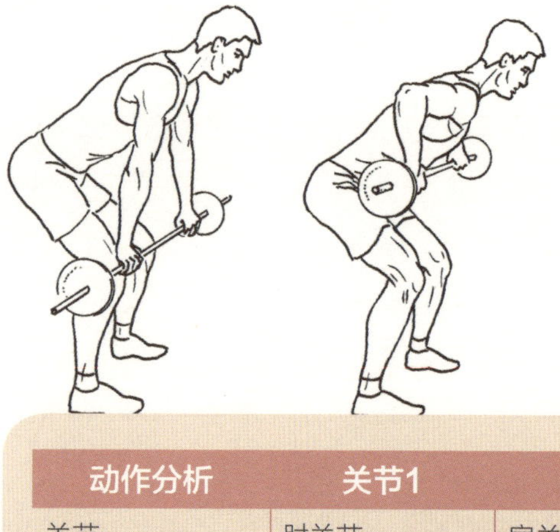

稳定肌群

腿部：腘绳肌、臀部肌群、内收肌群、股直肌。
躯干部：腹部肌群、竖脊肌。
肩关节部：肩袖肌群。
肩胛部：前锯肌、菱形肌、斜方肌下部。
前臂部：屈腕肌群。

动作分析	关节1	关节2	关节3
关节	肘关节	肩关节	肩胛骨
关节运动	向下——屈； 向上——伸	向上——伸、水平外展； 向下——屈、水平内收	向上——内收（后缩）； 向下——外展（伸长）
运动肌肉	肱二头肌（部分作用）	背阔肌、大圆肌、三角肌后部、冈下肌、小圆肌	菱形肌、斜方肌

单臂哑铃划船

核心训练・多关节・拉・开链运动・哑铃・中、高级训练者

单臂哑铃划船的动作与锯木头相似。保持身体稳定和运动动作本身一样重要。

动作说明

上提哑铃至上臂与躯干平行或略高于躯干，还原至手臂伸展。重复上述动作。

训练技巧

- 避免依靠冲力运动，要以缓慢可控的速度全方位运动。
- 训练过程中不要耸肩弓背。要保持挺胸，双肩下沉。
- 避免中下背部弯曲。要保持骨盆居中，脊柱平直。
- 保持后背平坦，上提哑铃时躯干不要翻转。
- 上提哑铃时吸气。

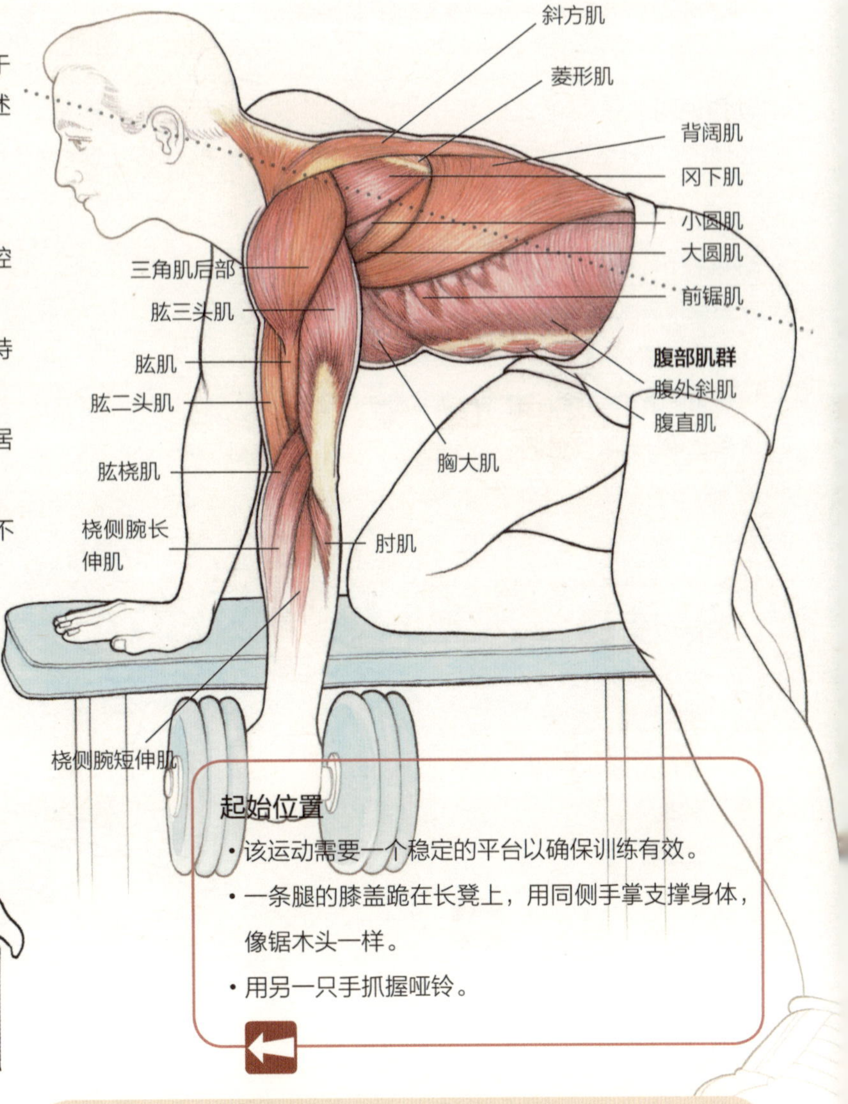

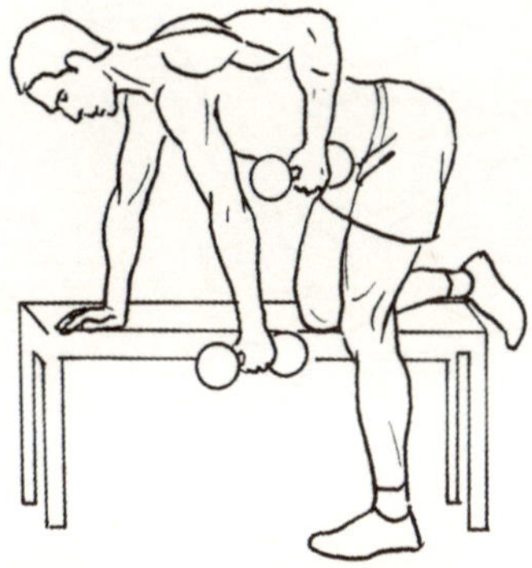

起始位置

- 该运动需要一个稳定的平台以确保训练有效。
- 一条腿的膝盖跪在长凳上，用同侧手掌支撑身体，像锯木头一样。
- 用另一只手抓握哑铃。

稳定肌群
四肢部：大部分腿部肌肉和对侧手臂部肌肉。 躯干部：腹部肌群、竖脊肌。 肩关节部：肩袖肌群。 肩胛部：前锯肌、菱形肌、斜方肌下部。

动作分析	关节1	关节2	关节3
关节	肘关节	肩关节	肩胛骨
关节运动	向上——屈；向下——伸	向上——伸；向下——屈	向上——内收（后缩）；向下——外展（伸长）
运动肌群	肱二头肌、肱肌、肱桡肌	背阔肌、大圆肌、三角肌后部	菱形肌、斜方肌

坐式划船

核心训练 · 多关节 · 拉 · 开链运动 · 器械 · 中、高级训练者

第一台坐式划船机于20世纪90年代问世。该运动是背部康复训练的基础之一。

动作说明

拉伸器械拉杆至腰部位置，保持挺胸，肩部向后的姿势。拉至上臂与身体垂直。还原并重复。

训练技巧

- 避免依靠冲力运动，要以缓慢可控的速度全方位运动。
- 训练过程中不要耸肩弓背。要保持挺胸，双肩下沉。
- 避免中下背部弯曲。要保持骨盆居中，脊柱平直。
- 后拉拉杆时吸气。

起始位置

- 坐在器械平台上，窄握距抓杠杆，屈膝。
- 坐骨支撑，挺胸，脊柱平直。
- 双膝微屈。

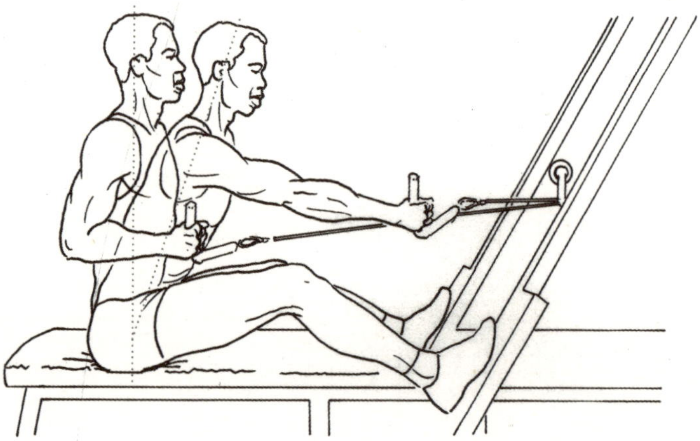

动作分析	关节1	关节2	关节3
关节	肘关节	肩关节	肩胛骨
关节运动	向后——屈； 向前——伸	向后——伸； 向前——屈	向后——内收（后缩）； 向前——外展（伸长）
运动肌群	肱二头肌、肱肌、肱桡肌	背阔肌、大圆肌、三角肌后部	菱形肌、斜方肌

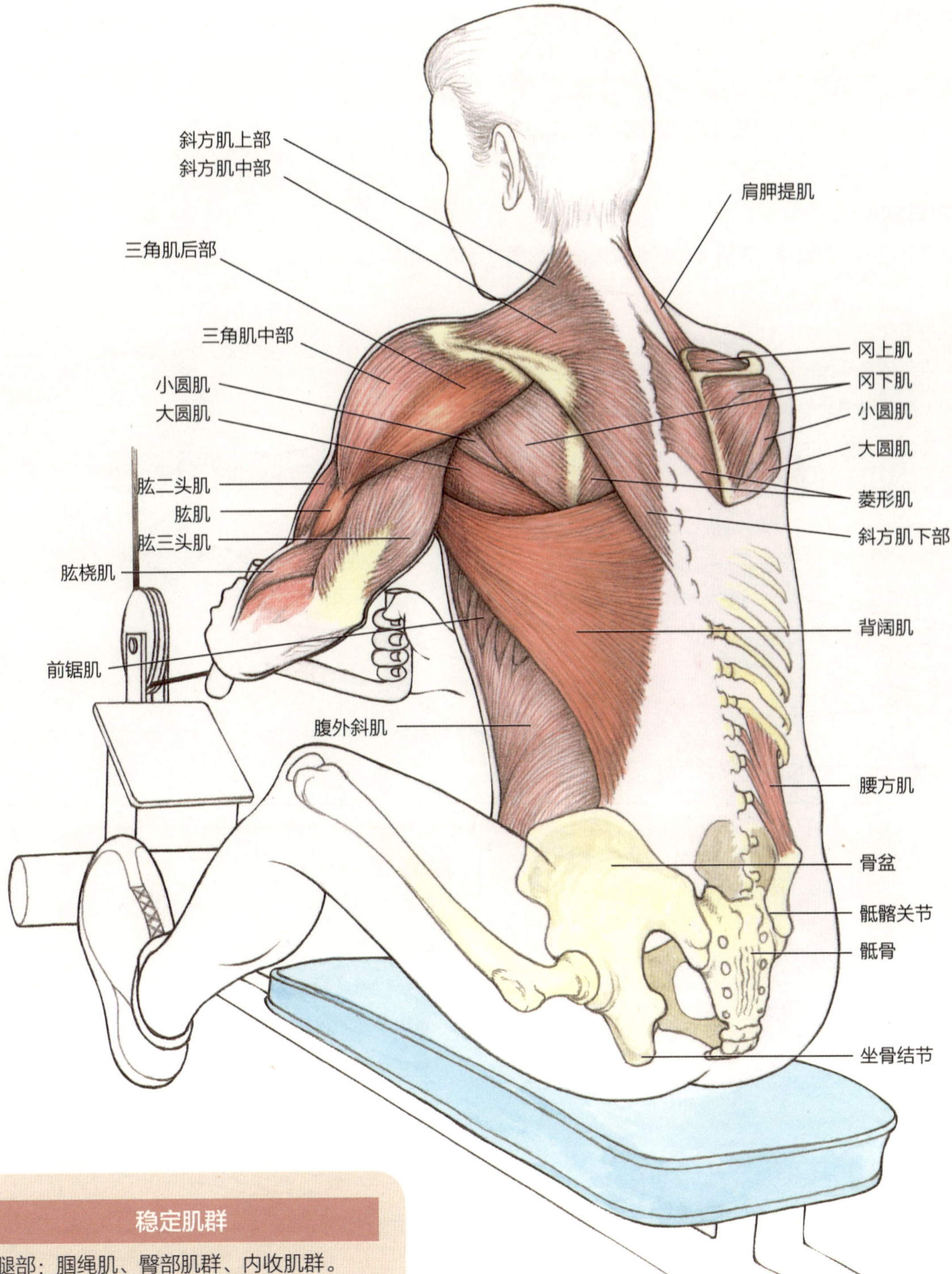

稳定肌群

腿部：腘绳肌、臀部肌群、内收肌群。
躯干部：腹部肌群、竖脊肌。
肩关节部：肩袖肌群。
肩胛部：前锯肌、菱形肌、斜方肌下部。

俯卧挺身

辅助训练 · 单关节 · 开链运动 · 体重 · 从初级到高级训练者

这项训练虽然看似简单，但操作不当有造成下背部受伤的风险，不建议在没有专业指导的情况下进行。请集中使用下背部肌肉，避免通过臀部肌群用力完成动作。

动作说明

通过下背部肌肉收缩，使肩部和胸部缓慢抬离地面，还原。重复上述动作。

训练技巧

- 避免依靠冲力运动，要以缓慢可控的速度全方位运动。
- 大腿、臀部放松，避免利用大腿和臀部的力量来弥补下背部肌肉力量的不足。
- 上抬身体时吸气。

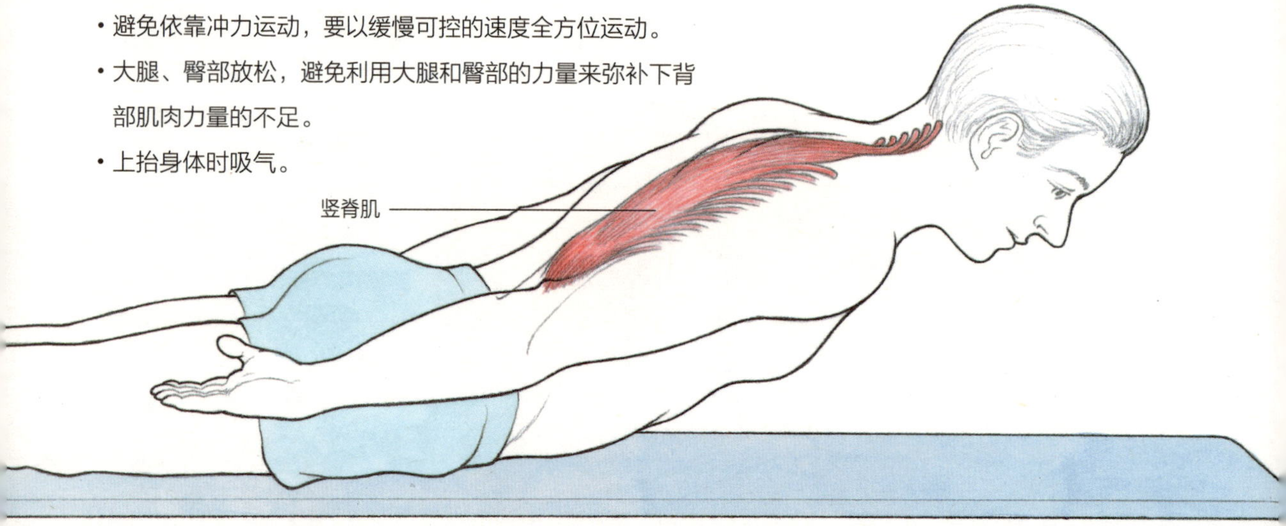

起始位置

- 俯卧在垫子上，手臂位于身体两侧。
- 前额触地。
- 肩部放松，挺胸。
- 使用腹部肌群维持身体稳定。

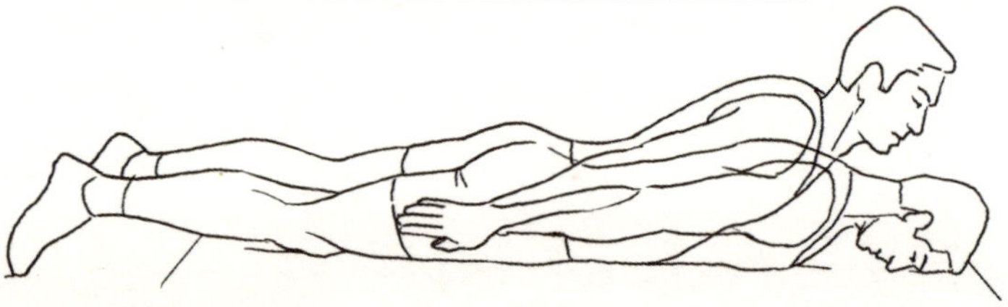

动作分析	关节
关节	脊柱
关节运动	向上——伸； 向下——屈
运动肌群	竖脊肌

稳定肌群	
	躯干部：腹部肌群。 肩胛部：前锯肌、菱形肌、斜方肌下部。

健身机俯卧挺身

辅助训练 · 多关节 · 拉 · 开链运动 · 体重 · 中、高级训练者

俯卧挺身训练机可有效训练背部及臀部肌群。有下背部疾病或不适者，不要在没有指导的情况下尝试该训练。

动作说明

通过弯曲腰部使躯干向下，保持背部平直。上抬身体至躯干与双腿平行，还原并重复。

训练技巧

- 避免依靠冲力运动，要以缓慢可控的速度全方位运动。
- 抬起身体时吸气。

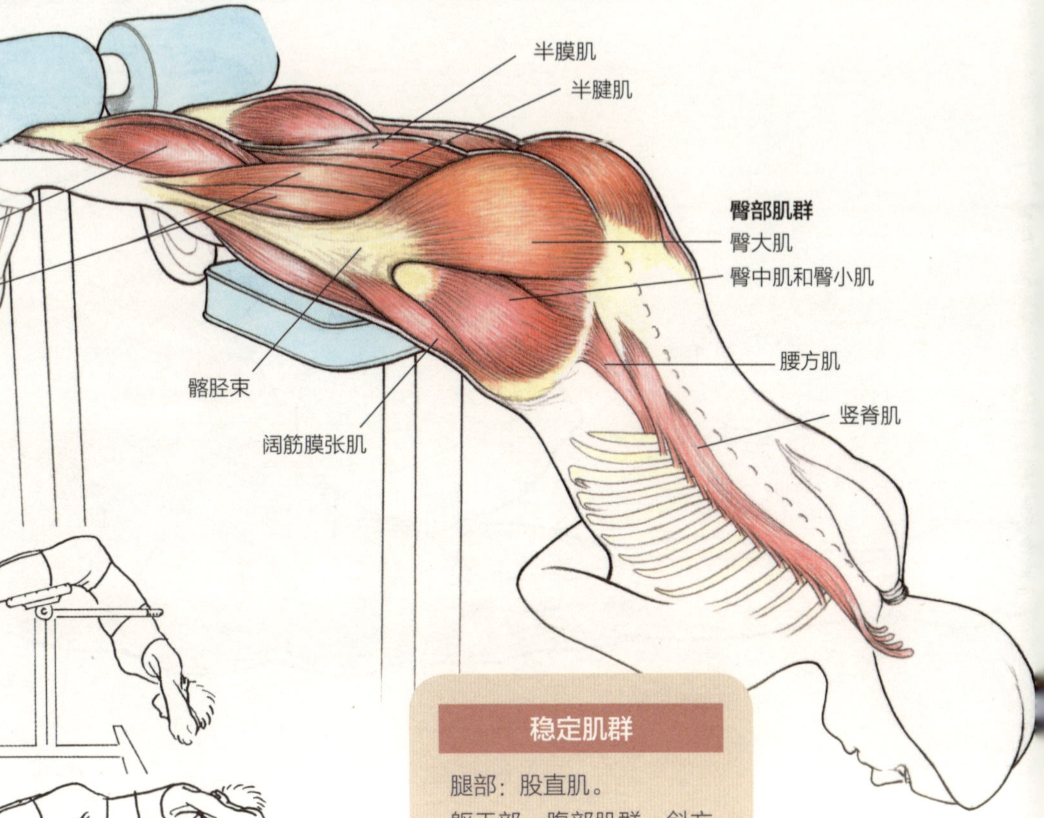

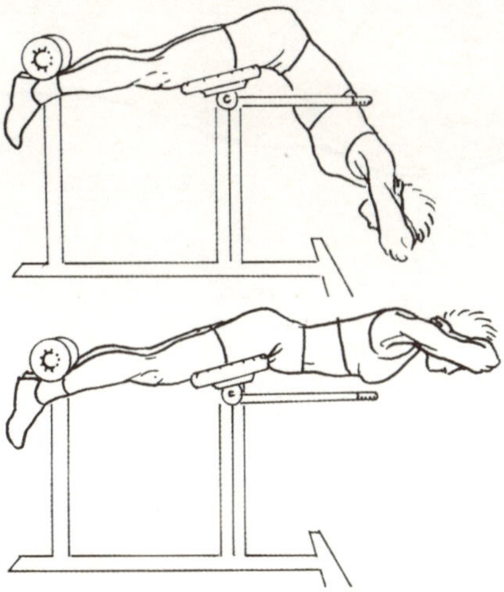

稳定肌群

腿部：股直肌。
躯干部：腹部肌群、斜方肌、菱形肌、竖脊肌。

起始位置

- 足跟置于滚轴下方，大腿靠在软垫上。
- 保持髋关节在腿垫上可以自由活动。

动作分析	关节1	关节2
关节	髋关节	脊柱
关节运动	向上——伸； 向下——屈	向上——伸； 向下——屈
运动肌群	臀大肌、腘绳肌	竖脊肌

跪撑举臂抬腿

核心训练・多关节・推・闭链运动・体重／器械・中、高级训练者

早在1983年，就有研究指出75%的杰出运动员都曾受到背部疼痛的困扰。在普通大众中，慢性下背部疼痛也是导致残疾的主要原因之一。这项训练可用于下背部受伤治疗，也可有效预防背部损伤。

动作说明

保持身体平直稳定，同时缓慢抬起右腿和左臂至水平位置。慢慢还原。换另一侧重复（配图为俯视图）。

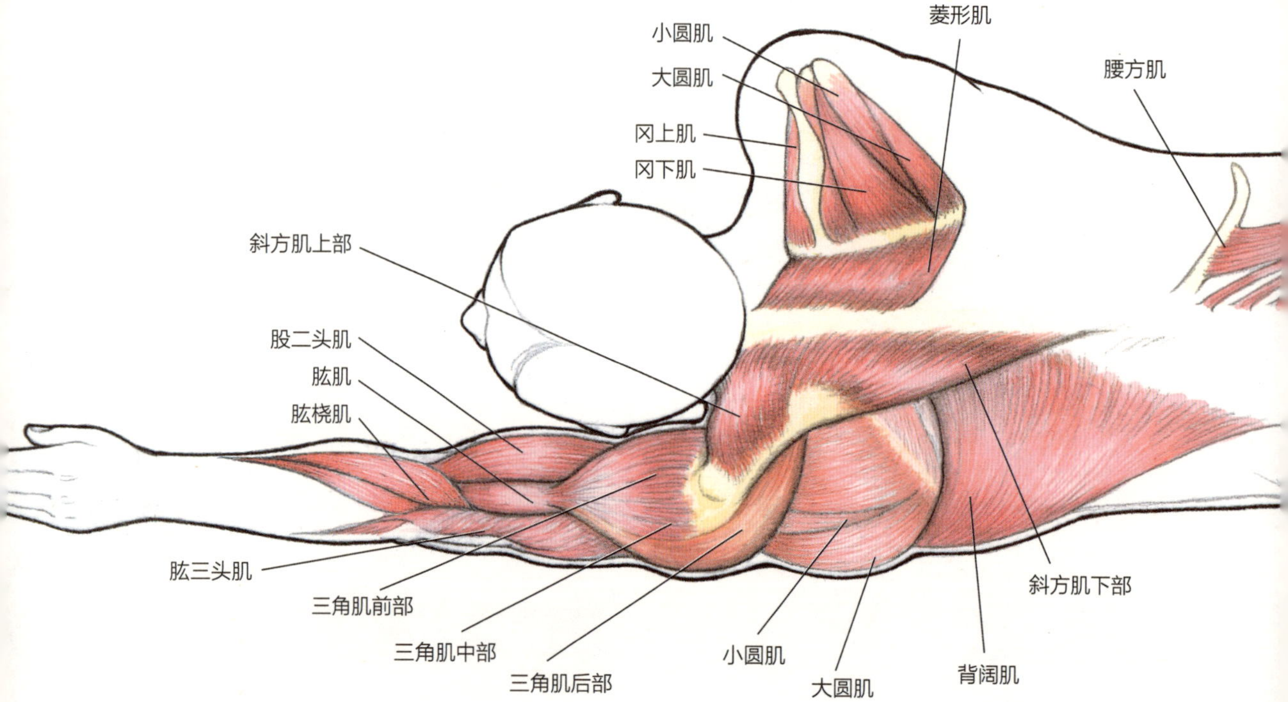

动作分析	关节1	关节2
关节	肩关节	髋关节
关节运动	向上——屈； 向下——伸	向上——伸； 向下——屈
运动肌肉	三角肌后部	臀大肌、腘绳肌群

稳定肌群
四肢部：对侧手臂肌肉和腿部肌肉。 躯干部：腹部肌群、腰方肌、竖脊肌、内收肌群、臀中肌和臀小肌。 肩关节部：肩袖肌群。 肩胛部：前锯肌、菱形肌、斜方肌下部。

训练技巧

- 避免依靠冲力运动，要以缓慢可控的速度全方位运动。
- 避免中、下背部拱起或扭曲。要保持骨盆居中，脊柱平直。
- 挺胸、肩部下沉。
- 如果不能保证躯干稳定，可以俯卧进行训练，或者将手臂和腿部分开训练。
- 上抬手臂及腿部时吸气。

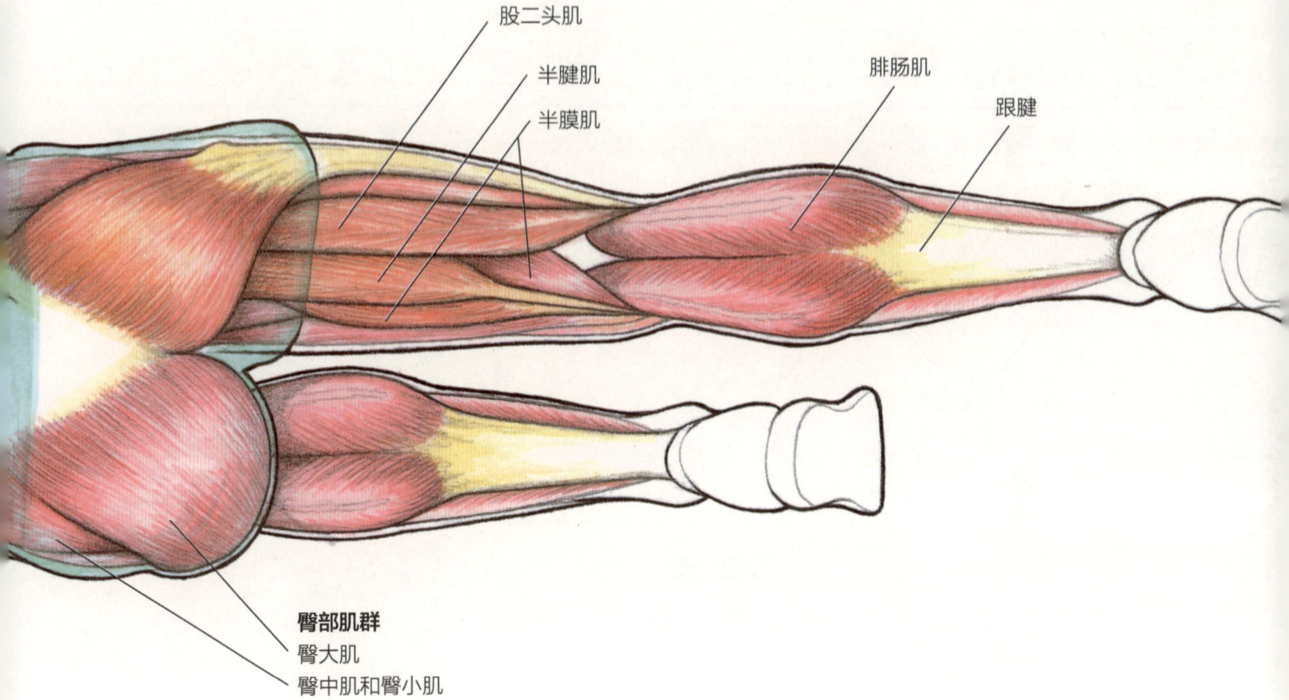

起始位置

- 双手、双膝着地跪立，膝关节和手掌位于髋关节和肩关节正下方。
- 保持脊柱居中，腹部肌群维持身体平衡，收腹。
- 挺胸。前锯肌收缩使肩胛骨后展。

坐姿杠铃肩前推举

核心训练・多关节・推・开链运动・杠铃・中、高级训练者

这项运动又被称为军事推举，这个名字来自一种军队步枪基础训练项目。

动作说明

伸展双臂，推举杠铃超过头顶，下放杠铃至上胸部。重复。

训练技巧

- 避免依靠冲力运动，要以缓慢可控的速度全方位运动。
- 不要耸肩弓背。
- 挺胸、肩部下沉。

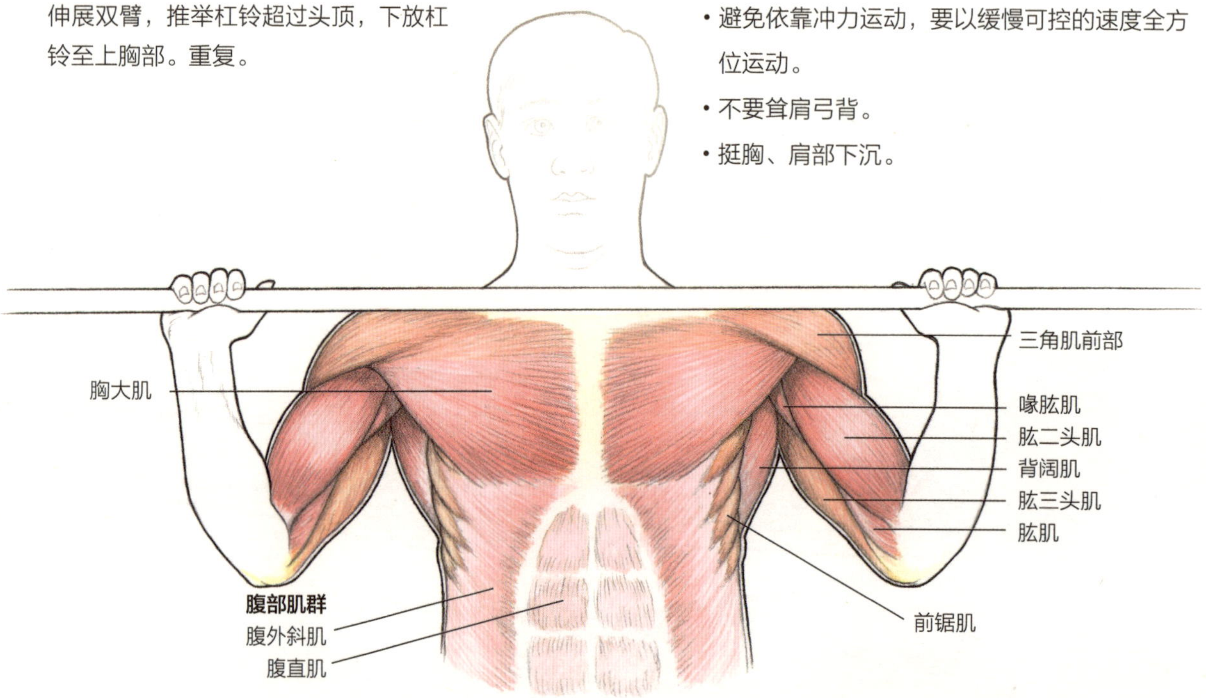

起始位置

- 坐位，坐骨支撑，挺胸，脊柱平直。
- 正手中握距或稍宽抓握杠铃，高度位于上胸部。

稳定肌群

躯干部：腹部肌群、竖脊肌。
肩关节部：肩袖肌群。
肩胛部：前锯肌、菱形肌、斜方肌下部。
前臂部：屈腕肌群。

动作分析	关节1	关节2	关节3
关节	肘关节	肩关节	肩胛骨
关节运动	向上——伸； 向下——屈	向上——外展、屈； 向下——内收、伸	向上——上旋； 向下——下旋
运动肌群	肱三头肌、肘肌	三角肌（特别是前、中部肌纤维）、胸大肌（锁骨部）	前锯肌、斜方肌

器械肩部推举

核心训练 · 多关节 · 推 · 开链运动 · 器械 · 中、高级训练者

当手臂由水平位置外展或伸展时，肩部受伤的概率就会增加。因此，肩部推举训练必须循序渐进。对于初学者，肩部推举机是一个不错的选择。

动作说明

通过伸展手臂上推器械训练杆，再降低训练杆，并不断重复。

训练技巧

- 避免依靠冲力运动，要以缓慢可控的速度运动。
- 不要耸肩弓背。
- 挺胸、肩部下沉。
- 上推训练杆时呼气。

起始位置

- 坐在推举训练器上，正手抓握训练杆。
- 坐骨支撑，挺胸，脊柱平直。

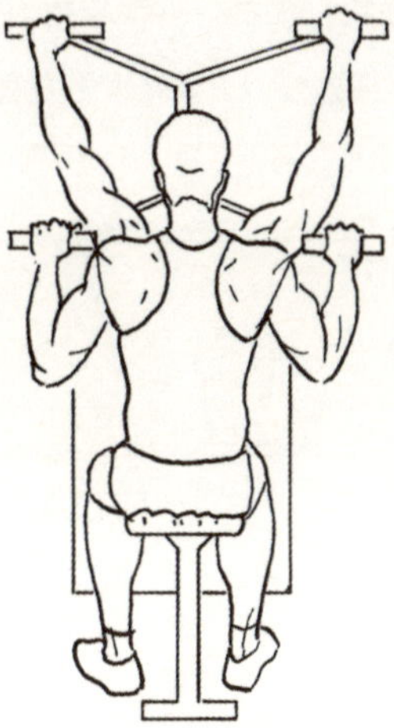

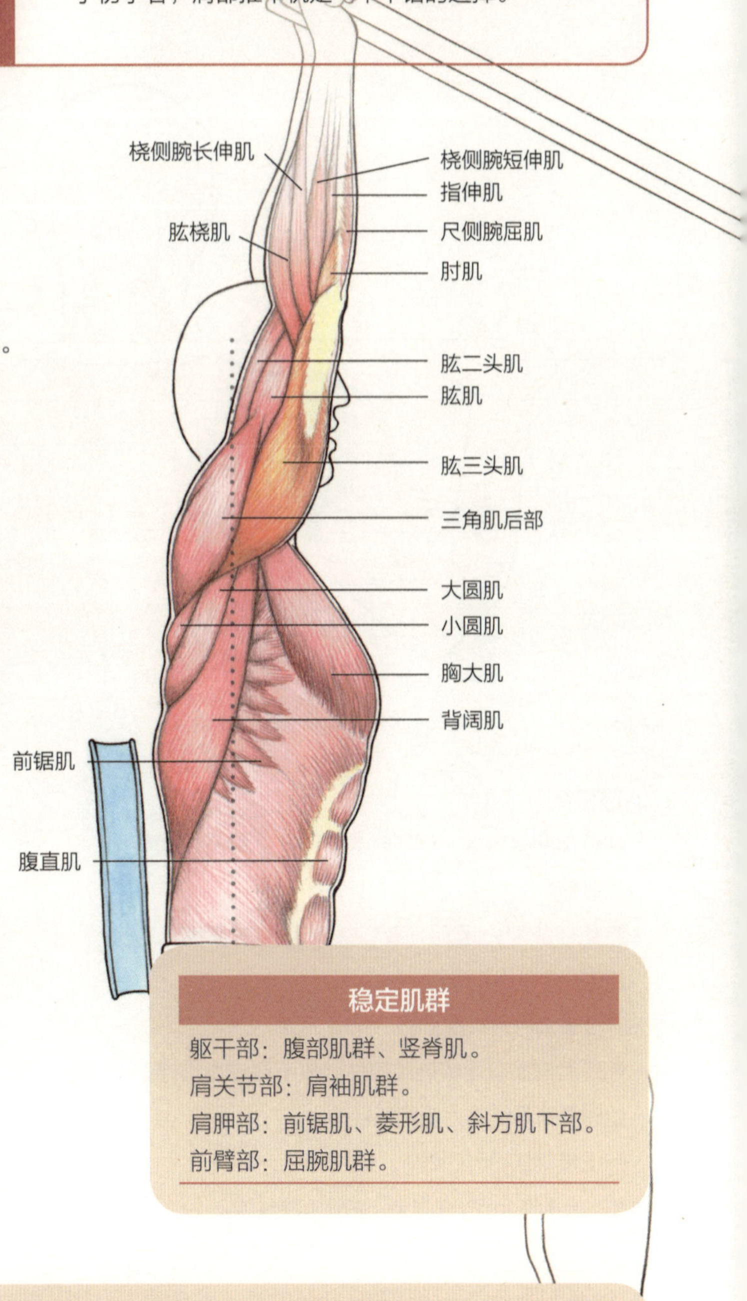

稳定肌群

躯干部：腹部肌群、竖脊肌。
肩关节部：肩袖肌群。
肩胛部：前锯肌、菱形肌、斜方肌下部。
前臂部：屈腕肌群。

动作分析	关节1	关节2	关节3
关节	肘关节	肩关节	肩胛骨
关节运动	向上——伸； 向下——屈	向上——外展、屈； 向下——内收、伸	向上——上旋； 向下——下旋
运动肌群	肱三头肌、肘肌	三角肌、胸大肌（锁骨部）	前锯肌、斜方肌

坐姿杠铃颈后推举

核心训练・多关节・推・开链运动・杠铃・高级训练者

相比坐姿杠铃肩前推举（参见76页），坐姿杠铃颈后推举对胸部和肩部柔韧性的要求更高，起始姿势也更难。

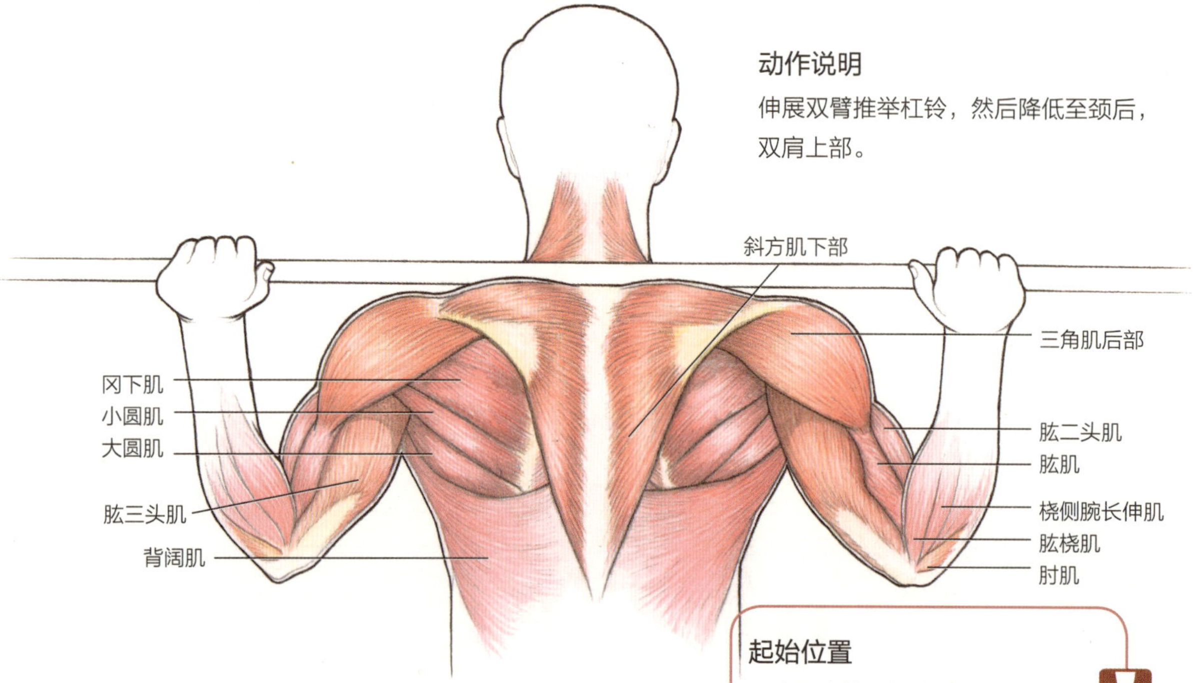

动作说明

伸展双臂推举杠铃，然后降低至颈后，双肩上部。

起始位置

- 坐骨支撑，挺胸，脊柱平直。
- 中握距抓握杠铃，或略大于肩宽。

训练技巧

- 训练前需要热身。训练时最好用一面镜子或找同伴“监督”。
- 避免依靠冲力运动，要以缓慢可控的速度全方位运动。
- 不要耸肩弓背。要挺胸、肩部下沉。
- 训练者需要有足够的柔韧性，头不要过度前伸。开始时要有足够的力量把持杠铃。
- 向上推举杠铃时呼气。

注意：如果有肩关节脱臼史，需避免该训练。

稳定肌群
躯干部：腹部肌群、竖脊肌。 肩关节部：肩袖肌群。 肩胛部：前锯肌、菱形肌、斜方肌下部。 前臂部：屈腕肌群。

动作分析	关节1	关节2	关节3
关节	肘关节	肩关节	肩胛骨
关节运动	向上——伸； 向下——屈	向上——外展； 向下——内收	向上——上旋； 向下——下旋
运动肌肉	肱三头肌、肘肌	三角肌	前锯肌、斜方肌

直立曲杆杠铃划船

核心训练・多关节・拉・开链运动・杠铃・中、高级训练

这是通过曲杆杠铃进行的传统肩部训练之一。但可能有冲击肩部的风险，因此不适合有肩前部疾病或不适的训练者。

训练技巧

- 避免下背部和颈部弯曲。
- 以缓慢可控的速度全方位运动。
- 挺胸、肩部下沉。不要耸肩弓背。
- 上提杠铃时吸气。

动作说明

通过抬高肘部上提杠铃至上胸部高度。降低杠铃并重复。

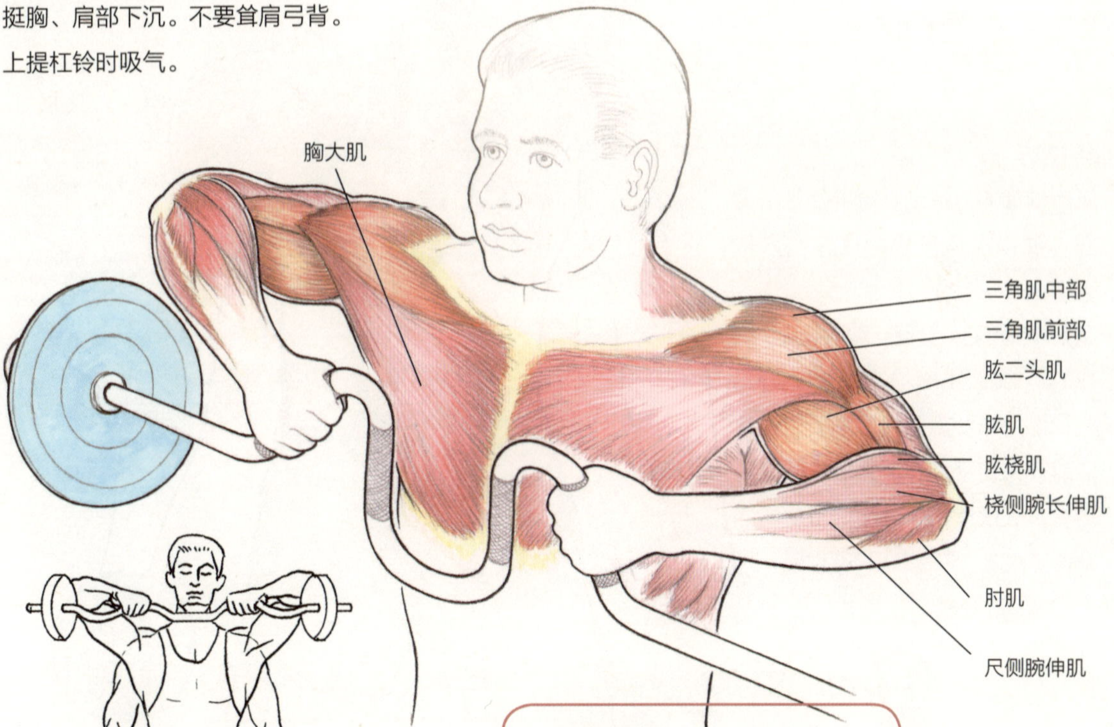

起始位置

- 站立，双脚分开与肩同宽。
- 身体平直，脊柱居中。
- 膝盖放松。
- 窄握距，正手抓握曲杆杠铃。

动作分析	关节1	关节2	关节3
关节	肘关节	肩关节	肩胛骨
关节运动	向上——屈；向下——伸	向上——外展、旋内；向下——内收、旋外	向上——上旋；向下——下旋
运动肌群	肱二头肌、肱肌、肱桡肌	三角肌（特别是前部和侧面）	斜方肌、菱形肌、前锯肌

稳定肌群
腿部肌群为主要稳定肌群。 躯干部：腹部肌群、竖脊肌。 肩关节部：肩袖肌群。 肩胛部：前锯肌、菱形肌、斜方肌。 前臂部：屈腕肌群。

直立哑铃侧平举

核心训练 · 单关节 · 拉 · 开链运动 · 哑铃 · 从初级到高级训练者

这是一项深受误解的简单训练，人们经常使用过重的哑铃，并在练习过程中依靠惯性。如果能正确练习，这是一项非常好的单独训练三角肌的运动。

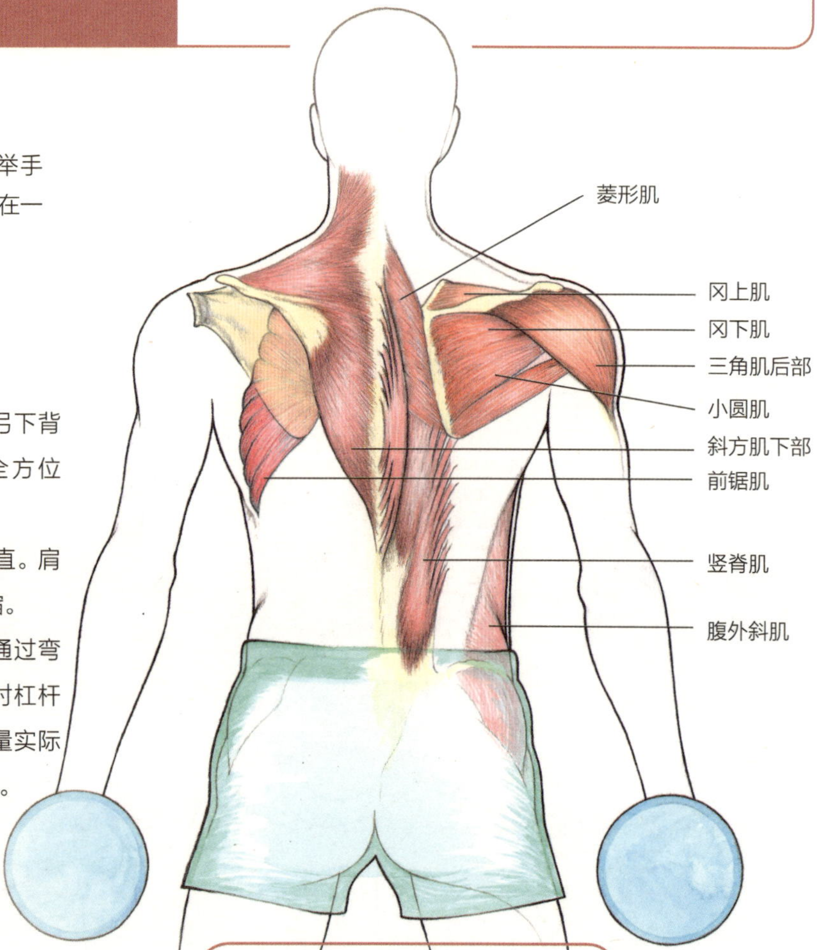

动作说明

保持肘关节屈曲10度左右，侧举手臂至与肩同高。保持腕、肘、肩在一条直线上。收回手臂并重复。

训练技巧

- 避免依靠冲力运动，特别是弓下背部。要以缓慢可控的速度全方位运动。
- 避免含胸弓背，要保持胸背挺直。肩部下沉，向后外展。前锯肌收缩。
- 在训练中增加重量后，不要通过弯曲肘部来侧平举。因为屈肘时杠杆的有效长度缩短，增加的重量实际补偿了距离，训练效果不明显。
- 上提哑铃时吸气。

起始位置

- 站立，双脚分开与肩同宽。
- 身体平直，脊柱居中。
- 膝盖放松。
- 双手抓握哑铃置于身体两侧。

动作分析	关节1	关节2
关节	肩关节	肩胛骨
关节运动	向上——外展； 向下——内收	向上——上旋、回缩； 向下——下旋、伸长
运动肌肉	三角肌、冈上肌	斜方肌、前锯肌

稳定肌群
腿部肌群为主要稳定肌群。 躯干部：腹部肌群、竖脊肌。 肩关节部：肩袖肌群。 肩胛部：前锯肌、菱形肌、斜方肌下部。 前臂部：屈腕肌群。

直臂哑铃前平举

辅助训练 · 单关节 · 推 · 开链运动 · 哑铃 · 从初级到高级训练者

与直立哑铃侧平举相比，本页动作抬举哑铃方向的改变使训练的重点集中在三角肌前部。

训练技巧

- 避免依靠冲力运动，特别是弓下背部。要以缓慢可控的速度运动。
- 避免含胸弓背，要保持胸背挺直。前锯肌收缩，使肩胛部后展。
- 上提哑铃时吸气。

动作说明

保持肘关节屈10度左右，前举手臂至与肩同高。保持腕、肘、肩在一条直线上。收回手臂并重复。

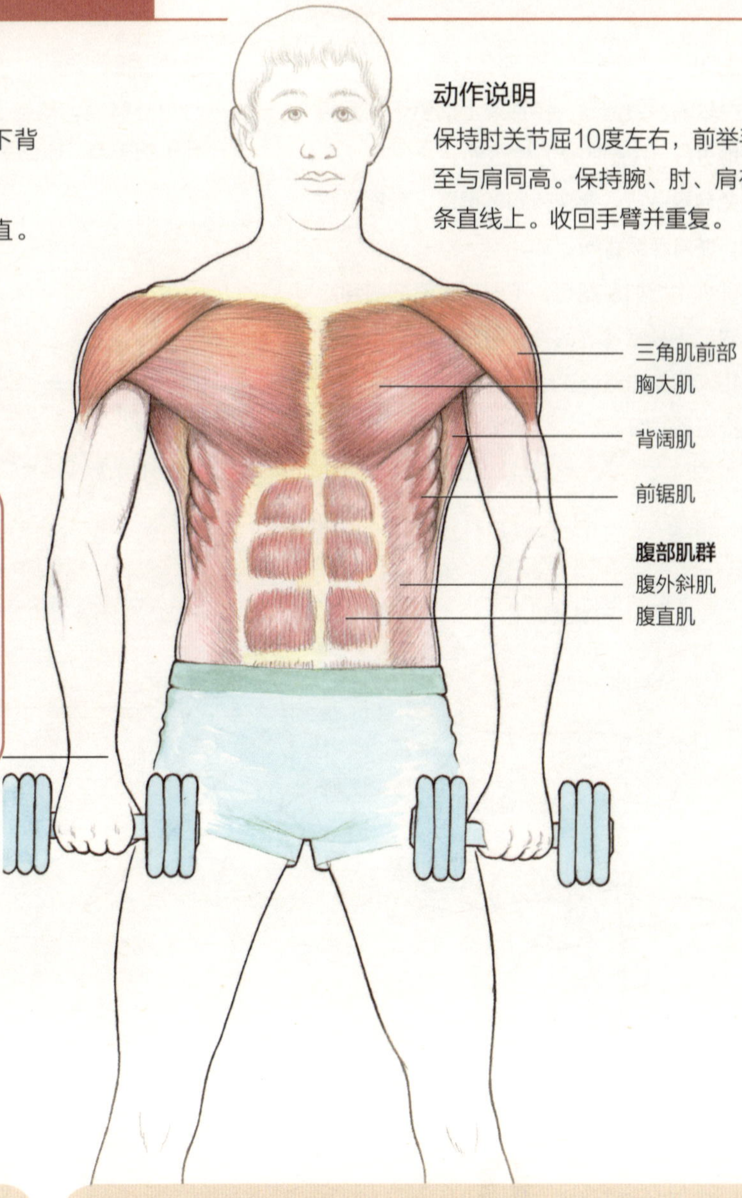

起始位置

- 站立，双脚分开与肩同宽。
- 身体平直，脊柱居中。
- 膝盖放松。
- 双手于大腿前抓握哑铃。

稳定肌群
腿部肌群为主要稳定肌群。 躯干部：腹部肌群、竖脊肌。 肩关节部：肩袖肌群。 肩胛部：前锯肌、菱形肌、斜方肌下部。 前臂部：屈腕肌群。

动作分析	关节1	关节2
关节	肩关节	肩胛骨
关节运动	向上——屈； 向下——伸	向上——回缩； 向下——伸长
运动肌群	三角肌（特别是前部）、胸大肌（特别是锁骨部）	斜方肌、前锯肌

坐姿俯身哑铃侧平举

辅助训练・单关节・拉・开链运动・哑铃・中、高级训练者

许多力量型训练常常忽视三角肌后部，该训练是弥补上述缺失的理想运动。

训练技巧

- 避免依靠冲力运动，特别是上抬躯干，要缓慢地进行可控制的全方位运动。
- 避免含胸弓背，要保持胸背挺直。前锯肌收缩，使肩胛部后展。
- 在训练中增加重量后，不要通过弯曲肘部的方式侧平举哑铃。因为屈肘时杠杆有效长度缩短，增加的重量实际补偿了距离。
- 上提哑铃时吸气。

动作说明

肘关节微屈，向侧上方上抬双臂至与肩同高。肘关节高于腕关节。收回手臂并重复。

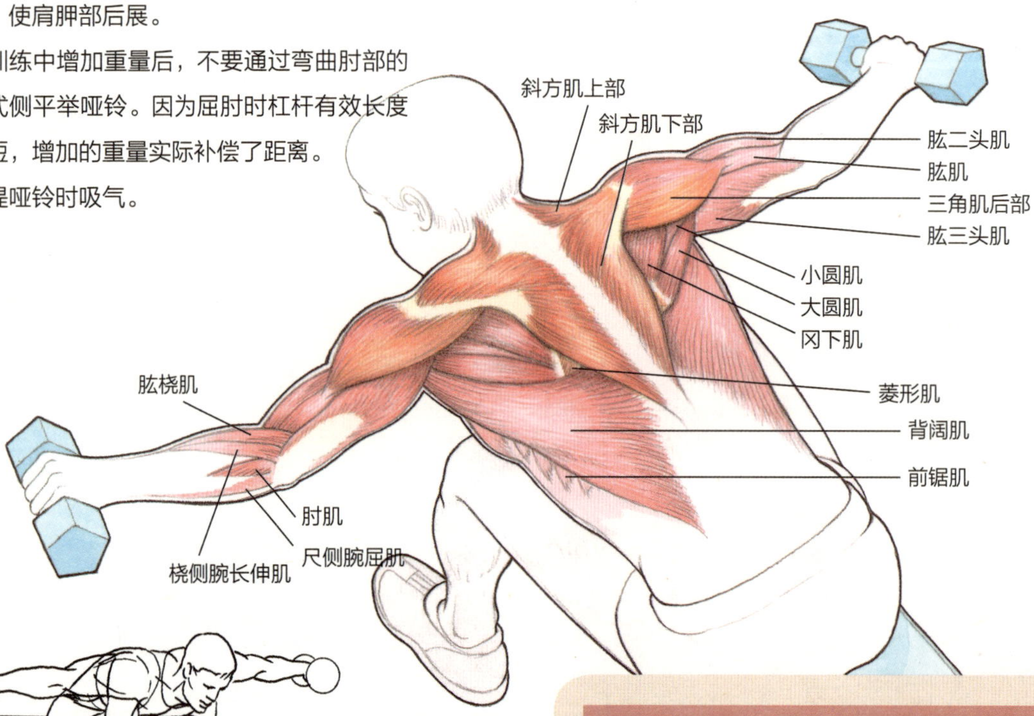

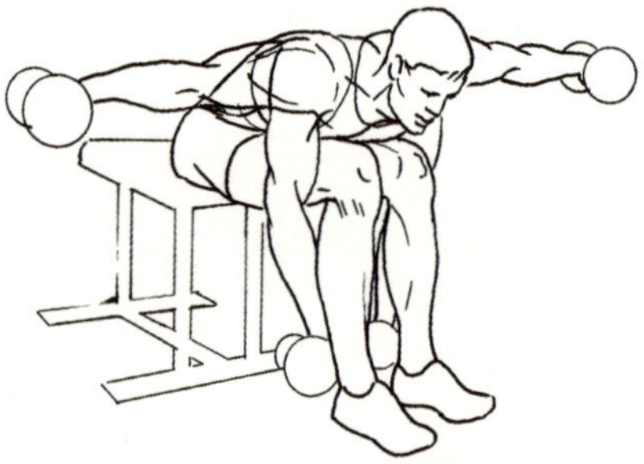

稳定肌群

全部背部肌肉。
肩关节部：肩袖肌群。
肩胛部：前锯肌、菱形肌、斜方肌下部。
前臂部：屈腕肌群。

起始位置

- 坐在长凳边缘。
- 双脚着地，位于膝关节稍前方。
- 躯干前倾，趴在膝部，尽量靠近水平位置。
- 双手抓握哑铃于身体两侧、大腿下方。

动作分析	关节1	关节2
关节	肩关节	肩胛骨
关节运动	向上——水平外展； 向下——水平内收	向上——回缩； 向下——伸长
运动肌群	三角肌后部	菱形肌、斜方肌

坐姿双臂平拉

辅助训练・单关节・拉・开链运动・器械・从初级到高级训练者

一般姿势常常导致三角肌前、后部分用力不均，三角肌前部紧绷而三角肌后部松弛。双臂平拉机更强调训练三角肌后部。

训练技巧

- 避免依靠冲力运动，特别是弓下背部。要以缓慢可控的速度进行全方位运动。
- 避免含胸弓背，要保持挺胸，肩部下沉。
- 后拉杠杆时吸气。

动作说明

保持肘关节微屈，后拉器械杠杆至肘关节刚好超过背部。还原并重复。

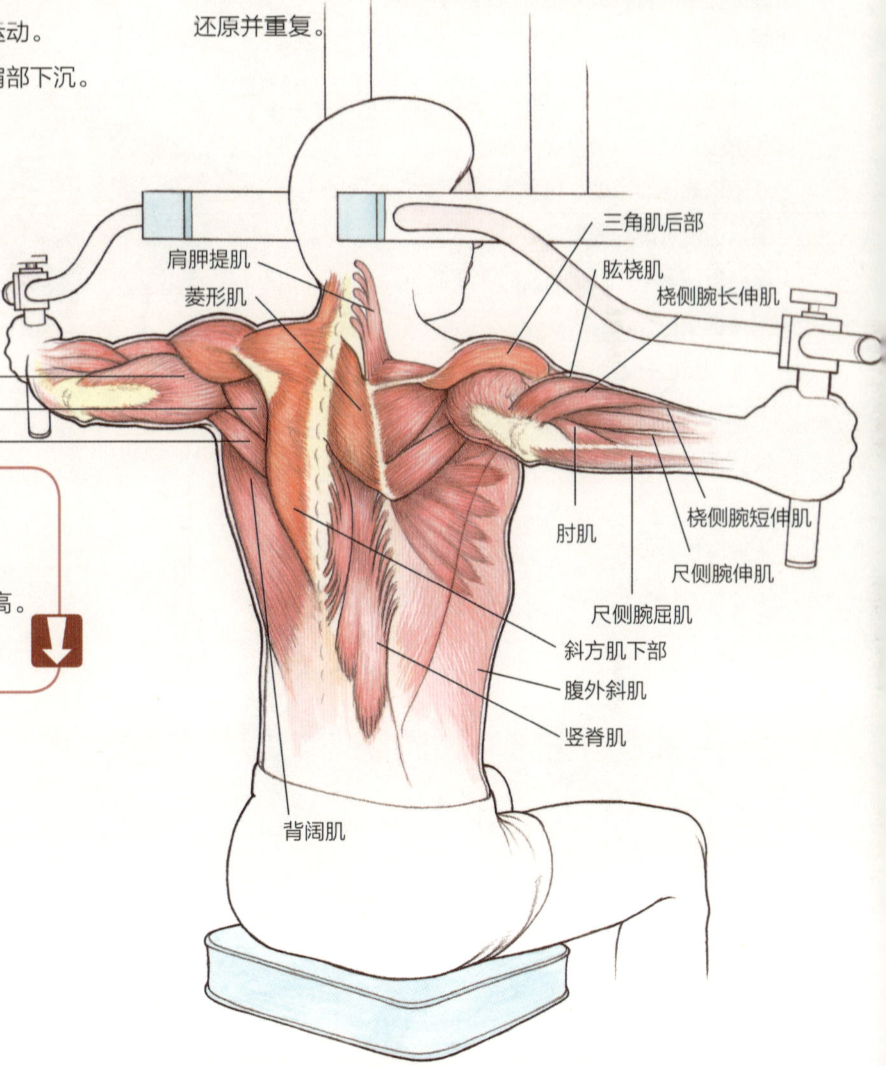

起始位置

- 面对器械坐立。
- 双手握住杠杆手柄，与肩同高。
- 坐骨支撑，挺胸，脊柱伸直。

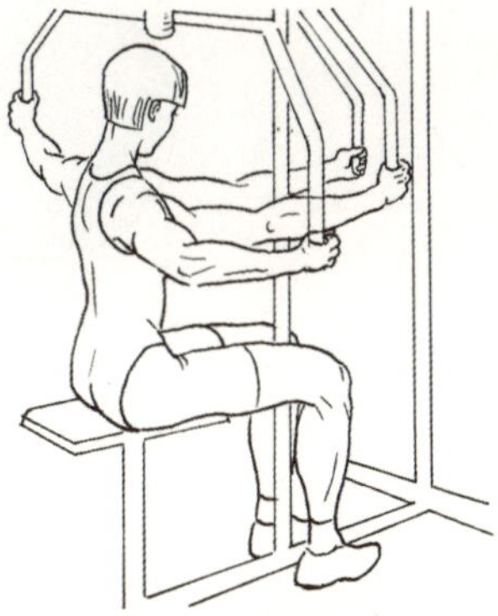

稳定肌群
躯干部：腹部肌群、竖脊肌。 肩关节部：肩袖肌群。 肩胛部：前锯肌、菱形肌、斜方肌下部。 前臂部：屈腕肌群。

动作分析	关节1	关节2
关节	肩关节	肩胛骨
关节运动	向后——水平外展； 向前——水平内收	向后——回缩； 向前——伸长
运动肌群	三角肌后部	菱形肌、斜方肌

耸肩提哑铃

辅助训练·单关节·拉·开链运动·哑铃·中、高级训练者

这是一项训练斜方肌上部的传统健身项目。

动作说明

通过上提肩胛骨和锁骨上提哑铃。还原并重复。

训练技巧

- 避免依靠冲力运动，特别是弓下背部。要以缓慢可控的速度运动。
- 保持脊柱居中，上抬肩膀时不要低头。
- 保持挺胸。
- 力量相反的一组肌群，像上部斜方肌和下部斜方肌。在下部斜方肌不发达的情况下训练上部斜方肌会使二者差异更大。
- 上提哑铃时吸气。

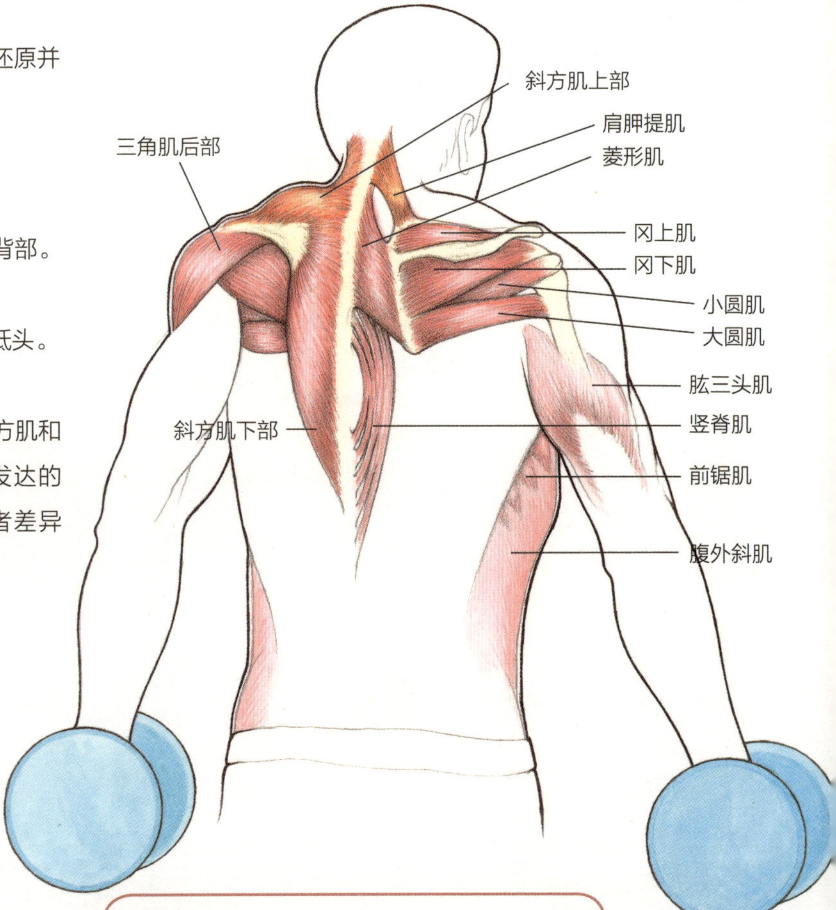

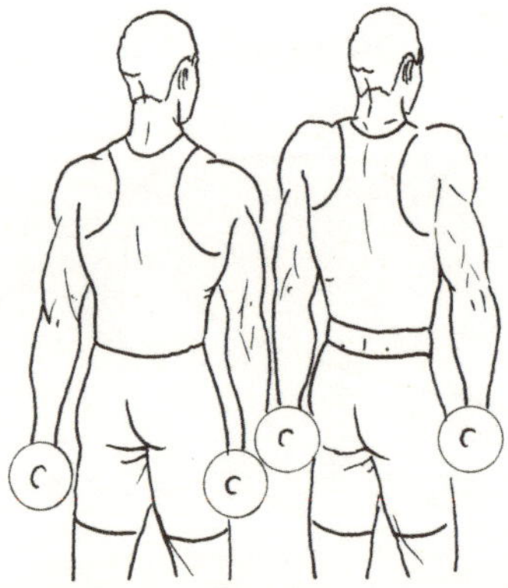

起始位置

- 直立，双脚分开与肩同宽，膝关节放松。
- 身体平直，脊柱居中。
- 双手于身体两侧抓握哑铃。

稳定肌群
躯干部：腹部肌群、竖脊肌。 肩关节部：肩袖肌群。 肩胛部：前锯肌、菱形肌、斜方肌下部。 前臂部：屈腕肌群。

动作分析	关节
关节	肩胛骨
关节运动	向上——上提； 向下——下降
运动肌群	斜方肌上部、肩胛提肌

肩袖肌群稳定性训练

辅助训练・单关节・推・开链运动・哑铃・从初级到高级训练者

肩袖肌群力量薄弱或不均衡会影响训练效果或使训练者受伤。这通常会导致旋外肌群（冈上肌、冈下肌、小圆肌）力量薄弱，旋内肌群（肩胛下肌）紧张，以致肩袖肌群整体稳定性较差。

训练技巧

- 建议每次集中训练一侧手臂。
- 避免依靠冲力运动，要以缓慢可控的速度进行全方位运动。
- 避免含胸弓背。要保持腰背挺直。前锯肌收缩，肩部向下后方外展。
- 保持肘关节位于身体两侧，但不要紧贴躯干。
- 选择适当或较轻的哑铃。

动作说明

保持肘部弯曲，肩关节外旋。还原并重复。

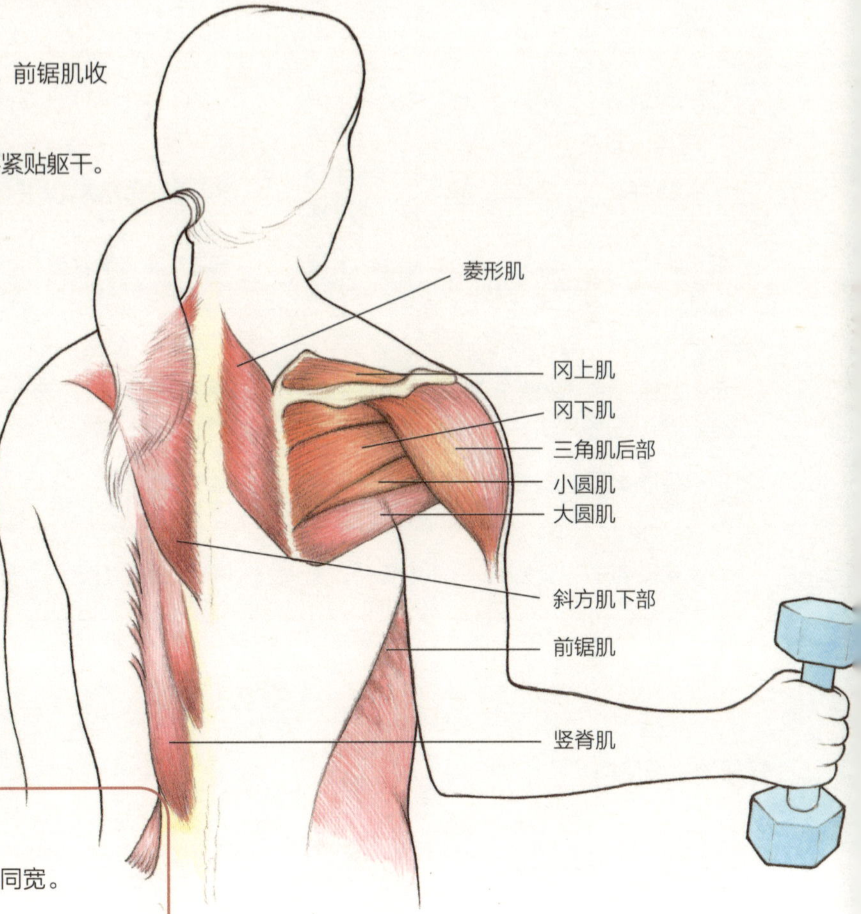

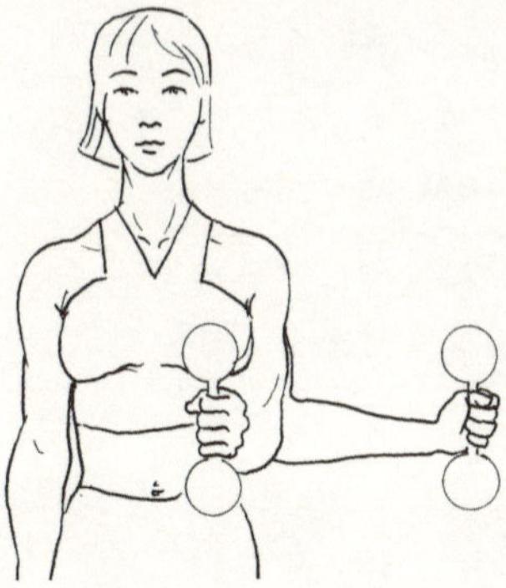

起始位置

- 双脚分开前后站立，与肩同宽。
- 膝关节放松。
- 身体平直，脊柱居中。
- 双手手持哑铃，肘关节屈曲90度。

稳定肌群
躯干部：腹部肌群、竖脊肌。 肩胛部：前锯肌、菱形肌、斜方肌下部。 前臂部：屈腕肌群。

动作分析	关节
关节	肩关节
关节运动	向外——旋外； 向内——旋内
运动肌群	冈下肌、冈上肌、小圆肌、三角肌后部

手臂部

前臂部的主要肌肉

（注：为使表格简明扼要，部分重要肌肉未列入此表。肩袖肌群参见63页。）

名称	跨越关节	起点	止点	作用
屈腕肌群				
桡侧腕屈肌	腕关节	肱骨内上髁	第2、3掌骨前面（掌面）	腕关节屈、外展（也参与协助屈肘关节）
尺侧腕屈肌	腕关节	肱骨内上髁，尺骨近端后部	第5掌骨底，豌豆骨和钩骨	腕关节屈、内收（也参与协助肘关节轻微内收）
掌长肌	腕关节	肱骨内上髁	第2~5掌骨掌腱膜	屈腕
伸腕肌群				
尺侧腕伸肌	腕关节	肱骨外上髁	第5掌骨后面（手背）	腕关节伸、内收（也参与协助伸肘关节）
桡侧腕短伸肌	腕关节	肱骨外上髁	第3掌骨后面	腕关节伸、外展（也参与协助伸肘关节）
桡侧腕长伸肌	腕关节	肱骨外上髁	第2掌骨后底面	腕关节伸、外展（也协助肘关节微伸）

臂部的主要肌肉

名称	跨越关节	起点	止点	作用
肱二头肌	肩关节和肘关节	该肌肉有两头： 长头：关节盂上方的盂上结节； 短头：肩胛骨喙突及肩胛盂上唇	桡骨粗隆	屈肘关节，前臂旋后，协助屈肩关节
肱肌	肘关节	肱骨远侧一半的前面	尺骨冠突	屈肘关节
肱桡肌	肘关节	肱骨外侧髁嵴远端部分	桡骨远端外侧表面，桡骨茎突	屈肘关节：前臂从旋后位至中间；前臂从旋前位至中间

续表

名称	跨越关节	起点	止点	作用
肱三头肌（有三个头：长头、外侧头、内侧头）	都跨越肘关节；长头越过肩关节	长头：关节盂下唇外侧； 外侧头：肱骨近侧一半的后面； 内侧头：肱骨远侧2/3后面	尺骨鹰嘴	伸肘关节；长头也参与伸肩关节
肘肌	肘关节	肱骨外侧髁后部	尺骨鹰嘴后面	伸肘关节

手臂部肌肉

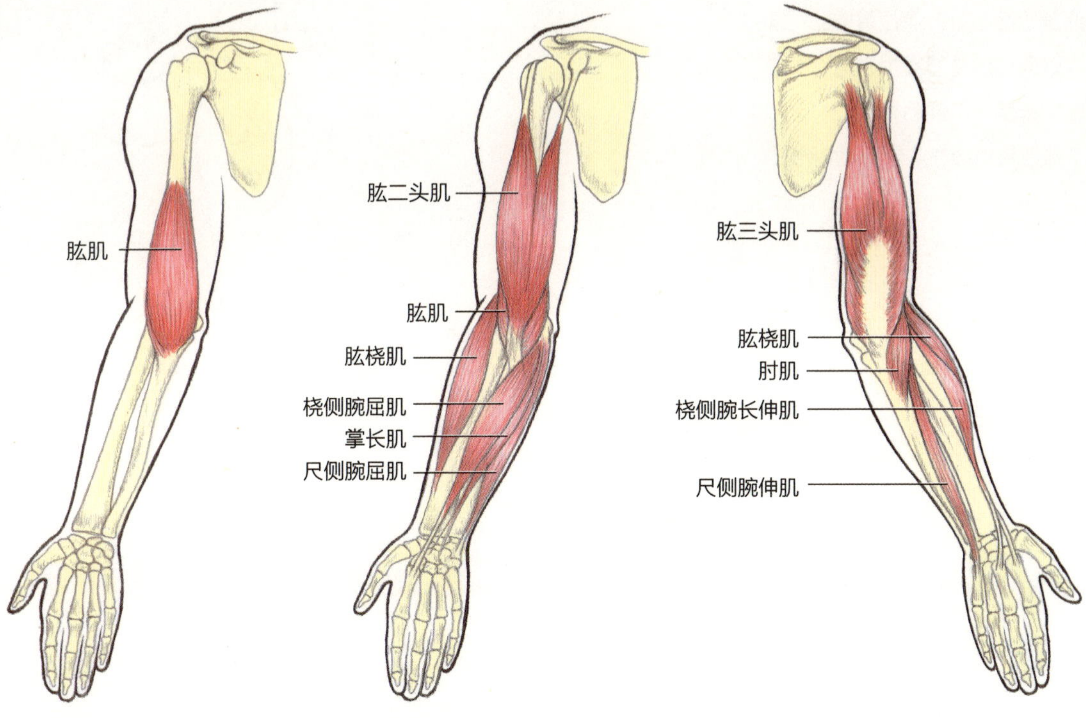

前面深层　　前面浅层　　后面深层

坐姿颈后臂屈伸

核心训练 · 单关节 · 推 · 开链运动 · 哑铃 · 中、高级训练者

健身球的加入使这项传统的健身运动变得更加完整、有效。因为使用健身球可以加强对某些稳定肌群的训练，比如腹部肌群和竖脊肌。

动作说明

保持肘关节靠近头部，通过屈肘关节使哑铃降至背后。还原并重复。

起始位置

- 坐在健身球上，保持姿势平直稳定，脊柱居中。
- 双手托住哑铃，手臂向上伸直，将哑铃举过头顶。

训练技巧

- 以缓慢、可控的速度运动，避免依靠冲力运动。
- 为保证训练过程中脊柱居中，该运动对腹部稳定性的要求非常高。注意保持收腹。
- 避免肘关节在训练过程中下垂或外展。上臂位置始终不变，像是脊椎的一部分。
- 可以通过腕关节靠拢避免肘关节过度外展。
- 保持挺胸，不要弓背。
- 下放哑铃时吸气，上举时呼气。

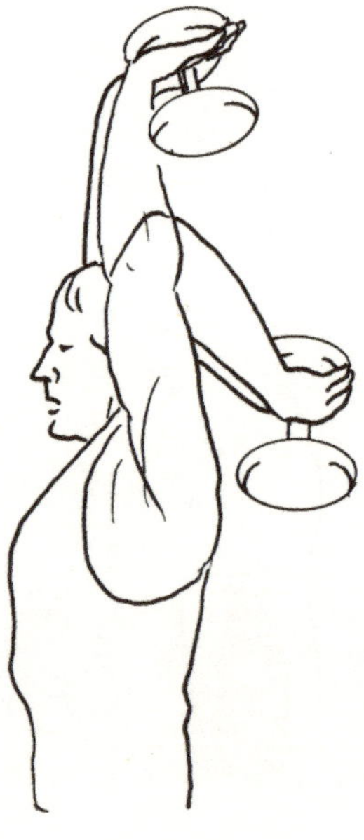

动作分析	关节
关节	肘关节
关节运动	向上——伸； 向下——屈
运动肌群	肱三头肌（特别是长头）、肘肌

稳定肌群
躯干和肩部：腹部肌群、背阔肌、大圆肌。 肩关节部：三角肌、肩袖肌群、胸大肌。 肩胛部：前锯肌、菱形肌、斜方肌下部。 前臂部：屈腕肌群。

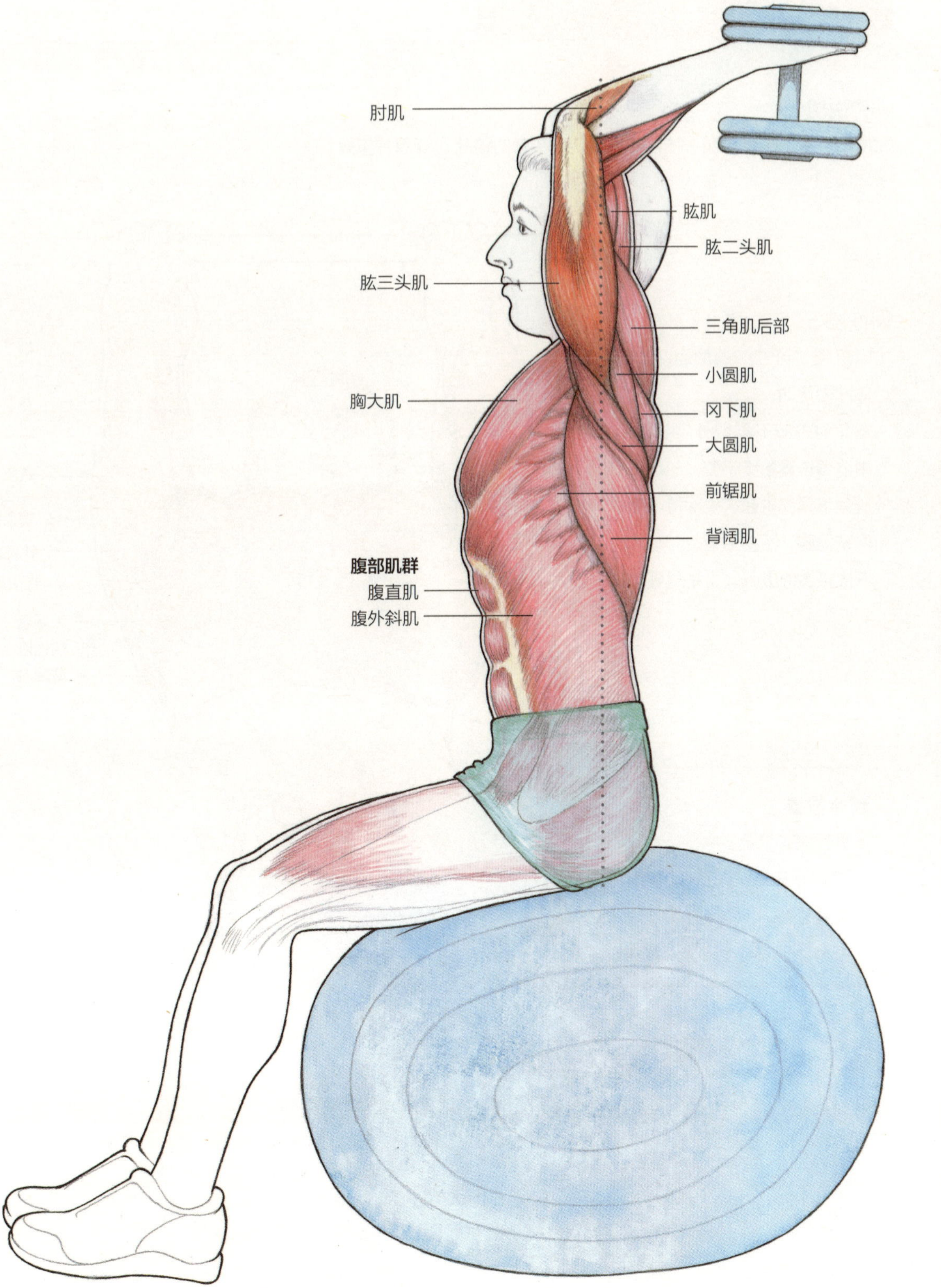
肘肌
肱肌
肱二头肌
肱三头肌
三角肌后部
小圆肌
胸大肌
冈下肌
大圆肌
前锯肌
背阔肌
腹部肌群
腹直肌
腹外斜肌

仰卧杠铃臂屈伸

核心训练・单关节・推・开链运动・杠铃・中、高级训练者

这是一项十分有效的肱三头肌训练方法。

动作说明

屈肘使杠铃下降至前额。在杠铃快要接触头部时停止。还原并重复。

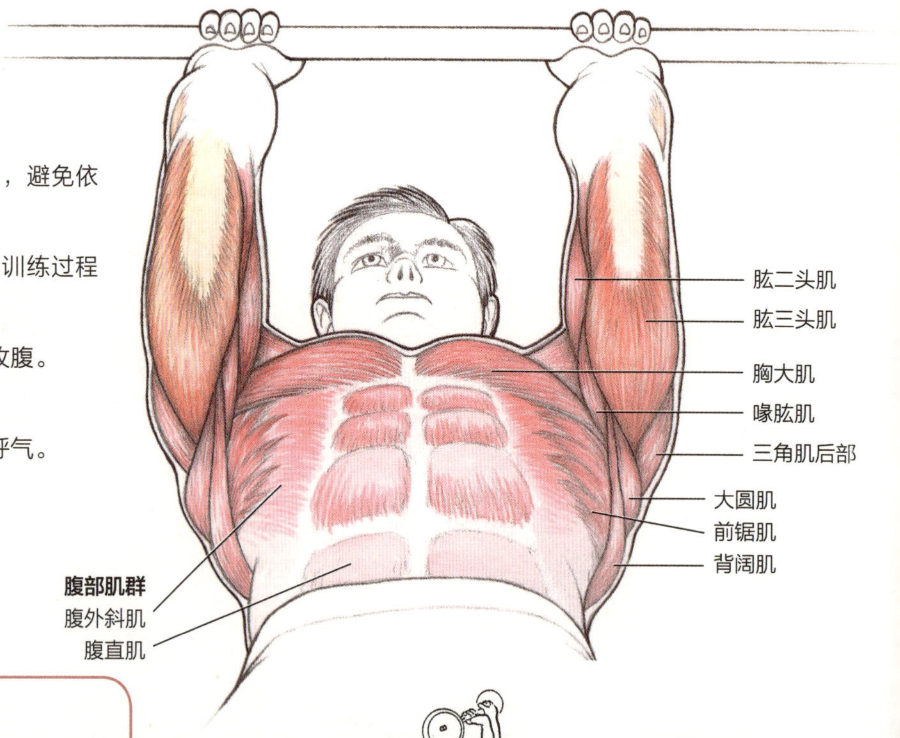

训练技巧

- 以缓慢、可控的速度运动，避免依靠冲力运动。
- 避免肘关节下垂或外展。训练过程中上臂位置始终不变。
- 避免下背部拱起，要保持收腹。
- 保持挺胸，不要弓背。
- 下放哑铃时吸气，上举时呼气。

起始位置

- 仰卧在长凳上。
- 双臂分开与肩同宽或稍窄，正手抓握杠铃。
- 杠铃置于前额上方，双臂伸展。

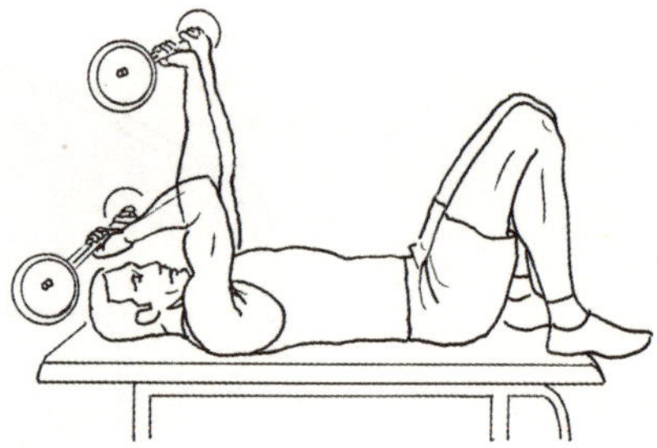

动作分析	关节
关节	肘关节
关节运动	向上——伸； 向下——屈
运动肌肉	肱三头肌（特别是长头）、肘肌

稳定肌群
躯干和肩部：腹部肌群、背阔肌、大圆肌。 肩关节部：三角肌、肩袖肌群、胸大肌。 肩胛部：前锯肌、菱形肌、斜方肌下部。 前臂部：屈腕肌群。

窄握杠铃推举

核心训练・多关节・推・开链运动・杠铃・中、高级训练者

本质上，该训练是一项强调肱三头肌的窄握距运动。因为与平卧杠铃推举（参见28页）相比，窄握距杠铃推举的肘关节屈曲幅度更大而肩关节活动范围较小。

训练技巧

- 避免依靠冲力运动，要以缓慢、可控的速度运动。
- 上举杠铃时呼气。
- 保持挺胸，不要弓背。
- 训练过程中肘关节不要下垂或外展。

动作说明

屈肘，使杠铃降至前胸，保持肘关节紧贴身体两侧。还原并不断重复。

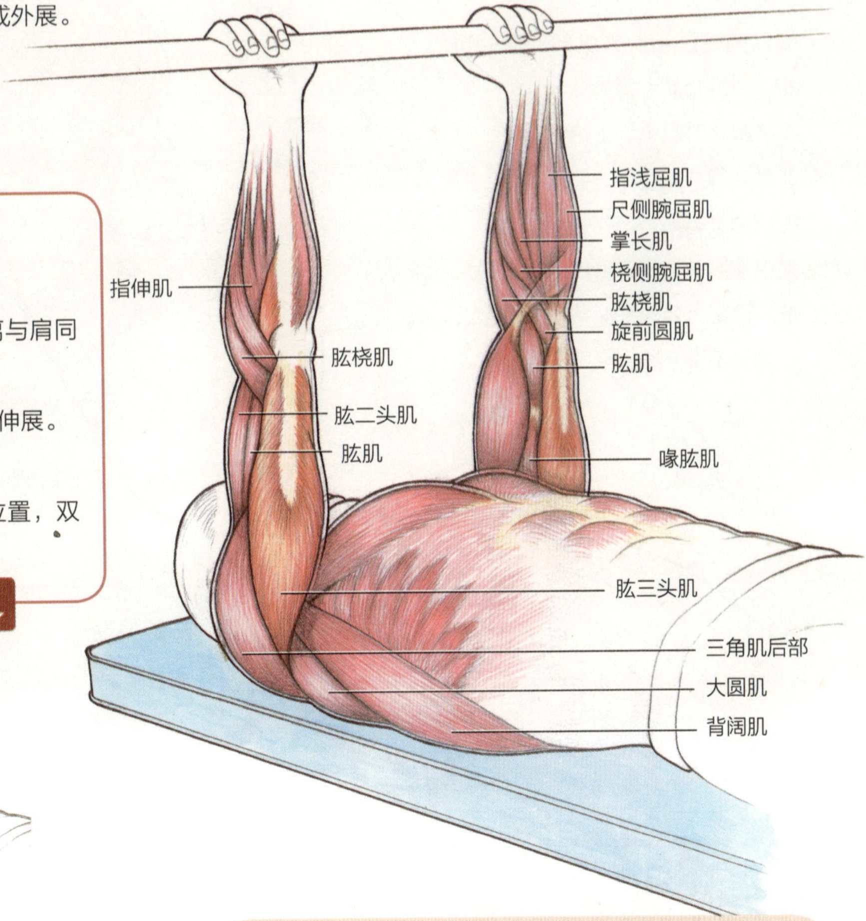

起始位置

- 仰卧在长凳上。
- 双手抓举杠铃，掌间距离与肩同宽或更窄。
- 杠铃置于前额上方，双臂伸展。
- 正手抓握杠铃。
- 保持杠铃在上胸部水平位置，双臂伸展。

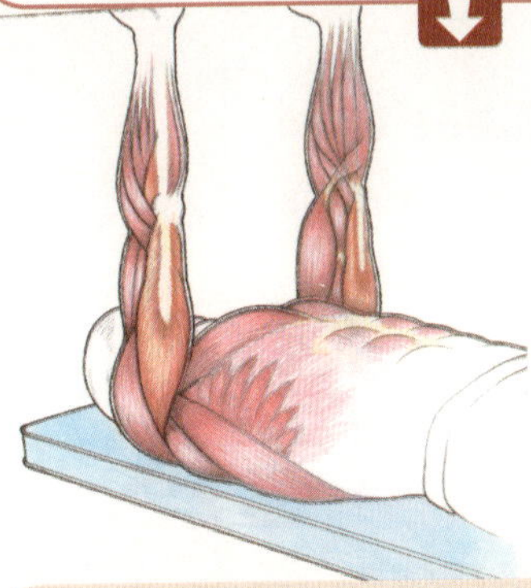

稳定肌群
肩关节部：肩袖肌群。 肩胛部：前锯肌、菱形肌、斜方肌下部。 前臂部：屈腕肌群。

动作分析	关节1	关节2
关节	肘关节	肩关节
关节运动	向上——伸； 向下——屈	向上——屈； 向下——伸
运动肌群	肱三头肌、肘肌	三角肌前部、胸大肌（特别是锁骨部）

凳上反屈伸

核心训练・多关节・推・闭链运动・体重・中、高级训练者

这是一项有很多种变化形式的传统训练。肩部、胸部的稳定性对训练的有效性非常重要。

动作说明

降低身体至上臂与地面平行。还原并重复。

训练技巧

- 努力保持身体平直，脊柱居中。
- 通过前锯肌和斜方肌下部保持挺胸，不要耸肩弓背。
- 下降身体时吸气，上抬时呼气。
- 避免依靠冲力运动，要以缓慢、可控的速度运动。
- 为保护肩关节囊。身体不要降得太低，降至上臂与地面平行即可。
- 肘关节不要外展，维持适当角度。

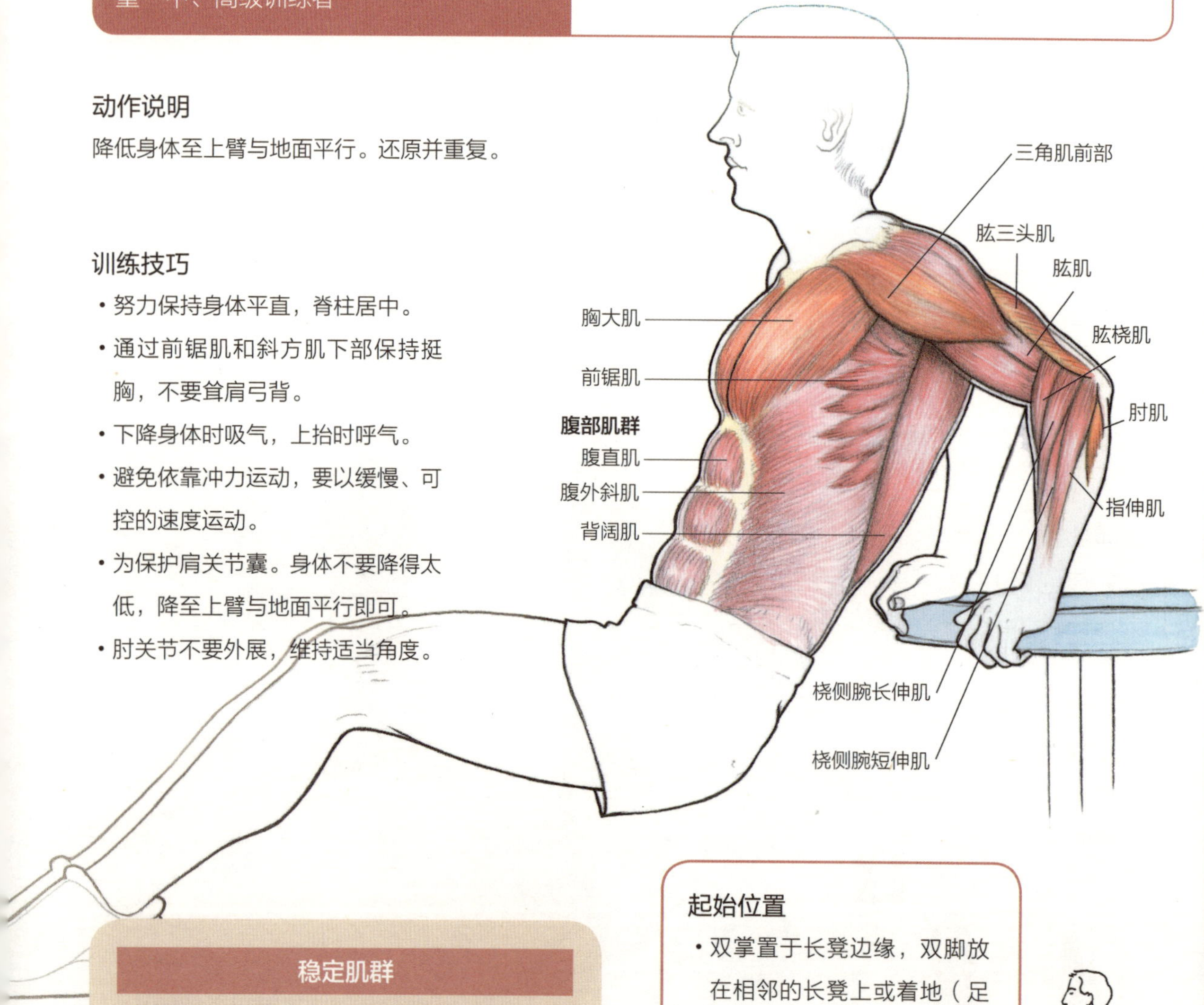

起始位置

- 双掌置于长凳边缘，双脚放在相邻的长凳上或着地（足跟放平）。

稳定肌群
肩关节部：三角肌、肩袖肌群、胸大肌。
肩胛部：前锯肌、菱形肌、斜方肌下部。
前臂部：屈腕肌群。

动作分析	关节1	关节2
关节	肘关节	肩关节
关节运动	向上——伸； 向下——屈	向上——屈； 向下——伸
运动肌群	肱三头肌、 肘肌	三角肌前部、 胸大肌

站姿正握下拉

辅助训练 · 单关节 · 推 · 开链运动 · 器械 · 从初级到高级训练者

这是最基础的肱三头肌训练之一，着重练习肱三头肌中部。为了有效、完整地训练肱三头肌各部位肌肉，训练者要逐渐增加练习阻力。

动作说明

伸肘关节下拉绳索。在控制下慢慢还原至前臂紧贴上臂，重复。

训练技巧

- 动作要完整，不要在前臂与地面平行时就停止。
- 增加练习阻力后，为更好地维持身体稳定，身体可稍向前倾，重心放在右腿上。
- 上臂位置固定，保持不动，像脊椎的一部分，避免肘关节向外撇。
- 靠肱三头肌收缩而不是靠手下拉绳索。
- 保持挺胸，肩关节放松，脊柱居中。

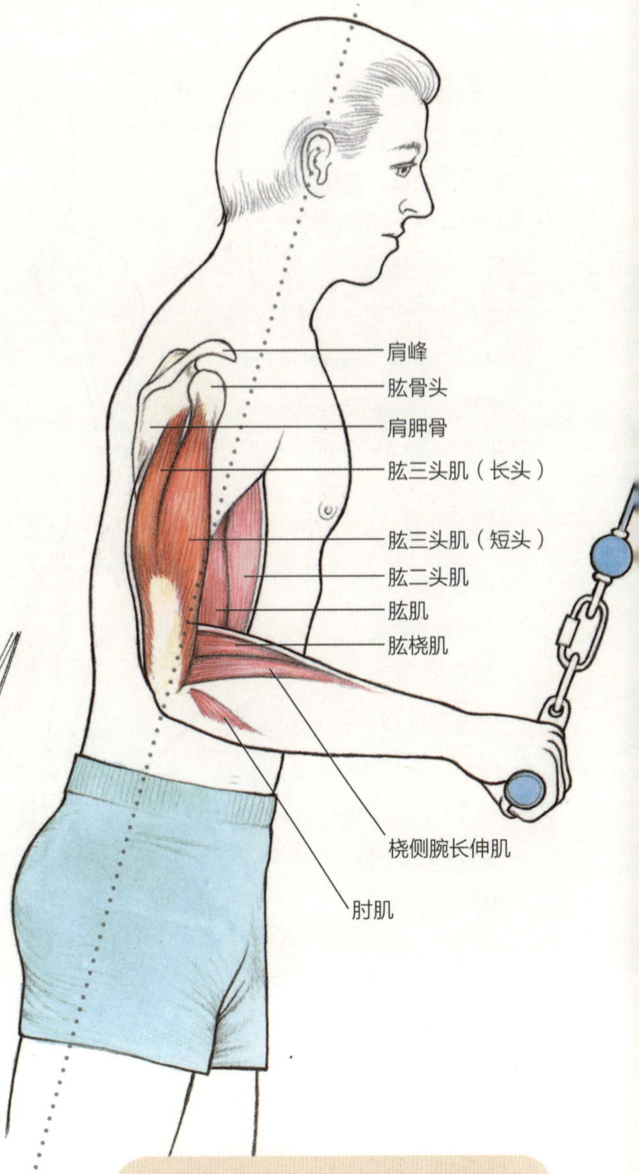

起始位置

- 面向拉力器，双脚分开，一前一后站立。
- 正手抓握手柄。
- 保持肘关节位于身体两侧。
- 双肩放松，脊柱居中。

稳定肌群	躯干部：腹部肌群、竖脊肌、腰方肌。 肩关节部：三角肌、肩袖肌群、胸大肌。 肩胛部：前锯肌、菱形肌、斜方肌下部。 前臂部：屈腕肌群。

动作分析	关节
关节	肘关节
关节运动	向上——伸； 向下——屈
运动肌肉	肱三头肌、肘肌

吊索胸前下拉

辅助训练 · 单关节 · 推 · 开链运动 · 器械 · 从初级到高级训练者

这是一个不太常见的肱三头肌训练项目，它着重锻炼三头肌外侧力量。

训练技巧

- 动作要完整，不要在前臂与地面平行时就停止。
- 保持身体平直，脊柱居中。
- 下拉时吸气，还原时呼气。
- 挺胸，不要耸肩。
- 训练过程中，肘关节不要外展。上臂必须保持静止，与脊柱平行。
- 以缓慢可控的速度运动，避免惯性。
- 靠肱三头肌收缩而不是靠手下拉绳索。

起始位置

- 面向拉力器站立。
- 正手抓握绳索。
- 腕关节保持居中，双手拇指相对。
- 肘关节位于身体两侧。
- 双肩放松，脊柱居中。
- 膝关节放松。

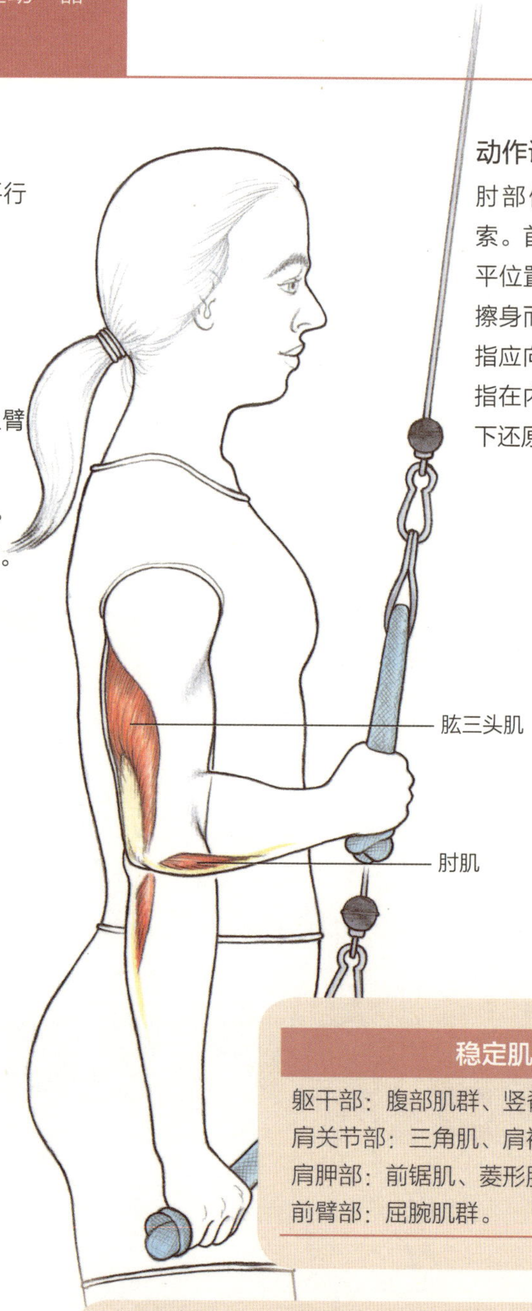

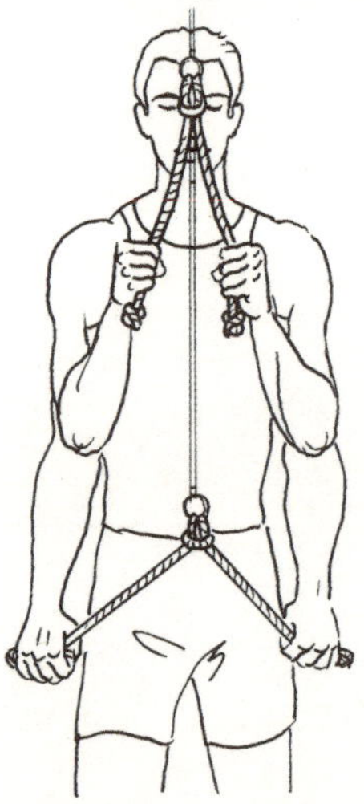

动作说明

肘部伸展，沿曲线下拉吊索。首先，前臂降至臀部水平位置，之后向两侧外展，擦身而过。在结束位置，小指应向外指向身体两侧，拇指在内侧紧贴身体。在控制下还原并重复。

稳定肌群

躯干部：腹部肌群、竖脊肌、腰方肌。
肩关节部：三角肌、肩袖肌群、胸大肌。
肩胛部：前锯肌、菱形肌、斜方肌下部。
前臂部：屈腕肌群。

动作分析	关节
关节	肘关节
关节运动	伸
运动肌肉	肱三头肌（特别是外侧头部分）、肘肌

哑铃俯身臂屈伸

辅助训练・单关节・推・开链运动・哑铃・中、高级训练者

为保证训练有效，进行该运动时需要一个稳定的平台。训练时不要耸肩弓背，可以通过镜子监督自己的姿势。

动作说明

伸展肘关节至手臂伸直。还原并重复。交换手臂、重复。

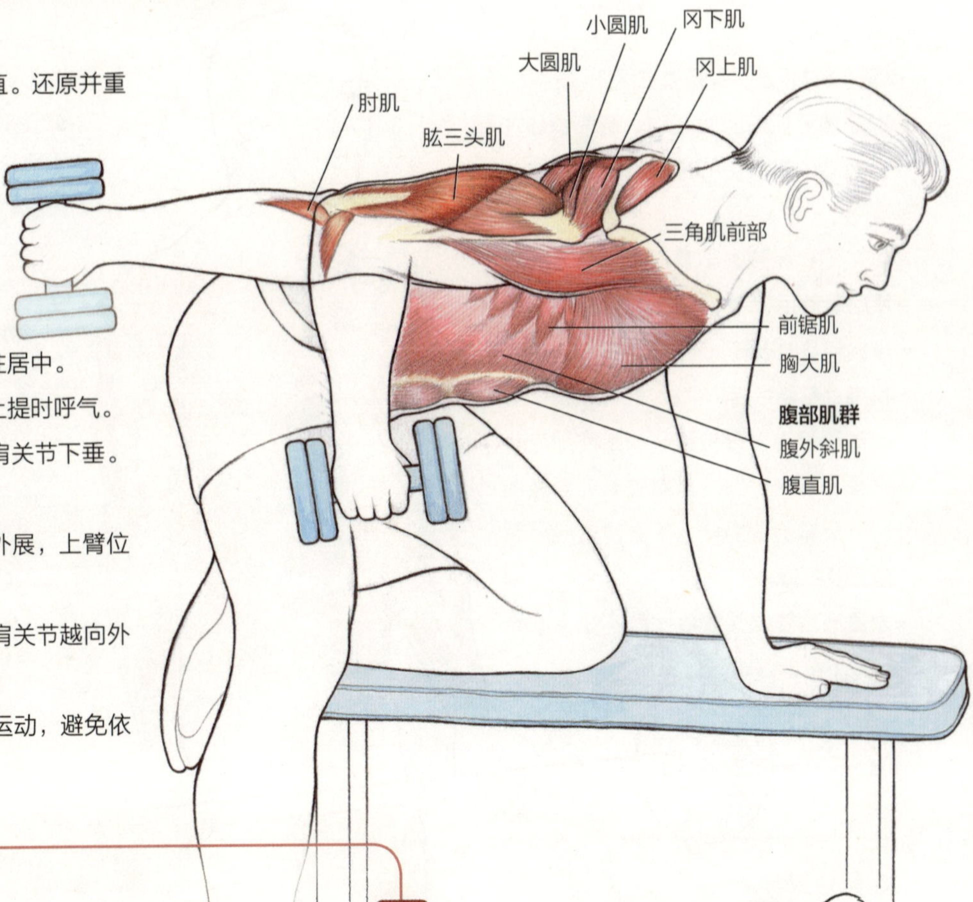

训练技巧

- 注意姿势，保持脊柱居中。
- 下降哑铃时吸气，上提时呼气。
- 挺胸，不要弓背或肩关节下垂。避免臀部下垂。
- 避免肘关节下垂或外展，上臂位置必须固定。
- 肘关节位置越高、肩关节越向外展，训练难度越大。
- 以缓慢可控的速度运动，避免依靠冲力运动。

起始位置

- 一条腿跪长凳上，单臂支撑身体，与锯木头时动作相似。脊柱保持居中。
- 另一只手抓握哑铃，肩关节伸展使上臂与地面平行，屈肘。

动作分析	关节
关节	肘关节
关节运动	向上——伸； 向下——屈
运动肌群	肱三头肌、肘肌

稳定肌群

躯干部：腹部肌群、竖脊肌、腰方肌。
肩关节部：三角肌后部、肩袖肌群、背阔肌。
肩胛部：前锯肌、菱形肌、斜方肌中部和下部。
前臂部：屈腕肌群、伸腕肌群。

直立弯举

核心训练・单关节・拉・开链运动・杠铃・从初级到高级训练者

这是最有效的肱二头肌训练方法之一。当前臂旋后、掌心向上时屈肘对肱二头肌的训练强度最大。

训练技巧

- 保持身体平直，保持脊柱居中。
- 以缓慢可控的速度运动，避免依靠冲力运动（最典型的是以下背部为中心晃动）。
- 保持动作完整，不要在前臂与地面水平时就停止。
- 上抬杠铃时吸气，下降时呼气。
- 挺胸，不要弓背。
- 运动过程中上臂位置必须始终固定，好像脊椎的一部分。肘关节完全屈曲时，上臂仍稍前倾，不要过度向后超过垂直位置。
- 力量源自肱二头肌收缩而不是手部牵拉或下背部摆动。

动作说明

通过屈肘关节上抬杠铃至前臂几乎与上臂接触。还原，下降杠铃至手臂完全伸展。重复。

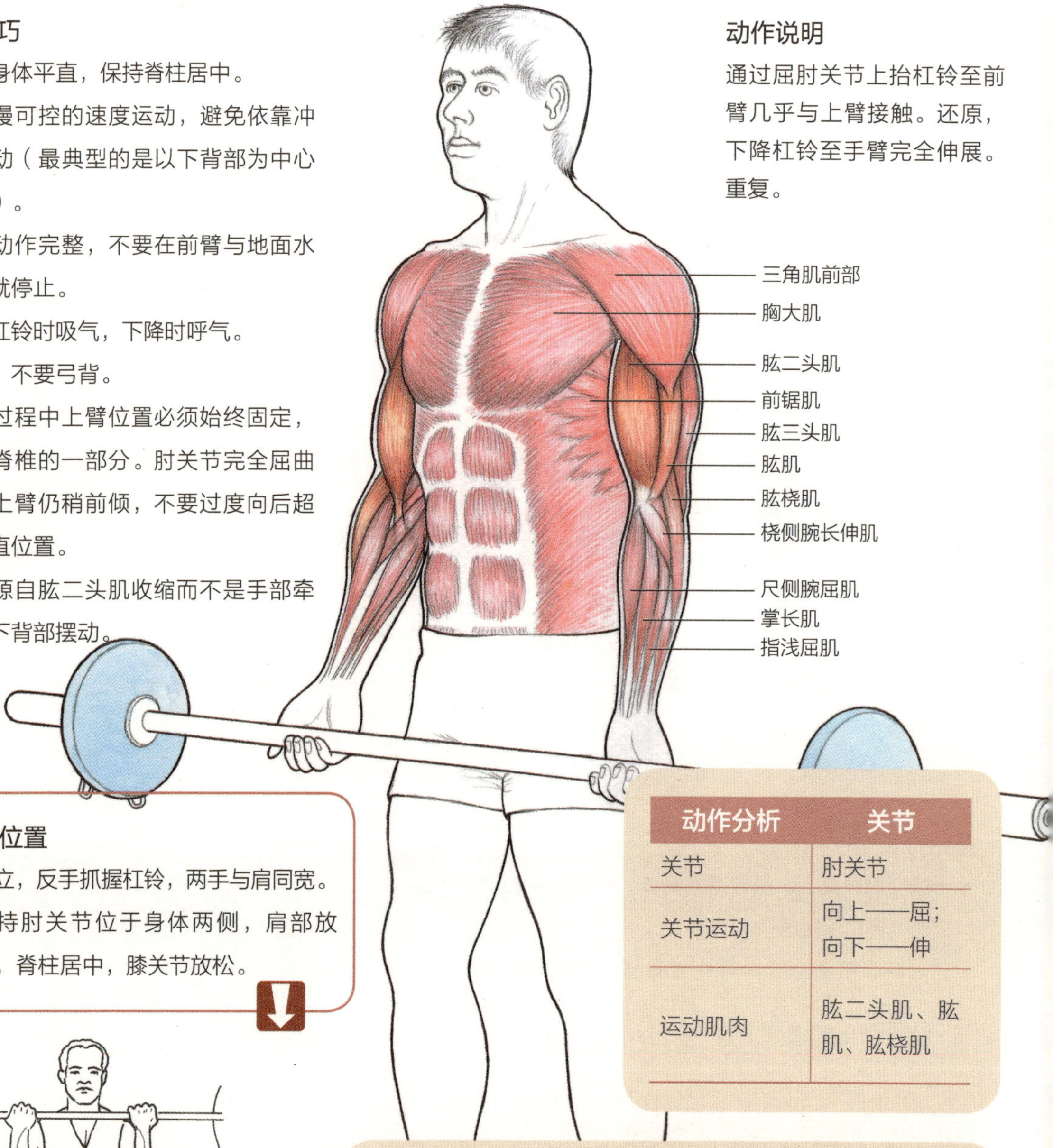

起始位置

- 直立，反手抓握杠铃，两手与肩同宽。
- 保持肘关节位于身体两侧，肩部放松，脊柱居中，膝关节放松。

动作分析	关节
关节	肘关节
关节运动	向上——屈； 向下——伸
运动肌肉	肱二头肌、肱肌、肱桡肌

稳定肌群

躯干部：腹部肌群、竖脊肌、腰方肌。
肩关节部：三角肌、肩袖肌群、胸大肌。
肩胛部：前锯肌、菱形肌、斜方肌中部和下部。
前臂部：屈腕肌群。

正坐弯举

核心训练・单关节・拉・开链运动・哑铃・从初级到高级训练者

使用杠铃训练肱二头肌时，强壮的手臂可能会补偿力量薄弱的手臂。而使用哑铃则可以轻易看出“偷懒的”薄弱手臂。

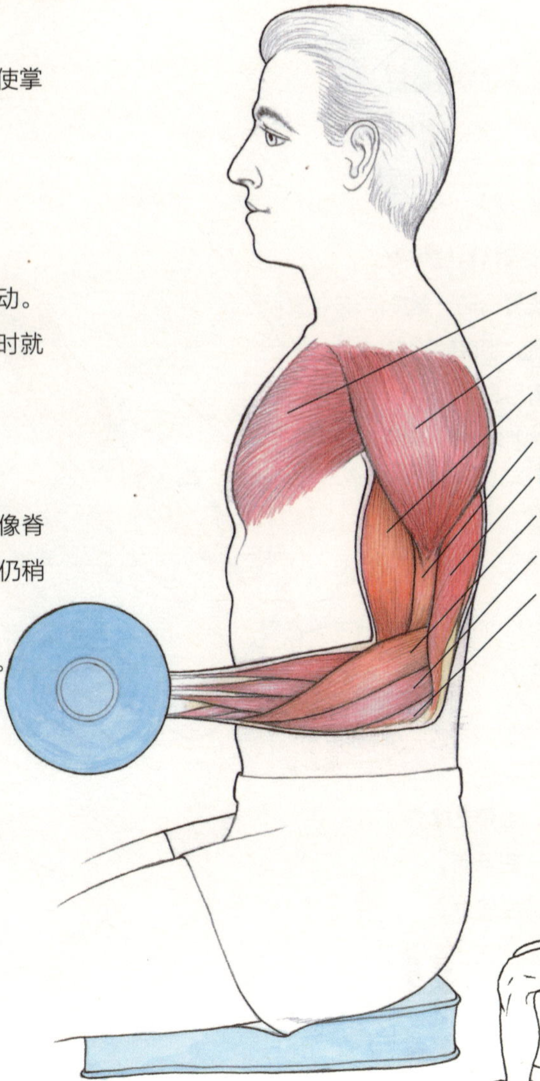

动作说明

屈肘，上抬哑铃。同时，转动前臂90度，使掌心面对肩关节。还原并重复，两臂交换。

训练技巧

- 保持身体平直，保持脊柱居中。
- 以缓慢可控的速度运动，避免依靠冲力运动。
- 保持动作完整，不要在前臂与地面水平时就停止。
- 上抬哑铃时吸气，下降时呼气。
- 挺胸，不要弓背。
- 运动过程中上臂位置必须始终固定，好像脊椎的一部分。肘关节完全屈曲时，上臂仍稍前倾，不要过度向后超过垂直位置。
- 力量源自肱二头肌收缩而不是手部牵拉。

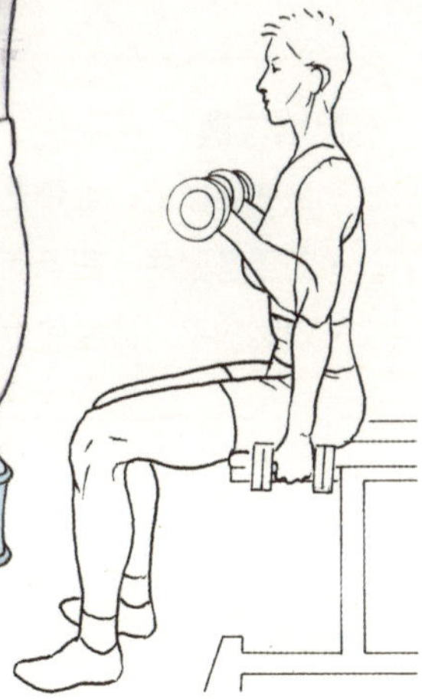

动作分析	关节
关节	肘关节
关节运动	向上——屈； 向下——伸
运动肌肉	肱二头肌、肱肌、肱桡肌

稳定肌群

躯干部：腹部肌群、竖脊肌、腰方肌。
肩关节部：三角肌、肩袖肌群、胸大肌。
肩胛部：前锯肌、菱形肌、斜方肌中部和下部。
前臂部：屈腕肌群。

起始位置

- 坐在长凳上，双脚触地，放平，脊柱居中，坐骨支撑。
- 双手各握一个哑铃。
- 保持双臂于身体两侧，掌心向内。

器械托臂弯举

辅助训练 · 单关节 · 拉 · 开链运动 · 器械 · 从初级到高级训练者

这不是单独训练肱二头肌最有效的方法，且器械本身对于大多数训练者来说都过大。坐在垫子上或上调座椅可能会有所帮助。

动作说明

通过屈肘上举曲柄。还原并重复。

训练技巧

- 保持身体平直，保持脊柱居中。
- 以缓慢可控的速度运动，避免依靠冲力运动。
- 上举曲柄时吸气，下降时呼气。
- 挺胸，不要耸肩弓背。
- 力量源自肱二头肌收缩而不是手部牵拉。

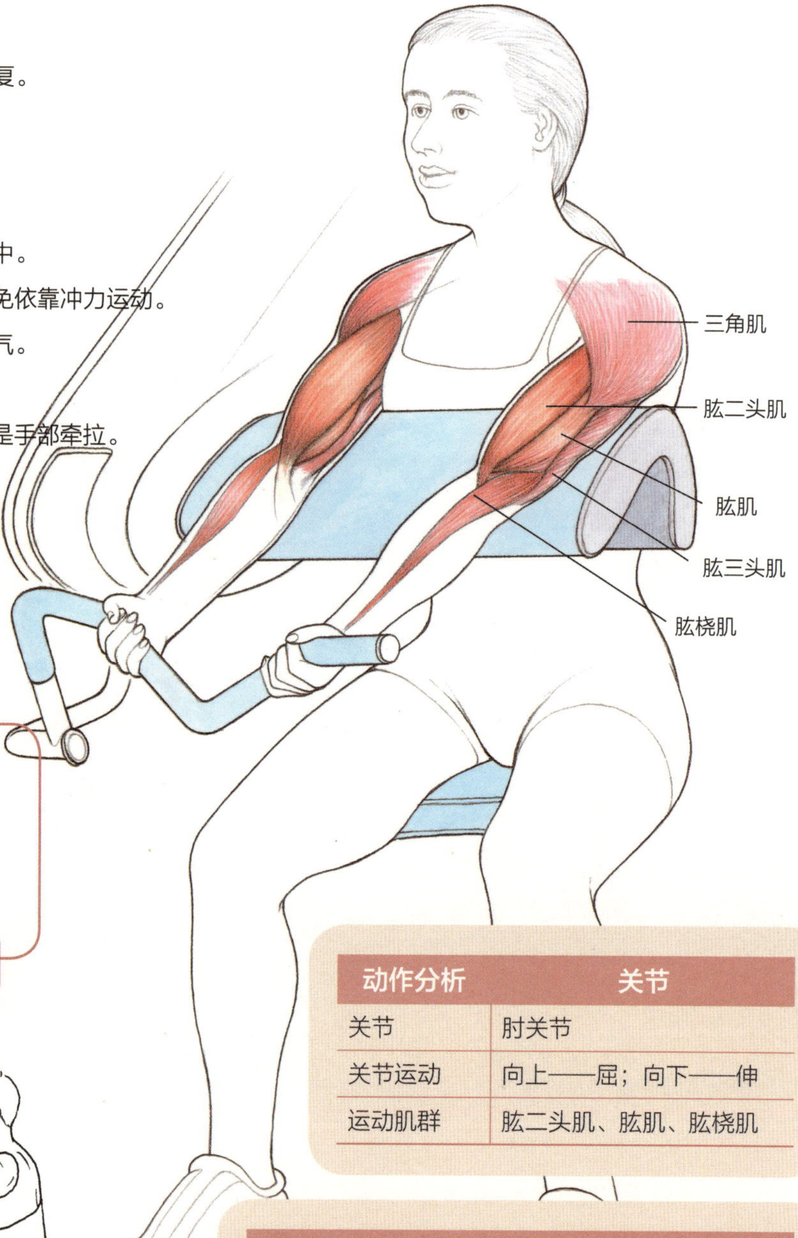

起始位置

- 坐在器械上，坐骨支撑。
- 双手各握住一侧手柄。
- 双脚放平，脊柱居中。

动作分析	关节
关节	肘关节
关节运动	向上——屈；向下——伸
运动肌群	肱二头肌、肱肌、肱桡肌

稳定肌群

躯干部：腹部肌群、竖脊肌、腰方肌。
肩关节部：三角肌、肩袖肌群、背阔肌、胸大肌。
肩胛部：前锯肌、菱形肌、斜方肌中部和下部。
前臂部：屈腕肌群。

哑铃集中弯举

辅助训练·单关节·拉·开链运动·哑铃·中、高级训练者

从训练名称可知，这项训练的力量和强度都集中在肱二头肌上。

动作说明

屈肘，向肩部前方抬举哑铃。还原，下降哑铃至手臂伸展。重复。交换手臂，重复上述动作。

训练技巧

- 保持身体平直，脊柱居中。
- 以缓慢可控的速度运动，避免依靠冲力运动。
- 上举哑铃时吸气，下降时呼气。
- 保持挺胸，不要耸肩弓背。
- 力量源自肱二头肌收缩而不是手部牵拉。

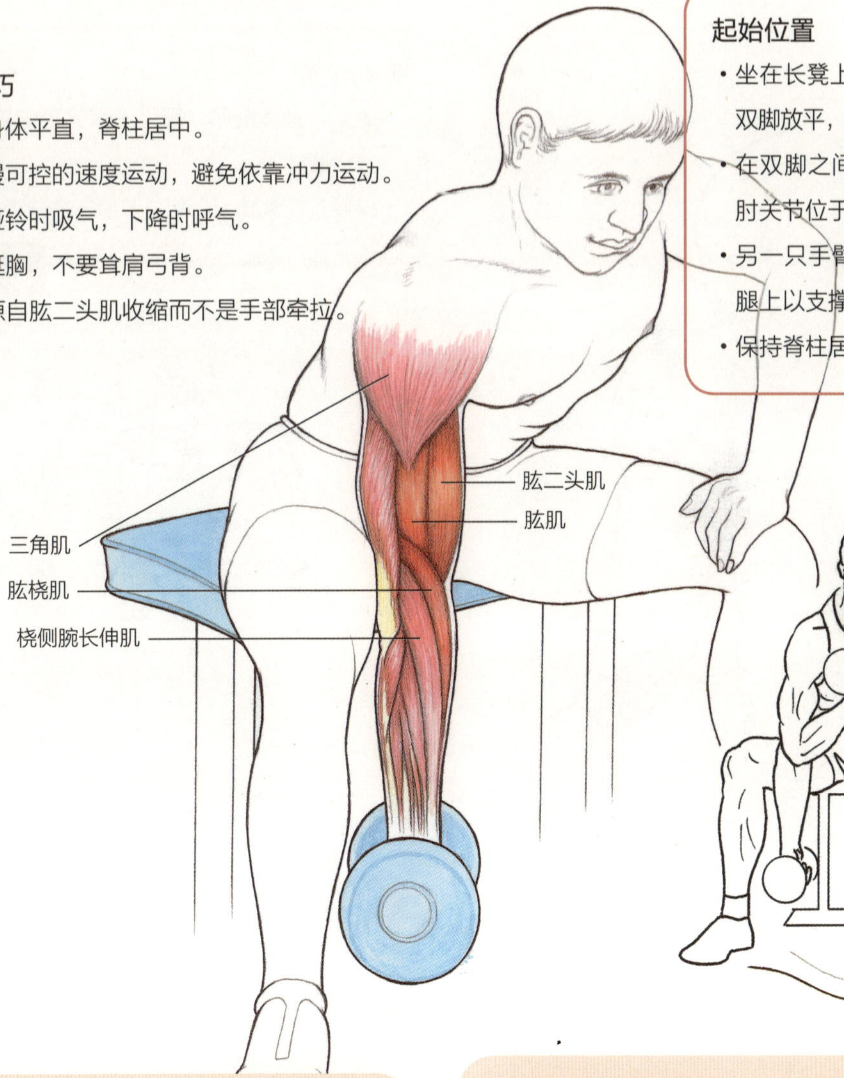

起始位置

- 坐在长凳上，双腿45度外展，双脚放平，身体稍向前倾。
- 在双脚之间用单手抓举哑铃，肘关节位于大腿内侧。
- 另一只手臂内旋，手掌放在大腿上以支撑身体平衡。
- 保持脊柱居中。

动作分析	关节
关节	肘关节
关节运动	向上——屈；向下——伸
运动肌群	肱二头肌、肱肌、肱桡肌

稳定肌群

躯干部：腹部肌群、竖脊肌，腰方肌。
肩关节部：三角肌、肩袖肌群、背阔肌、胸大肌。
肩胛部：前锯肌、菱形肌、斜方肌中部和下部。
前臂部：屈腕肌群。

坐姿反握腕弯举

辅助训练・单关节・拉・开链运动・杠铃・从初级到高级训练者

刚开始进行健身训练时，很多人都发现自己的腕关节不够强壮，不足以支撑自由负重练习。这项运动可以帮助训练者加强腕部力量。

训练技巧

- 保持身体平直，脊柱居中。
- 以缓慢可控的速度运动，避免依靠冲力运动。

动作说明

让杠铃从手掌向外滚落至手指。向上屈腕，使杠铃回到手掌，重复。

起始位置

- 坐立，身体前倾，反手、窄握距或与肩同宽抓握杠铃。
- 前臂放在大腿上，腕关节稍微超过膝盖。

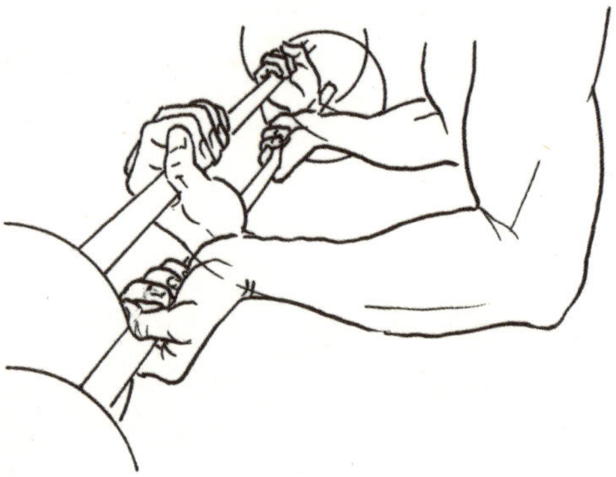

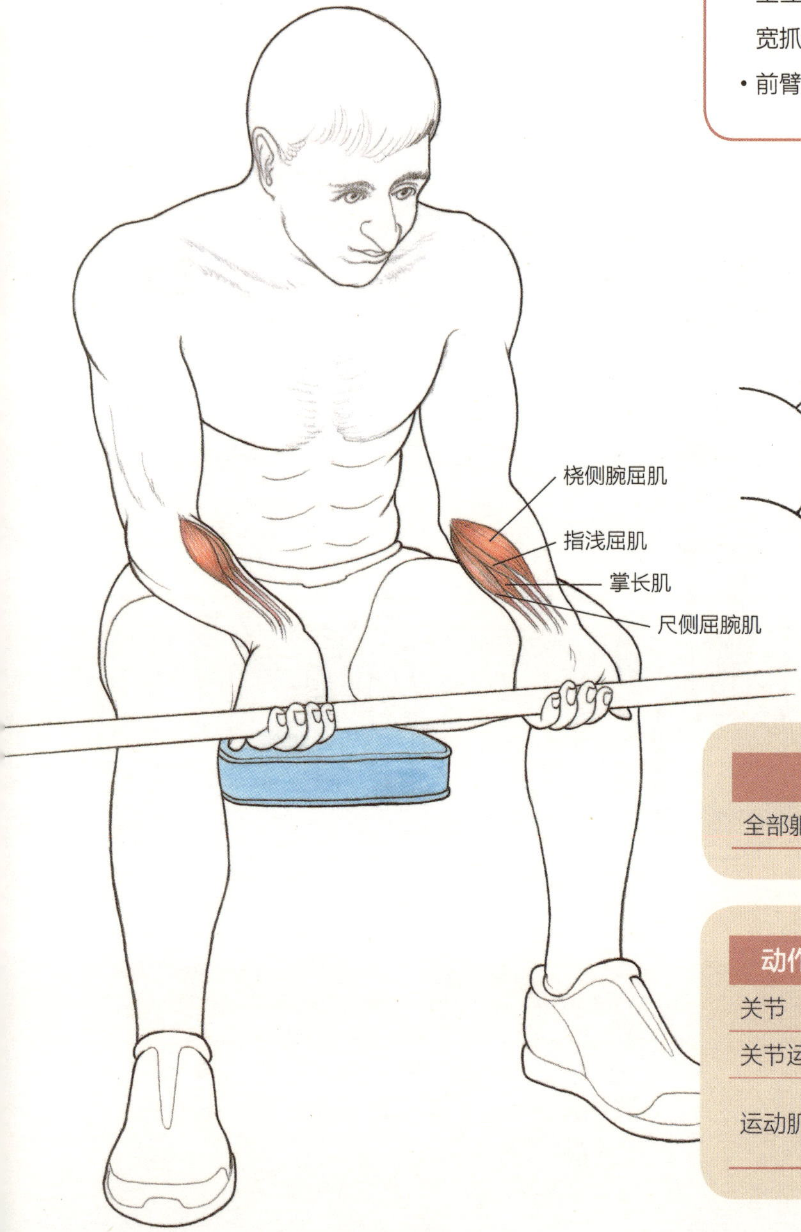

稳定肌群
全部躯干稳定肌群。

动作分析	关节
关节	腕关节
关节运动	向上——屈；向下——伸
运动肌群	桡侧腕屈肌、尺侧腕屈肌、掌长肌

坐姿正握腕弯举

辅助训练・单关节・拉・开链运动・杠铃・从初级到高级训练者

该运动是坐姿反握腕弯举的理想配套运动（参见100页）。

训练技巧

- 保持身体平直，脊柱居中。
- 以缓慢可控的速度运动，避免依靠冲力运动。

动作说明

伸展手腕抬高杠铃。还原并重复。

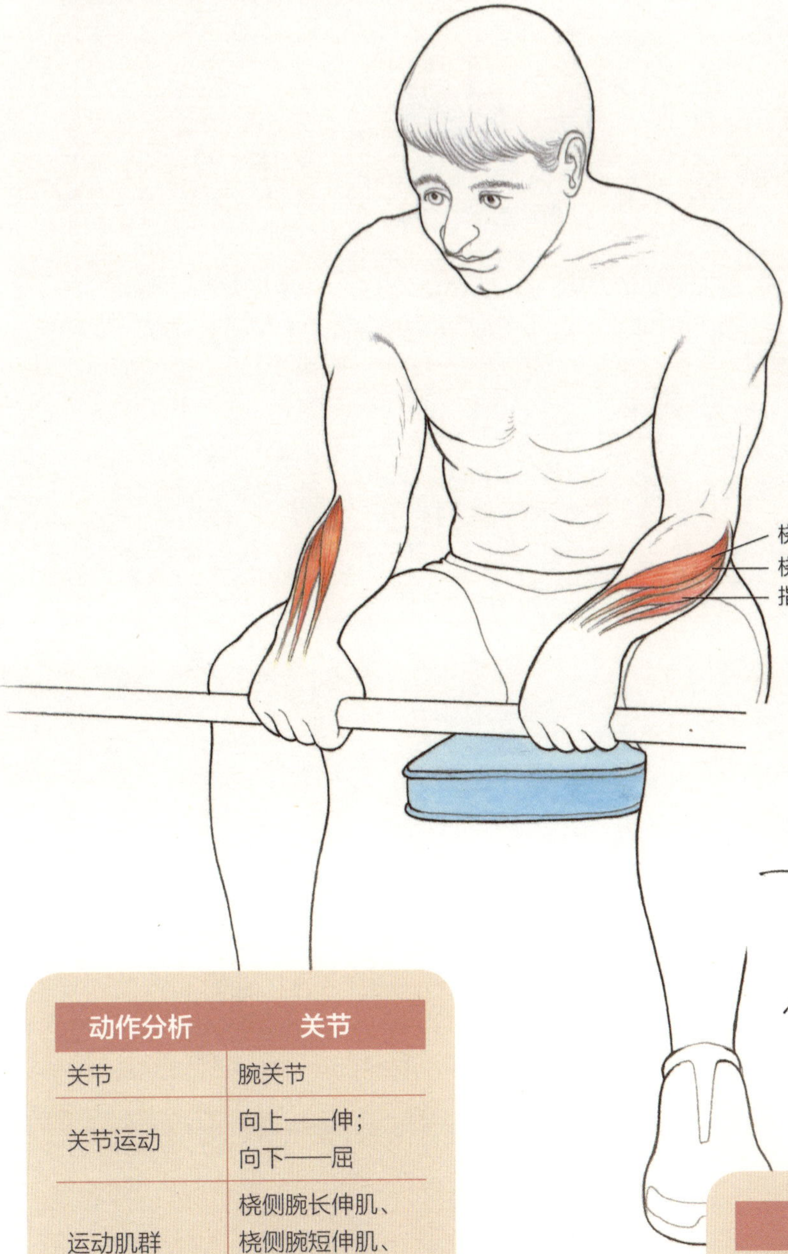

起始位置

- 坐立，身体前倾，正手、窄握距或与肩同宽抓握杠铃。
- 前臂放在大腿上，腕关节稍微超过膝盖，手腕弯曲。

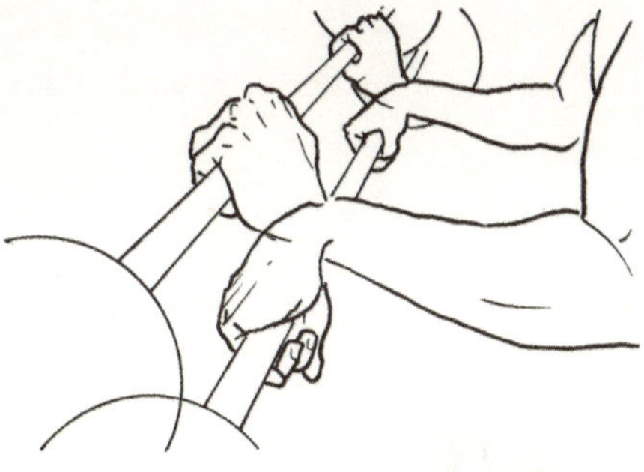

动作分析	关节
关节	腕关节
关节运动	向上——伸； 向下——屈
运动肌群	桡侧腕长伸肌、 桡侧腕短伸肌、 尺侧腕伸肌

稳定肌群
全部躯干稳定肌群。

腹部肌群训练

躯干下腹部主要肌肉

名称	跨越关节	起点	止点	作用
腹直肌	脊柱前方	耻骨嵴	剑突和第5~7肋软骨	弯腰（两侧）；向右侧屈；向左侧屈。控制骨盆后倾（与腹外斜肌一起）
腹外斜肌	脊柱前方	下8肋骨外侧缘	四部分：髂嵴前部；腹股沟韧带；耻骨嵴；腹直肌鞘前层	弯腰（两侧）；腰右侧屈及左旋；腰左侧屈及右旋。控制骨盆后倾（与腹直肌一起）
腹内斜肌	脊柱前方	三部分：腹股沟韧带上段；髂嵴前2/3；腰椎筋膜	第8~10肋软骨和腹白线（从臀部到肋骨呈V字形）	弯腰（两侧）；腰右弯及向右侧旋转；腰左弯及向左侧旋转
腹横肌	脊柱前方	四部分：腹股沟韧带；髂嵴内侧缘；下6根肋软骨内侧面；腰椎筋膜	三部分：耻骨嵴；耻骨基线；腹白线。在白线处与对侧腹横肌相连	腹横肌最擅长等长收缩，可牵拉腹壁贴向脊柱

注：以上肌肉按从浅入深的顺序排列。

躯干旋转时，腹外斜肌和腹内斜肌共同作用（例如：当左肘向右膝移动时，左侧腹外斜肌和右侧腹内斜肌共同作用旋转躯干）。

其他稳定肌群请参见相关章节。

对大多数训练者来说，坚实的“腹肌”是健美的象征。腹部肌群是重要的稳定肌群，有助于稳定身体姿势，特别是骨盆和下背部。腹部肌群也参与维持消化和呼吸系统的正常位置和结构完整性。比如松弛的腹部肌群会加重便秘，而浅呼吸加剧疲劳。

其他执行平衡功能的重要稳定肌群还有：臀部肌群、阔筋膜张肌、股直肌、腘绳肌、髂腰肌、内收肌群、胫骨后肌和髋肌、竖脊肌、斜方肌上部和中部、前锯肌、菱形肌、肩袖肌群。以上是身体土要的稳定肌群，它们的首要功能是在特定动作时可发挥维持身体稳定的作用，凭借它们训练者可以有效地进行运动。

比如在直立弯举（参见96页）训练过程中，肩袖肌群稳定肩关节，腹部肌群维持脊柱平直，肱二头肌等张收缩。特定的肌肉，因其位置、形状、角度和结构的原因，更适合做稳定肌而不是运动肌。

在功能性训练中（贴近日常生活），我们希望以肌肉本身自然的作用方式训练它们，也就是将稳定肌当作稳定肌训练，将运动肌当作运动肌训练。

一般来说，稳定肌趋于薄弱、松弛，最好单独对其进行张力训练或进行对抗较大阻力及体重的小幅度运动。最好采用缓慢、持续的训练模式。以上也是本章主要的运动模式。

腹部肌肉

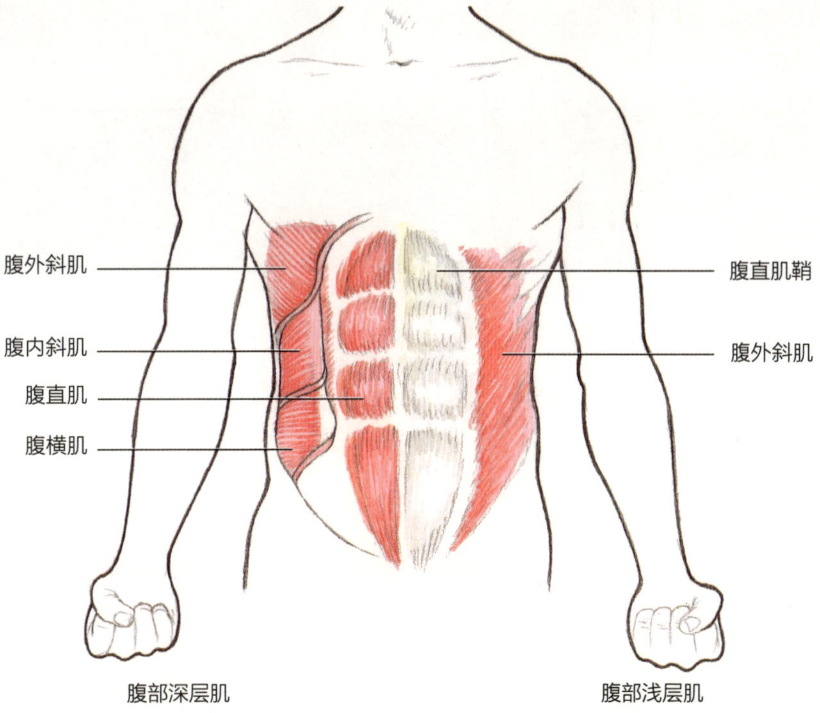

腹部平衡：坐姿与直立

核心训练 · 全身平衡 · 从初级到高级训练者

稳定肌群，比如腹部肌群，帮助维持姿势、平衡地心引力。此时，肌肉可以最低强度长时间稳定身体姿势。我们称这种姿势为中立位。

尝试用以下几种基本的中立位稳定姿势

直立

- 将重心放在双脚中间，保持平衡。
- 保持脚跟着地，想象提起踝关节和胫骨。
- 膝关节放松。
- 由膝关节向上“提起”股四头肌。同时，大腿稍向内旋。感受下背部伸展。
- 从骨盆向上，轻轻延伸脊柱。挺胸，肋骨下缘不要外翻。
- 肩部下沉、外展。这么做时训练者会感到手臂伸展。
- 双臂、肩关节放松。
- 颈部自肩部向上轻轻延伸，头部居中。眼睛略向上看。

坐姿

- 坐在健身球上，要领与直立时相同。
- 通过收腹（肚脐向脊柱方向挤压）收缩腹部稳定肌群，但不要屏住呼吸。
- 一只脚抬离地面，进一步挑战自己的平衡性和稳定性。

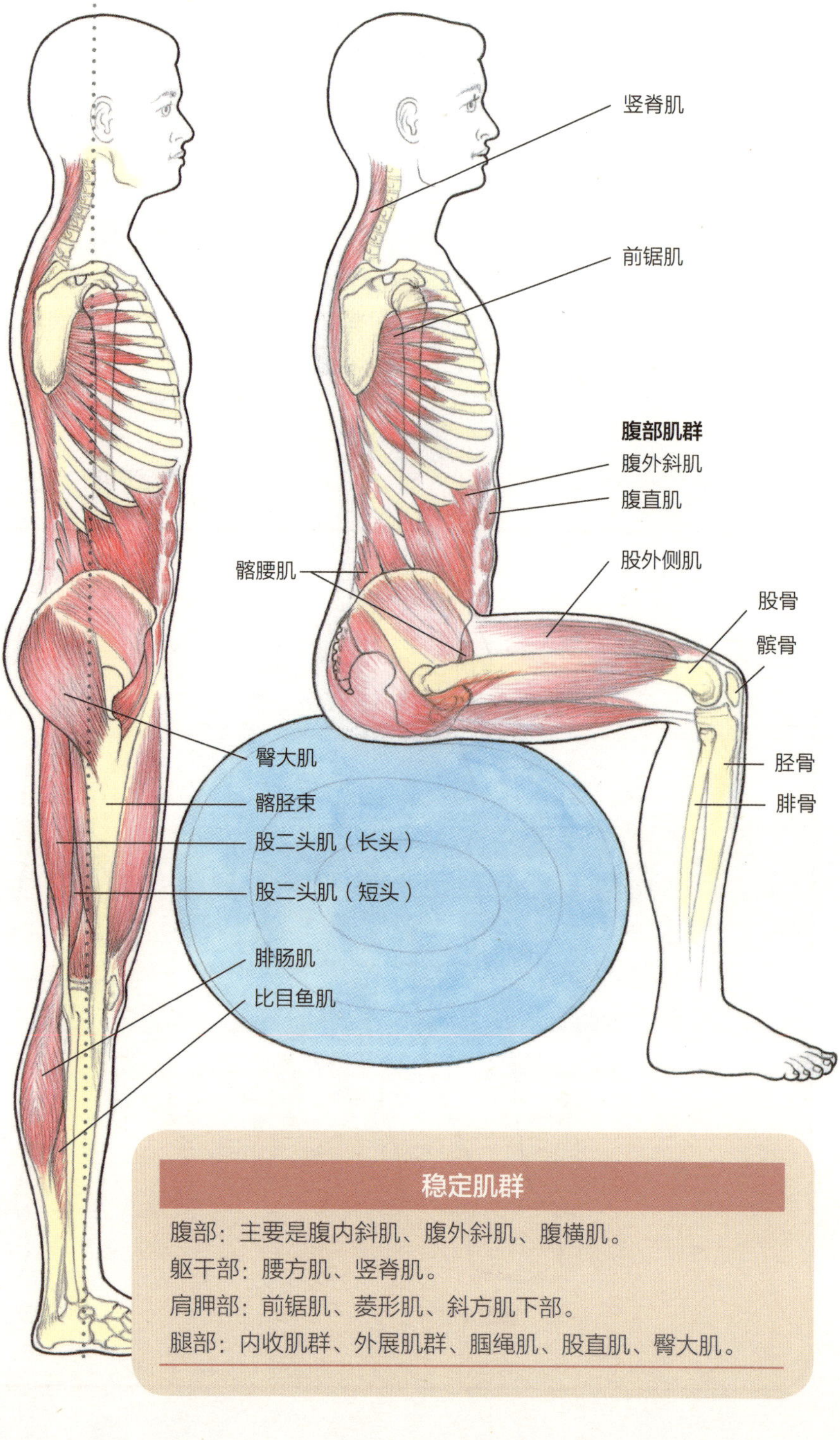

稳定肌群

腹部：主要是腹内斜肌、腹外斜肌、腹横肌。
躯干部：腰方肌、竖脊肌。
肩胛部：前锯肌、菱形肌、斜方肌下部。
腿部：内收肌群、外展肌群、腘绳肌、股直肌、臀大肌。

跪撑收腹

全身平衡・单关节・闭链运动・体重・集中锻炼腹部肌肉・从初级到高级训练者

该运动有助于强化位于腹部肌肉最深层的腹横肌的力量。腹横肌可帮助人体维持腹部平坦、控制腹腔体积。

训练技巧

- 以缓慢可控的速度做全方位运动。
- 避免后背中下部拱起或弯曲。保持骨盆居中，脊柱平直。
- 挺胸，肩部下压。
- 收腹时，腰部恰好位于臀嵴上方，看起来好像变细了。

动作说明

深吸气。呼气时收腹，这时腹肌向上收缩，而脊柱保持居中不动。放松并重复。

起始位置

- 双手、双膝着地，位于肩部和臀部正下方。
- 保持脊柱居中。
- 保持挺胸。背部下沉、肩胛骨向前，前锯肌收缩。

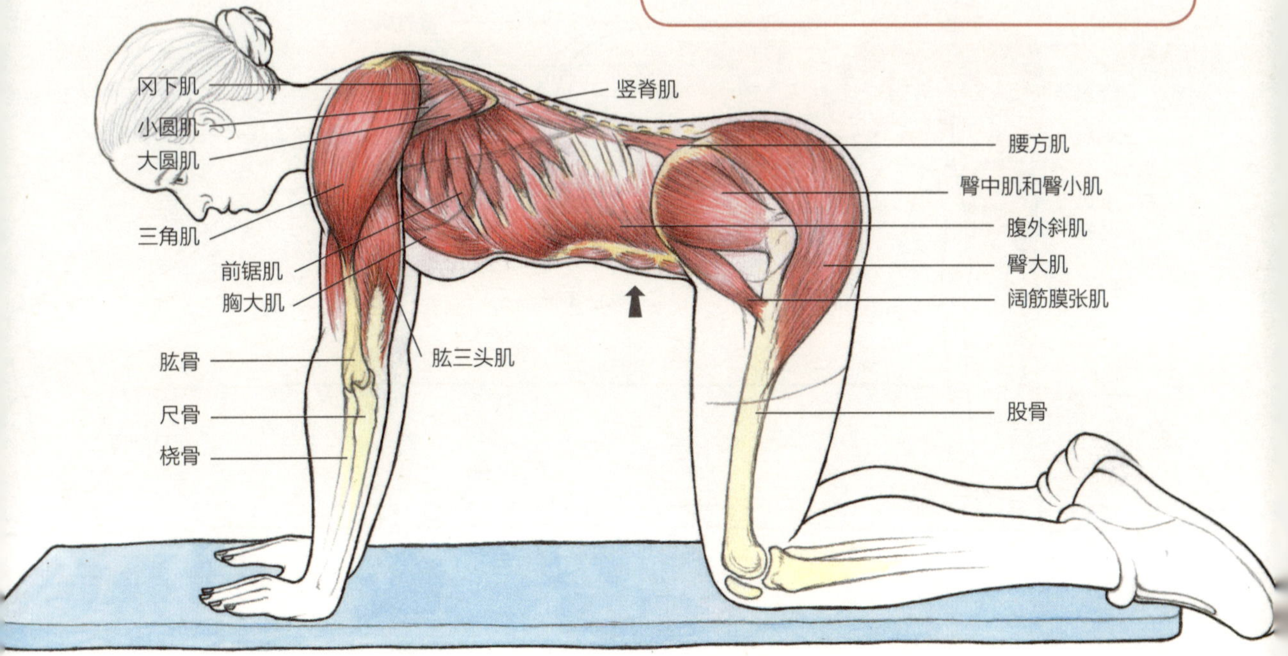

动作分析	关节
关节	躯干
关节运动	无
运动肌肉	腹横肌

稳定肌群

躯干部：腹直肌、腹外斜肌、腹内斜肌、腰方肌、竖脊肌、内收肌群、臀中肌和臀小肌。
肩关节部：三角肌前部、胸大肌、肩袖肌群。
肩胛部：前锯肌、菱形肌、斜方肌下部。
手臂部：肱三头肌。

腹部水平固定

全身平衡·集中锻炼腹部和中背部稳定肌群·闭链运动·体重·从初级到高级训练者

这类训练可以强化腹部稳定肌群的耐受性，从而缓解由躯干肌肉稳定功能薄弱造成的下背部疼痛。

训练技巧

- 保持骨盆居中，脊柱平直。不要弓背或前后摇摆。
- 挺胸，肩部下沉。不要耸肩弓背。
- 自然呼吸。不要屏住呼吸。

动作说明

训练的主要目的是在一定时间内维持身体姿势稳定。训练时间可以从10秒开始逐渐延长至60秒。

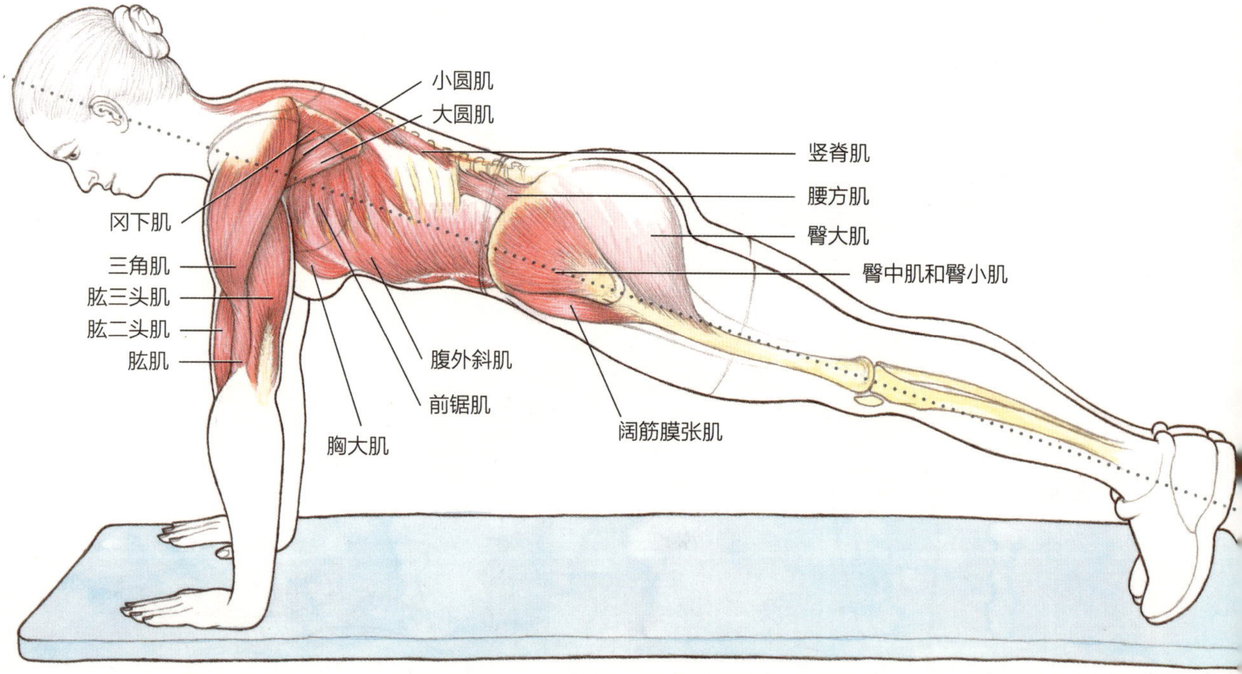

起始位置

- 俯卧位，靠手脚撑起身体，双脚分开与髋部同宽。
- 双臂伸直，略宽于肩。
- 保持脊柱居中，靠腹部肌群维持身体平衡，收腹。
- 挺胸。靠前锯肌和斜方肌下部收缩拉肩胛骨向前。

稳定肌群

躯干部：腹部肌群、腰方肌、竖脊肌、内收肌群、臀中肌和臀小肌。
肩关节部：三角肌前部、胸大肌、肩袖肌群。
肩胛部：前锯肌、菱形肌、斜方肌下部。
手臂部：肱二头肌、肱三头肌。

扶球跪立前倾

全身平衡・集中锻炼腹部、中背部、肩部稳定肌群・开链运动・体重・中、高级训练者

健身球是一种可以重复使用的充气重型塑料球。从1909年开始用于脑瘫患儿物理治疗，后来也用于脊柱和背部受伤康复治疗，1990年之后被应用于健身训练。

动作说明

缓缓向前滚动健身球，保持脊柱居中，腹横肌收缩，肩部保持稳定。还原并重复。

训练技巧

- 避免依靠冲力运动，要以缓慢可控的速度进行全方位运动。
- 越向前滚球，杠杆越长，训练难度也越大。可从自己刚好可以有效维持平衡的位置开始，逐渐增加难度。
- 不要耸肩弓背，也不要臀部下垂或者后背拱起。
- 向前滚球时吸气。
- 重复几次之后增加难度。

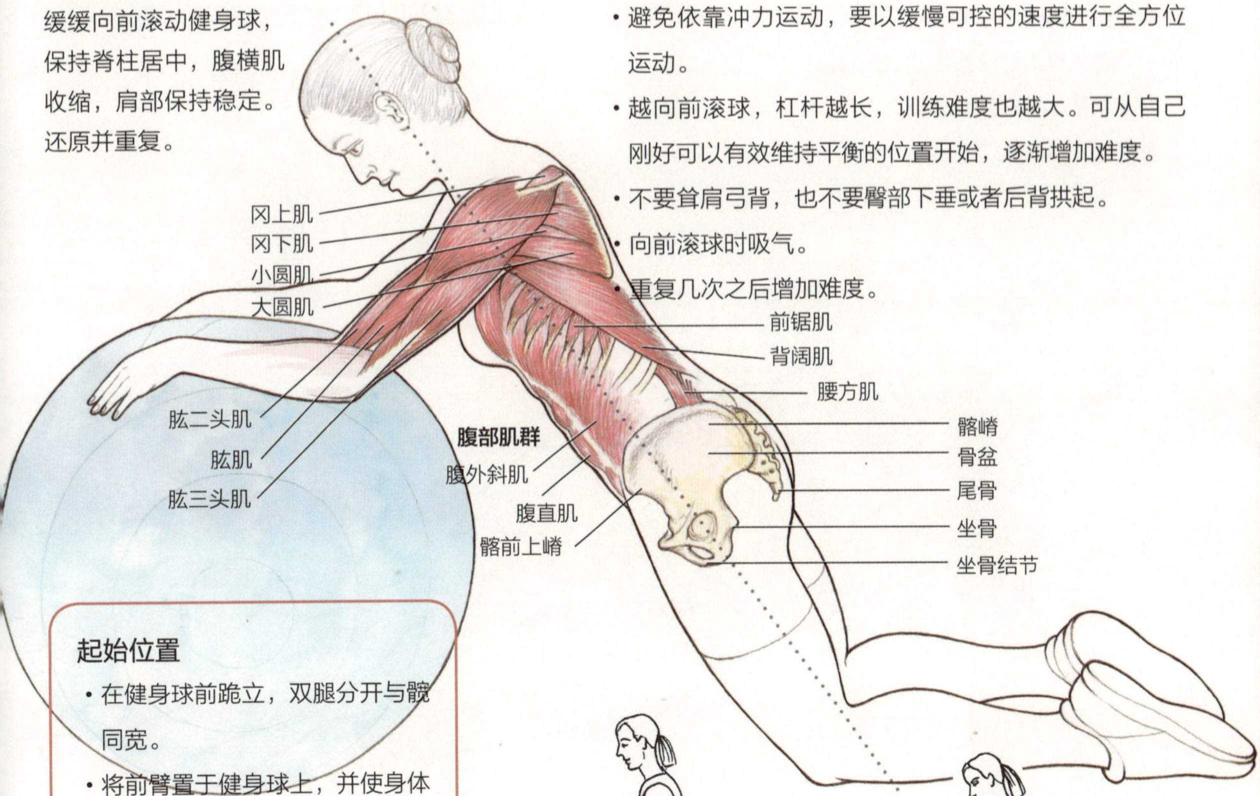

起始位置

- 在健身球前跪立，双腿分开与髋同宽。
- 将前臂置于健身球上，并使身体前倾。
- 保持身体平衡稳定。
- 肩部放松，挺胸，肩胛骨下沉。

动作分析	关节
关节	肩关节
关节运动	向前——屈； 还原——伸
运动肌群	背阔肌、大圆肌、胸大肌、三角肌后部

稳定肌群

躯干部：腹部肌群、腰方肌、竖脊肌、内收肌群、臀中肌和臀小肌。

肩关节部：三角肌前部、胸大肌、肩袖肌群。

肩胛部：前锯肌、菱形肌、斜方肌下部。

手臂部：肱三头肌。

侧卧撑

全身平衡・腹部、中下背部、肩部稳定肌群・闭链运动・体重・中、高级训练者

该运动锻炼了身体两侧的稳定肌群，像臀中肌和臀小肌以及内收肌群。注意：不推荐任何有肩背部不适或稳定性较差的人进行这项训练。

训练技巧

- 双肩放松、下沉，通过腹肌收缩保持稳定。
- 避免髋上部向前旋转。
- 一种更简单的训练方法是放低身体，靠肘部支撑。
- 保持头颈与脊柱在一条直线上。
- 左右侧交换训练。

动作说明

训练的主要目的是在一定时间内维持身体姿势稳定。训练时间可以从5秒开始逐渐延长至30秒。

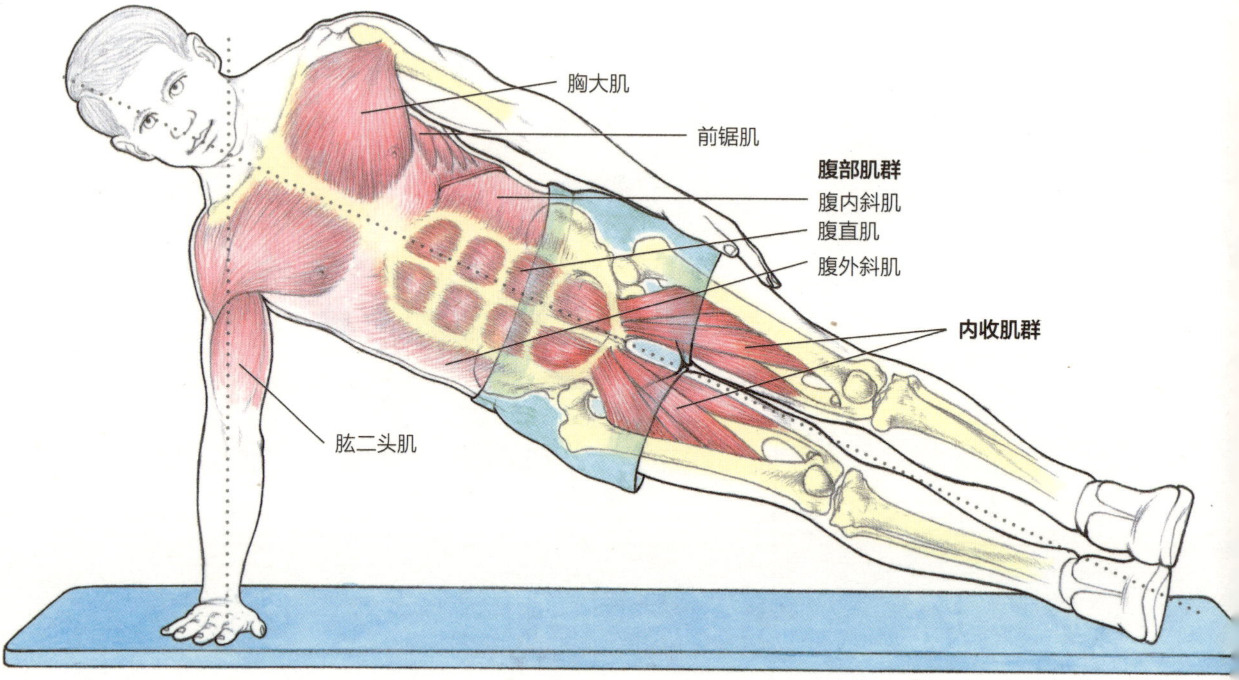

稳定肌群

腹部：主要强调腹部肌群，特别是腹内斜肌、腹外斜肌、腹横肌、腰方肌。

躯干部：竖脊肌、内收肌群、臀中肌和臀小肌。

肩关节部：三角肌、肩袖肌群。

肩胛部：前锯肌、菱形肌、斜方肌下部。

手臂部：肱二头肌、肱三头肌。

起始位置

- 右髋部着地，膝关节弯曲。
- 使肩、髋、膝处于一条直线上。
- 右手撑地，位于肩关节下方。
- 髋部上抬撑起身体，此时身体中线是一条直线。

哑铃侧屈

辅助训练・单关节・拉・开链运动・哑铃・从初级到高级训练者

这项简单练习经常被人们误解并错误训练。其实，成功的关键是保持动作缓慢，将注意力集中在运动肌上以确保不依靠冲力并独立运动肌群。

动作说明

躯干侧弯，缓缓向右降低身体。慢慢还原。交换身体向左侧弯，重复。

训练技巧

- 避免依靠冲力运动，要以缓慢可控的速度运动。
- 保持挺胸，双肩下沉。不要耸肩弓背。
- 保持髋部稳定，始终位于双足正上方。
- 侧弯躯干时吸气。
- 注意力集中在哑铃对侧腹部和下背部肌群。
- 躯干向下侧弯和向上还原时，右图中的肌肉都同样发挥作用。躯干向下时这些肌肉缓缓发力，还原时则牵拉对侧肋骨使身体向上。

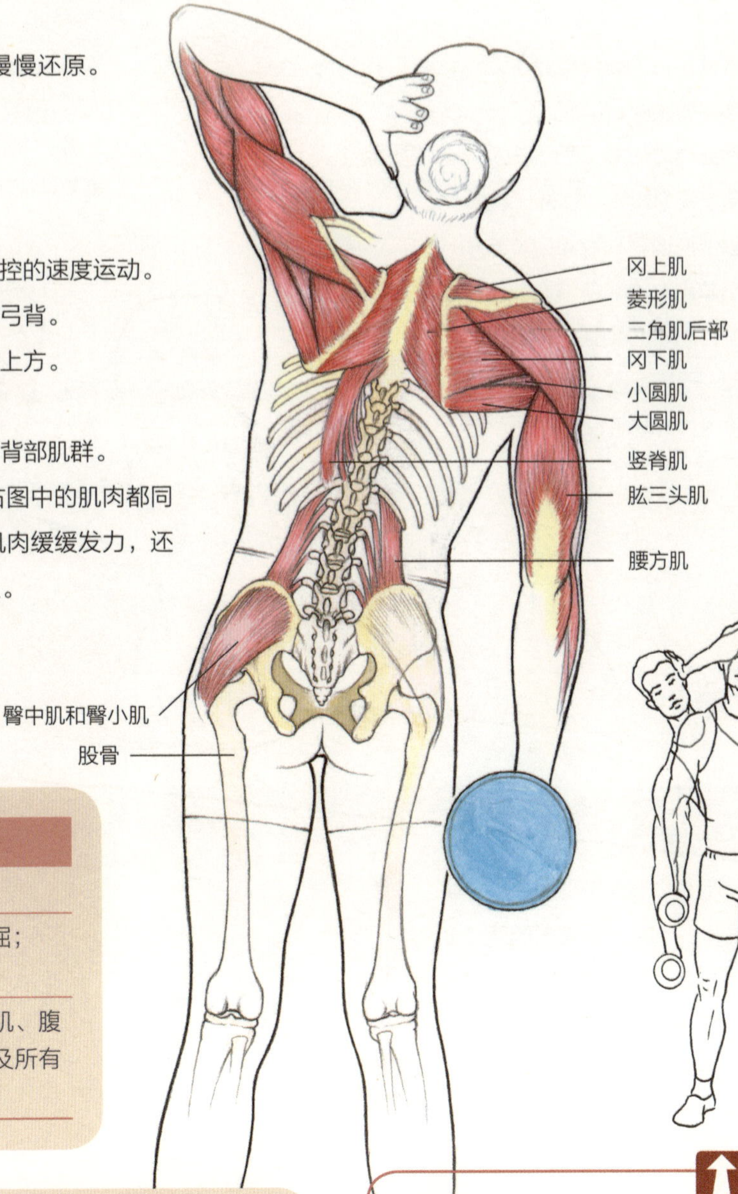

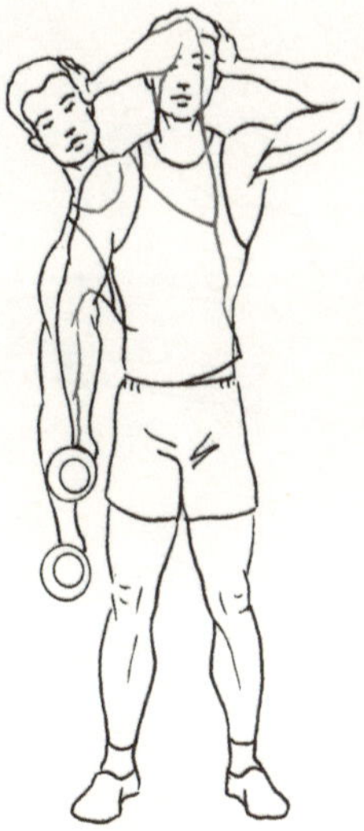

动作分析	关节
关节	脊柱
关节运动	向下——向右侧屈； 向上——还原
运动肌肉	腹直肌、腹外斜肌、腹内斜肌、腰方肌及所有哑铃对侧部肌肉

稳定肌群

腹部：腹部肌群。

躯干部：腰方肌、竖脊肌、内收肌群、臀中肌和臀小肌。

肩关节部：肩袖肌群。

肩胛部：前锯肌、菱形肌、斜方肌下部。

起始位置

- 双脚分开与肩同宽。
- 保持姿势平衡稳定。
- 膝关节放松。
- 右手抓握哑铃，左掌抵在头上。

转体卷腹

辅助训练·单关节·拉·开链运动·体重·从初级到高级训练者

转体卷腹是仰卧起坐的一种简化形式，主要训练腹外斜肌和腹内斜肌。

训练技巧

- 以缓慢可控的速度进行全方位运动，并避免依靠冲力运动。
- 抬起身体时注意下巴不要前伸。下颚微收，运动过程中始终与颈椎一起居中。
- 由腹部肌群单独收缩完成这项运动。不要通过手部用力抬起身体，或者不要通过肩部牵拉使肘部靠近膝盖。
- 挺胸，双肩下沉。不要耸肩。
- 上抬身体时呼气。

动作说明

上半身缓缓向上蜷曲，通过躯干左旋屈曲使右肘向左膝靠近。肩胛骨离开软垫，而下背部保仍紧靠在垫上，保持平衡、稳定。暂停，还原并重复。完成一组后左右交替进行。

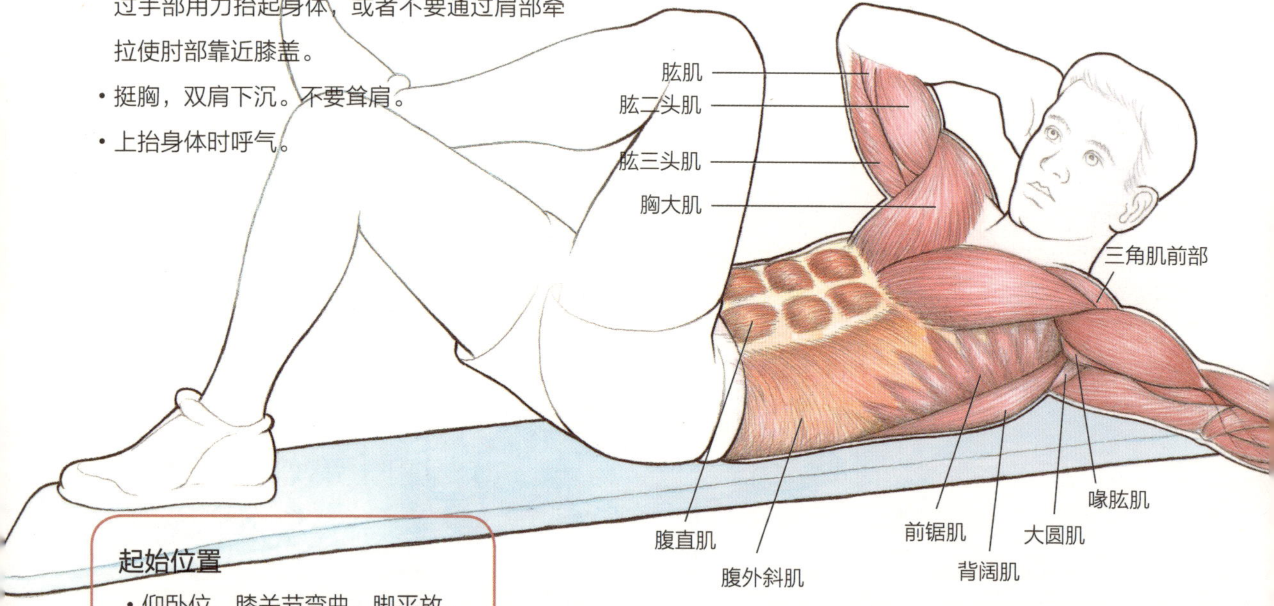

起始位置

- 仰卧位，膝关节弯曲，脚平放。
- 将一只脚抬起放在对侧膝盖上。
- 与抬起的脚同侧的手臂向身体外侧展开，另一只手抵在头后。
- 颈椎居中、平直。
- 腹部稳定肌群收缩。

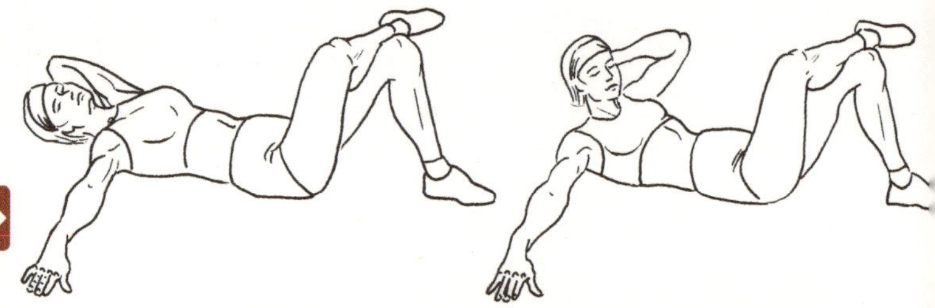

稳定肌群
腹部：腹部肌群。 颈部：胸锁乳突肌。 肩胛部：前锯肌、菱形肌、斜方肌下部。

动作分析	关节
关节	脊柱
关节运动	向上——屈、侧旋； 向下——伸、还原
运动肌群	腹直肌和腹内、外斜肌

卷腹

辅助训练 · 单关节 · 拉 · 开链运动 · 体重 · 从初级到高级训练者

卷腹主要把腹部肌群当作运动肌群使用。它的各种变化形式在任何腹部训练中都有效。注意：紧绷的背部伸展肌肉，如竖脊肌，会限制腹部肌群的最大收缩范围和运动幅度。

训练技巧

- 不要依靠冲力运动。以缓慢可控的速度进行全方位运动。
- 训练时下颚微收、居中，与颈椎在一条直线上。避免通过颈部和下巴前伸牵拉身体。
- 避免通过双手发力拉起身体，要仅依靠腹部肌群收缩产生的力量。
- 不要耸肩。要挺胸，双肩下沉。
- 上抬身体时呼气。

动作说明

通过躯干屈曲使上半身缓慢向上蜷曲。肩胛骨上抬而下背部仍靠在垫子上，保持身体稳定、居中。暂停片刻，还原并重复（将双臂交叉放在胸前可降低训练难度，但颈部支撑会因此减少）。

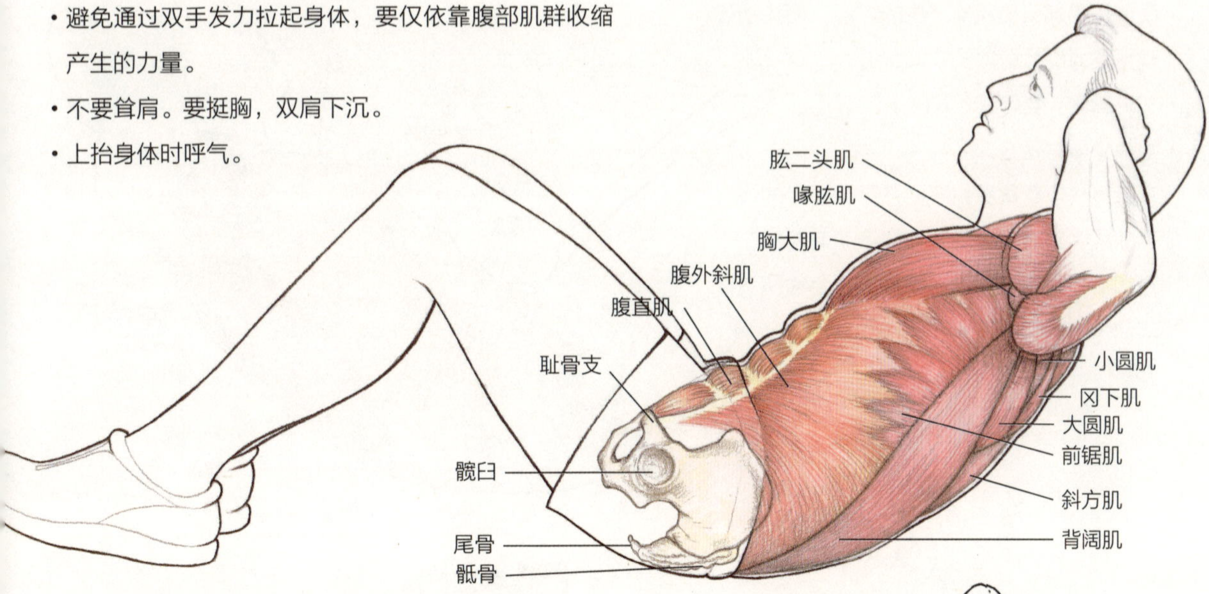

起始位置

- 仰卧位，膝关节弯曲，脚平放。
- 双手抱头。
- 颈椎居中、平直。
- 腹部稳定肌群收缩。

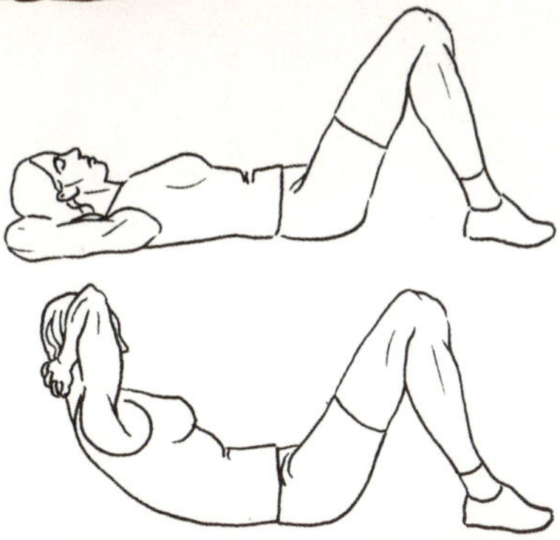

动作分析	关节
关节	脊柱
关节运动	向上——屈； 向下——伸
运动肌肉	腹直肌、腹内斜肌、腹外斜肌

稳定肌群

腹部：腹部肌群。
颈部部：胸锁乳突肌。
肩胛部：前锯肌、菱形肌、斜方肌下部。

仰卧起坐

核心训练・多关节・拉・开链运动・体重・中、高级训练者

仰卧起坐是一项饱受诟病的运动，主要原因是训练者得不到充分指导，技术较差。如果训练正确，这是一项非常有效的多关节运动。训练过程中需着重提高动作质量，而不是速度和重复频率。

训练技巧

- 不要依靠冲力运动，要以缓慢可控的速度进行全方位运动。
- 训练时下颚微收、居中，与颈椎在一条直线上。避免通过颈部和下巴前伸牵拉身体。
- 仅依靠腹部肌群收缩产生的力量，避免通过双手发力拉起身体。
- 不要耸肩。要挺胸，双肩下沉。
- 上抬身体时呼气。
- 宁愿减少运动次数也不要在脚被固定的情况下训练。当双足固定并加快运动速度时，下背部会形成杠杆并产生惯性，这会增加下背部受伤的风险。

动作说明

通过躯干屈曲使上半身缓慢向上卷曲。躯干完全屈曲，上半身靠近膝盖。暂停片刻，慢慢还原并重复。

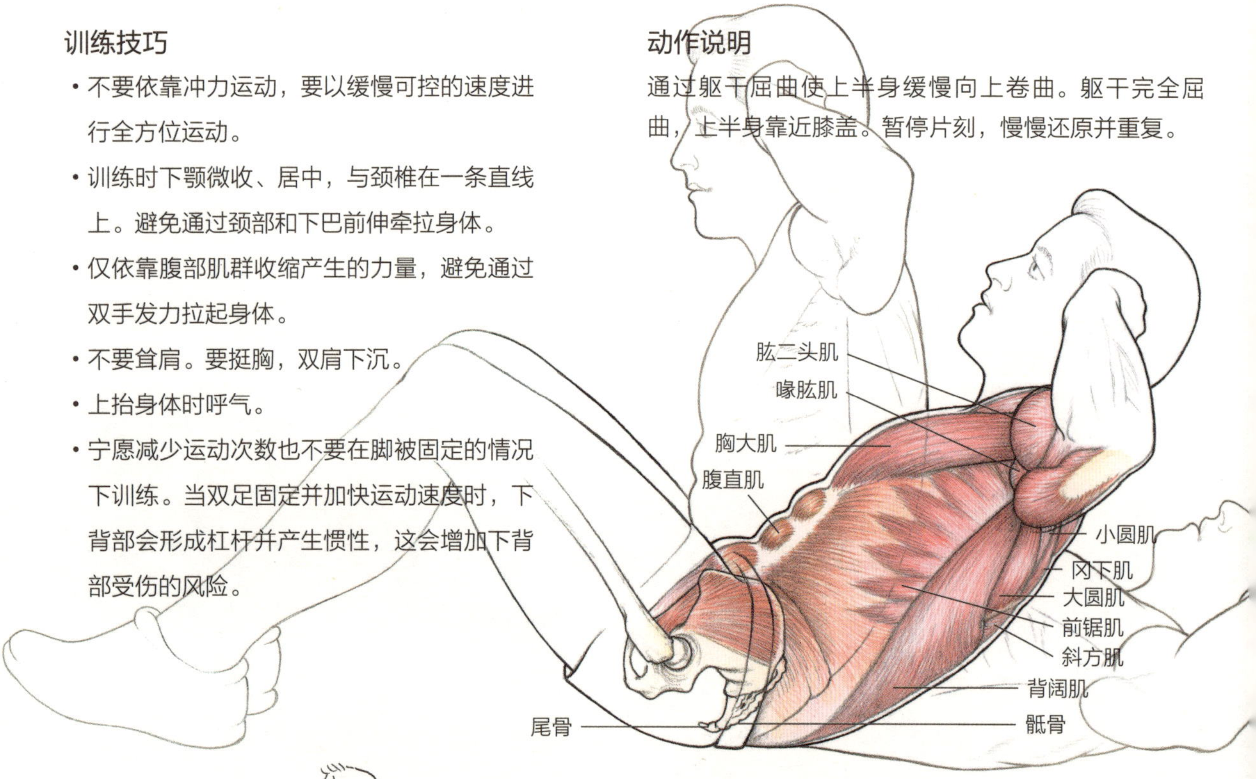

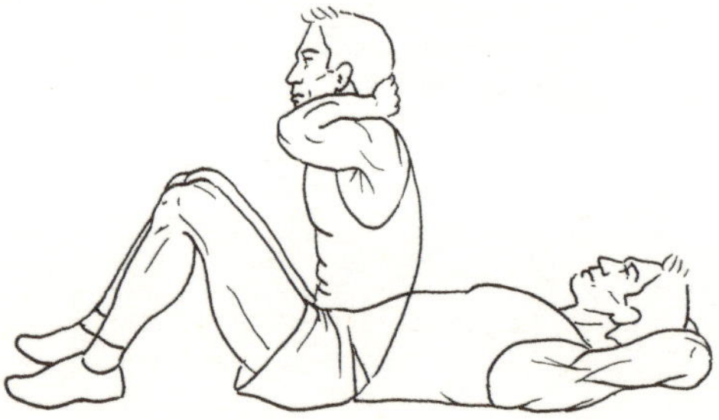

起始位置

- 仰卧位，膝关节弯曲，脚平放。
- 双手抱头。
- 颈椎居中、平直。
- 腹部稳定肌群收缩。

动作分析	第1阶段 身体上蜷30度左右	第2阶段 抬起下背部
关节	脊柱	髋关节
关节运动	向上——屈；向下——伸	向上——屈；向下——伸
运动肌肉	腹直肌、腹内斜肌、腹外斜肌	髂腰肌、股直肌
稳定肌群	颈部：胸锁乳突肌； 肩胛部：前锯肌、菱形肌、斜方肌下部	颈部：腹直肌、腹内斜肌、腹外斜肌、胸锁乳突肌； 肩胛部：前锯肌、菱形肌、斜方肌下部

屈髋收腹

全身平衡・集中训练腹部、中下背部、肩部稳定肌群・开链运动・体重・中、高级训练者

人们通常认为屈髋收腹可以有效训练下腹部肌肉，这其实是一种误解。人们常常感到下腹部肌肉劳累、酸痛，但实际上腹部肌群是作为一个整体通过等距收缩维持身体稳定和脊柱居中的。

训练技巧

- 不要依靠冲力运动，要以缓慢可控的速度运动。
- 通过斜方肌下部和前锯肌收缩的力量下拉肩胛骨，使身体抬高。不要耸肩。
- 开始前保持挺胸。
- 上抬身体时吸气。
- 腹部稳定肌群薄弱者进行该训练会造成剧烈的下背部疼痛和不适。

动作说明

保持身体稳定，抬膝关节至与髋同高。还原并重复。

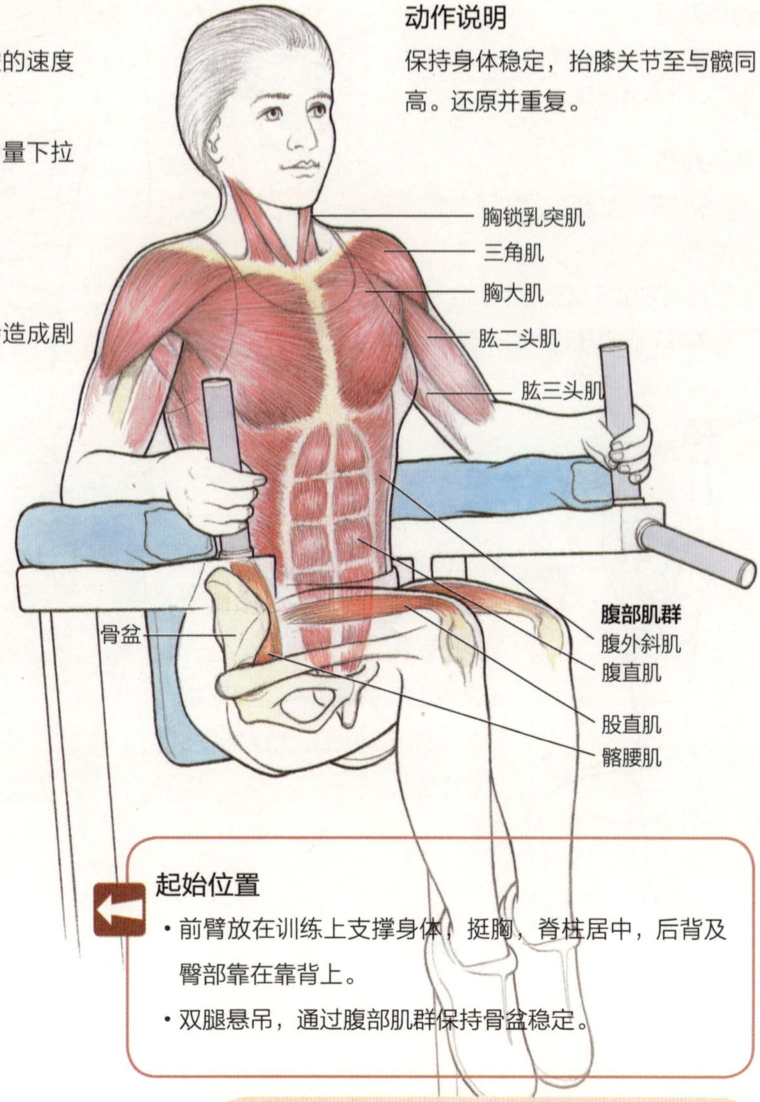

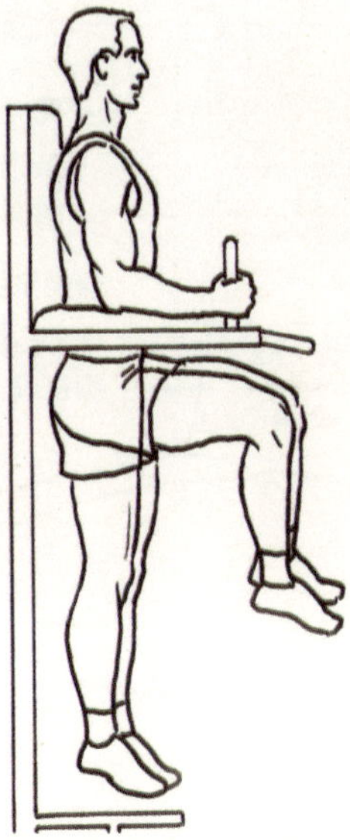

起始位置

- 前臂放在训练上支撑身体，挺胸，脊柱居中，后背及臀部靠在靠背上。
- 双腿悬吊，通过腹部肌群保持骨盆稳定。

动作分析	关节
关节	髋关节
关节运动	向上——屈； 向下——伸
运动肌肉	髂腰肌、股直肌

稳定肌群
腹部：腹部肌群。
颈部：胸锁乳突肌。
肩胛部：前锯肌、菱形肌、斜方肌下部。
肩关节部：肩袖肌群。
手臂部：肱二头肌、肱三头肌。

屈腿悬垂举腿

全身平衡・集中训练腹部、中下背部、肩部稳定肌群・闭链运动・体重・高级训练者

这是一项有效但仅适用于高级训练者的运动。任何核心稳定能力薄弱或有肩背部不适的训练者都不适合进行该训练。

动作说明

上抬膝关节至与髋同高，保持躯干稳定。还原并重复。

训练技巧

- 不要依靠冲力运动，要以可控的速度运动。
- 通过斜方肌下部和前锯肌收缩下拉肩胛骨，使身体抬高。不要耸肩。
- 保持挺胸。

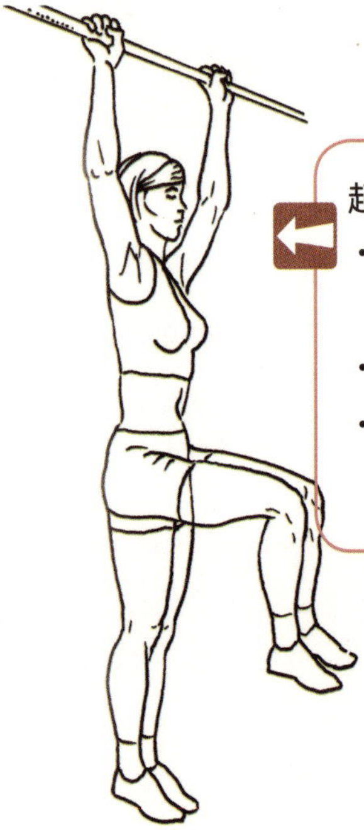

起始位置

- 双手抓握单杠，距离略比肩宽，身体垂悬。
- 保持挺胸，脊柱居中，双肩下沉。
- 双腿悬吊，但腹部肌群需保持骨盆稳定。

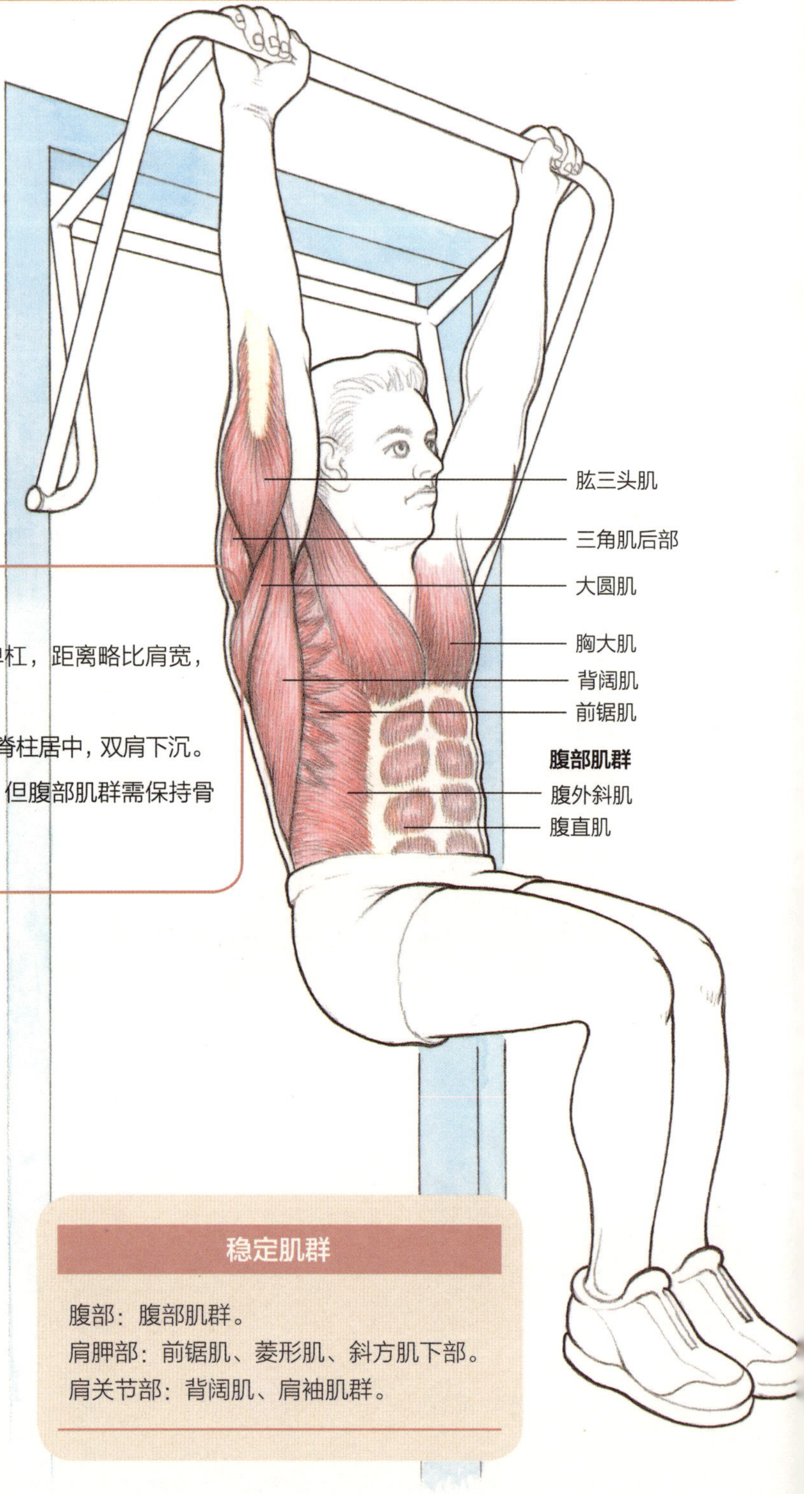

动作分析	关节
关节	髋关节
关节运动	向上——屈； 向下——伸
运动肌群	髂腰肌、股直肌

稳定肌群
腹部：腹部肌群。 肩胛部：前锯肌、菱形肌、斜方肌下部。 肩关节部：背阔肌、肩袖肌群。

中背部俯卧肩胛稳定性训练

上半身平衡训练・集中训练中下背部稳定肌群・开链运动・体重・中、高级训练者

肩胛骨稳定肌群可以保持肩胛骨平直，并在上身运动中使双肩下沉。当它们力量薄弱时，训练者就容易含胸、弓背，并出现“翼状肩”，容易引起颈部受伤以及肩部紧张。

动作说明

俯卧在倾斜的长凳上，肘关节弯曲，缓缓向前、向外上举手臂。掌心朝向头部，拇指直向天花板。始终保持肩胛骨下沉，肩部放松。坚持5秒钟后还原。重复。

训练技巧

- 不要依靠冲力运动，要以可控的速度运动。
- 保持挺胸，头部和脊柱居中，肩胛骨下沉。不要耸肩。
- 肘部不要下垂。

起始位置

- 俯卧于倾斜长凳上，头比脚高。
- 脚尖着地，膝关节放松。
- 保持身体平直稳定。
- 双臂位于体侧。

稳定肌群
腹部：腹部肌群。
颈部：胸锁乳突肌。
肩胛部：前锯肌、菱形肌、斜方肌中部和下部。
肩关节部：肩袖肌群。

动作分析	关节
关节	肩关节
关节运动	向上——水平外展、屈； 向下——水平外展、伸
运动肌肉	三角肌后部、背阔肌、大圆肌

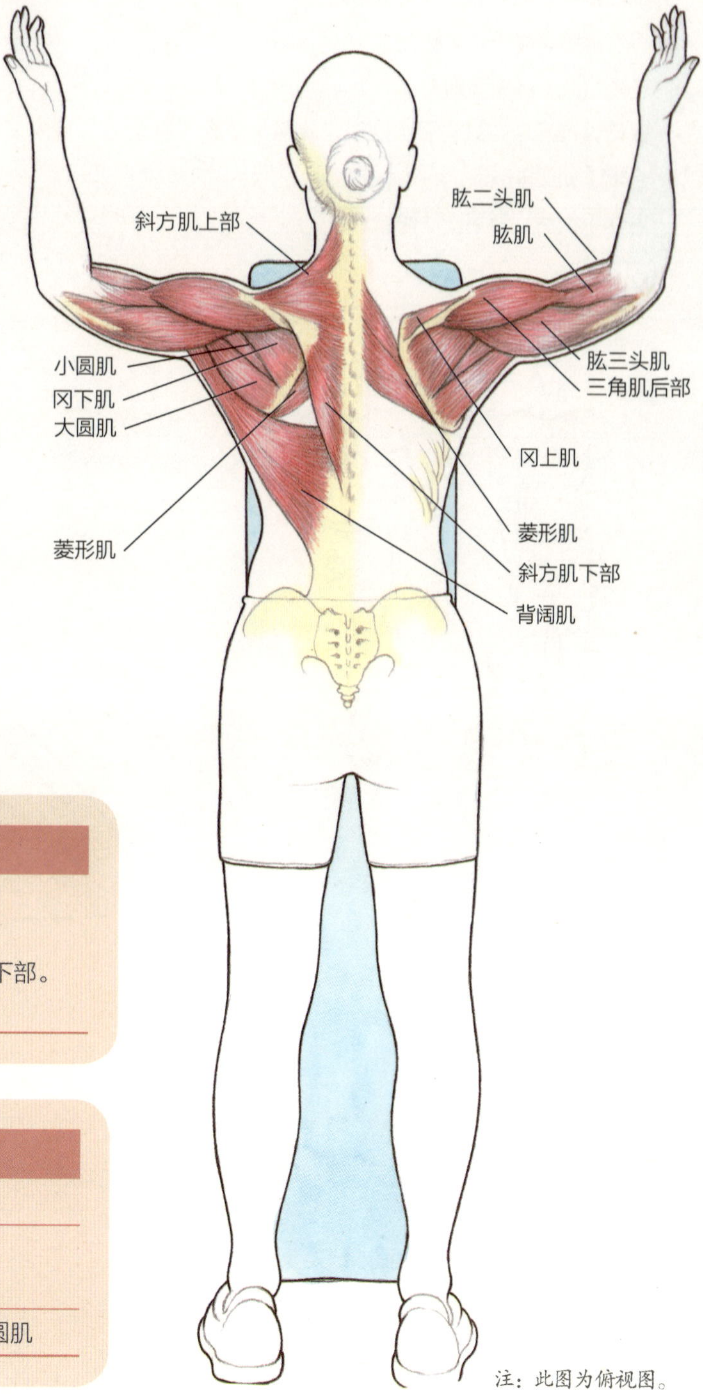

注：此图为俯视图。

瑜伽树式

全身平衡・体重・中、高级训练者

瑜伽动作、呼吸训练和冥想训练可以帮助人体减轻压力，降低血压，调节心率甚至延迟衰老。这都源于瑜伽可以增加身体感知能力，改善柔韧性，使人身体和头脑更加灵活，同时改善心境，使人平和。

从山式开始

- 从最基本的站立姿势开始（如图1所示）。
- 将左脚脚掌置于右大腿上。
- 左腿打开，膝关节向左。
- 保持臀部居中，站立腿大腿肌肉收缩。双掌于胸前合十（如图2所示）。
- 身体平衡后，为下一动作做准备。

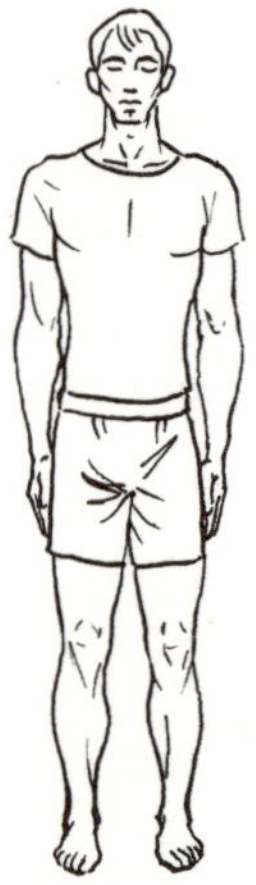

图1

图2

树式

- 从山式开始（图2），保持平衡，双掌合十举过头顶，过渡为树式姿势（图3）。
- 在髋关节保持不动的情况下向后压膝关节。坚持30秒之后换腿。重复2~3遍。

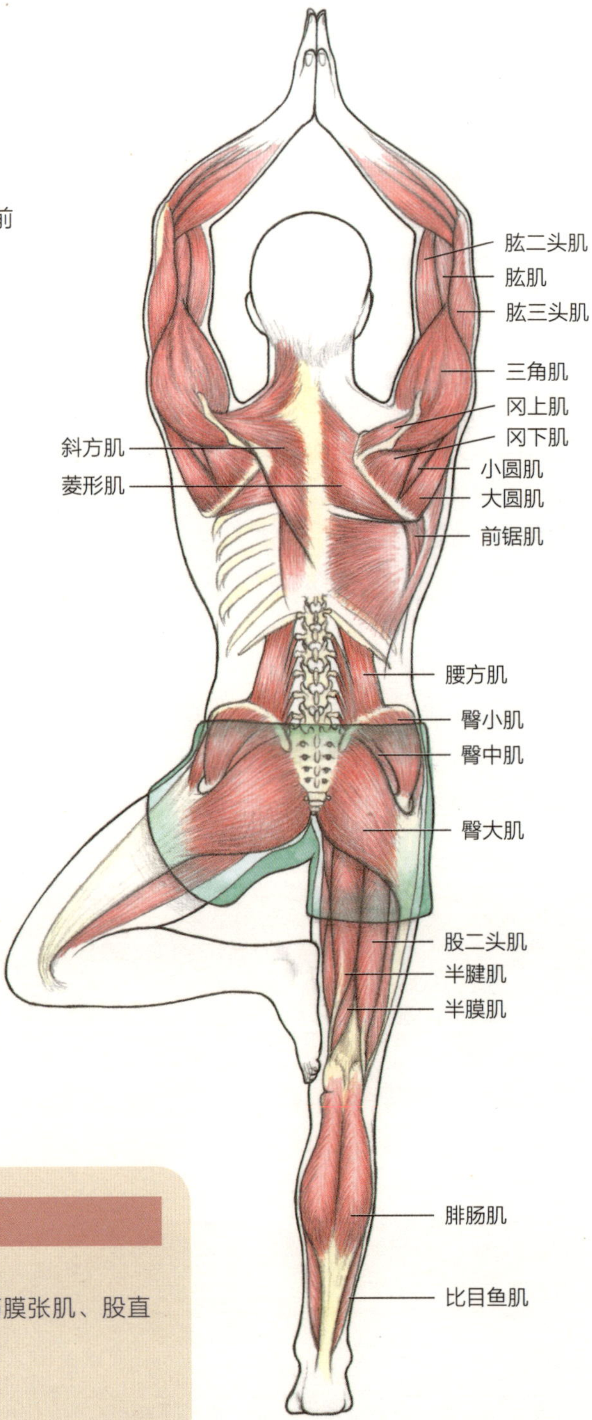

图3

稳定肌群

腹部：腰方肌。

躯干部：竖脊肌、内收肌群、臀部肌群、阔筋膜张肌、股直肌、腘绳肌以及位于小腿的踝关节稳定肌群。

肩关节部：肩袖肌群。

肩胛部：前锯肌、菱形肌、斜方肌下部。

直立下蹲（波速球平衡训练）

集中训练全身稳定性和平衡性・闭链运动・体重・中、高级训练者

波速球看起来像半个底部有平台的健身球。球面朝上时可以训练下身稳定和平衡性，平台朝上时可以做上身力量训练。

动作说明

站在波速球上，屈膝下蹲，想象自己正向后坐在一张椅子上。双臂向前伸直以保持平衡。还原为站立姿势并重复。

训练技巧

- 当骨盆稳定难以维持时，可以减小膝关节弯曲角度（小于90度）。可从弯曲45度开始训练。

起始位置

- 站在波速球上，双脚位于球面中心稍靠前位置。
- 膝关节放松，身体挺直、稳定。

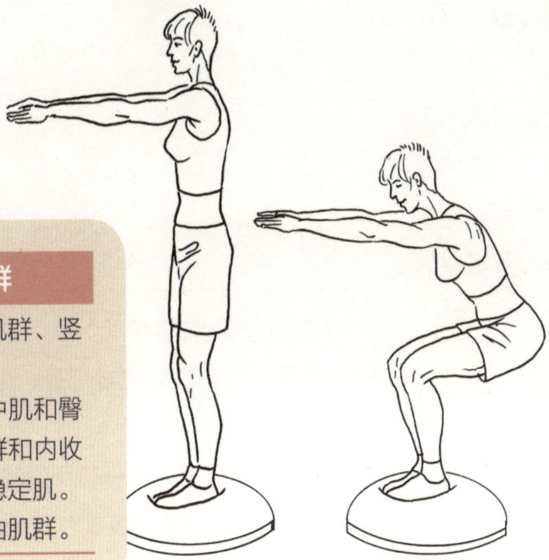

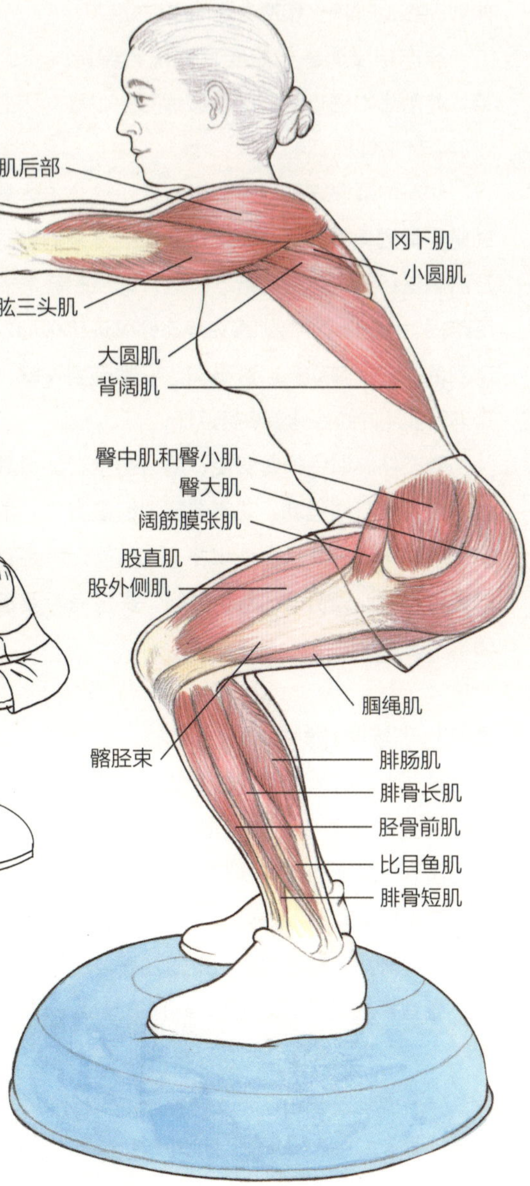

稳定肌群

躯干部：腹部肌群、竖脊肌和腰方肌。
髋关节部：臀中肌和臀小肌、外旋肌群和内收肌群，髁关节稳定肌。
肩关节部：肩袖肌群。

动作分析	关节1	关节2
关节	膝关节	髋关节
关节运动	向下——屈； 向上——伸	向下——屈； 向上——伸
运动肌群	股四头肌	腘绳肌、臀大肌

伸展训练

伸展和伸展训练

柔韧性一般是指关节可以进行活动的范围。每个关节都有一个正常的、适用于日常生活的活动范围。然而，很多活动（包括体操、速跑、舞蹈以及武术）对柔韧性的要求都更高。

专业健身教练经常提到四种类型的伸展训练：静态伸展训练、动态伸展训练、本体感觉神经肌肉促进伸展训练（PNF）和冲击式伸展训练。

静态伸展训练一般要求训练者保持一个固定姿势，并渐进地进行温和的伸展练习（本章介绍的大多为静态伸展训练）。

动态伸展训练采取关节全方位运动。本体感觉神经肌肉促进伸展训练通过使用特殊技术来刺激肌肉以及肌腱进行更大范围的运动，进行训练时经常需要陪练陪同。 冲击式伸展训练在静态伸展训练中加入了不剧烈的冲击反弹动作。这类训练经常受到误解，但却是非常实用的弹性伸展热身运动。

静态伸展训练相对安全，适合初学者。也适用于训练之后的整理运动。动态伸展训练最有效。本体感觉神经肌肉促进伸展训练和冲击式伸展训练是更高级的训练形式，受伤的风险也更高，在没有专业指导的情况下不建议进行。

柔韧性训练的益处

虽然大家对增加柔韧性的益处仍存在争议，缺乏柔韧性显然是导致姿势补偿、降低动作范围、增加肌肉紧张以及受伤的主要原因。受到性别、基因、年龄和日常锻炼等因素的影响，有些人的柔韧性本身就比大多数人好。爱运动的人柔韧性通常比不爱运动的好，随着年龄的增长，老年人的关节会渐渐失去柔韧性。

经常进行伸展训练的好处很多，包括动作灵活、姿势优雅、老年人仍保持充分的关节柔韧性以及降低受伤风险等。

对于伸展训练观点不一致的研究可能忽视了力量和柔韧性的本质关系：肌肉间既有相互促进也有相互对抗的关系，也就是说，有些肌肉共同作用完成动作，有些则相互对抗。

对于相互对抗的肌肉群，一方的薄弱会对其他肌肉造成影响。比如，竖脊肌紧张是抑制腹部肌群完全收缩的主要原因之一；肱二头肌紧张会造成肱三头肌过度伸展。

在严重失衡的情况下，有些肌肉紧张，有些肌肉力量薄弱。紧张的肌肉需要拉伸，而薄弱的肌肉需要增强力量。很多功能训练专家取得共识，拉伸由姿势失衡导致的紧张肌肉的最好方法就是强化其对侧相对抗肌群的力量（请记住：一个人需要经过充分评估才能确定自己需要哪种肌肉伸展和力量强化训练）。

静态伸展训练指导

- 伸展训练前最好充分热身，这可以大幅度减少受伤概率。
- 从训练开始就必须保持正确的训练姿势。
- 自由呼吸，避免通过憋气强制拉伸或者收缩肌肉。
- 训练过程中，拉伸需保持在中等强度水平（拉伸强度按1~10分划分时，训练需保持在4~7分）。此时训练者会感到有轻微的不适感，当强度超过8分时就会有刺痛感。
- 感到肌肉拉伸后，放松、缓和。静态伸展训练需要坚持30~90秒。

静态伸展训练

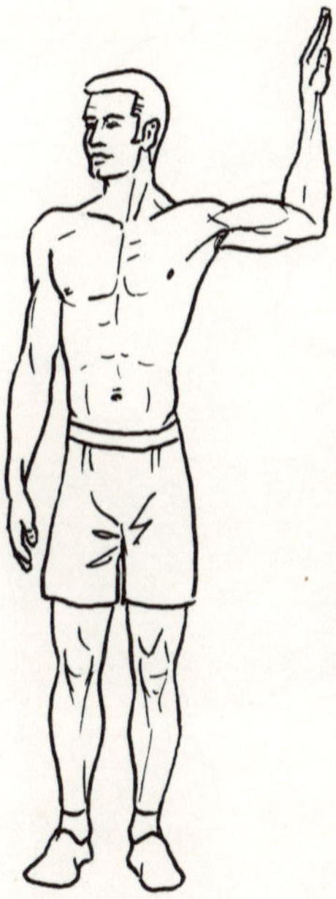

动态伸展训练

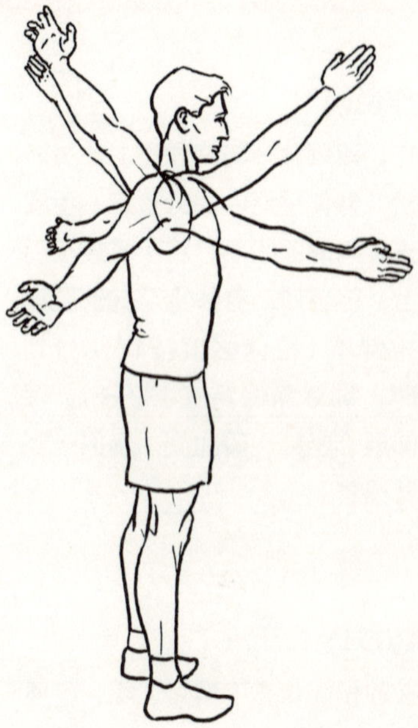

本体感觉神经肌肉促进伸展训练

冲击式伸展训练

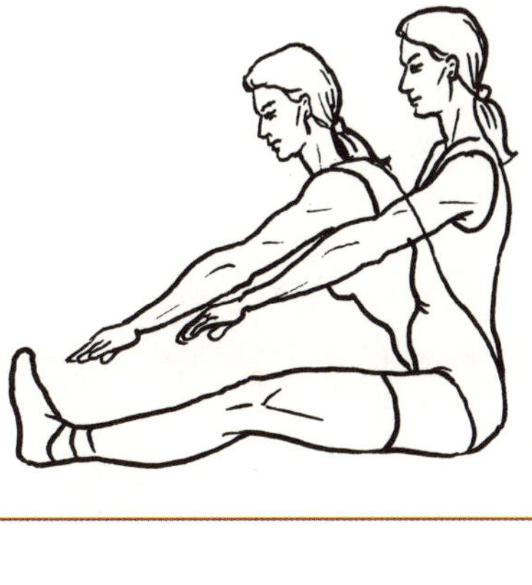

直立胸肌及前肩部伸展

静态训练・单关节・闭链运动・体重・从初级到高级训练者

胸部肌肉活动范围降低会导致颈后运动受伤风险增加，比如坐姿杠铃颈后推举（参见第78页）训练中，特别是肩关节外旋范围减少时更易受伤。

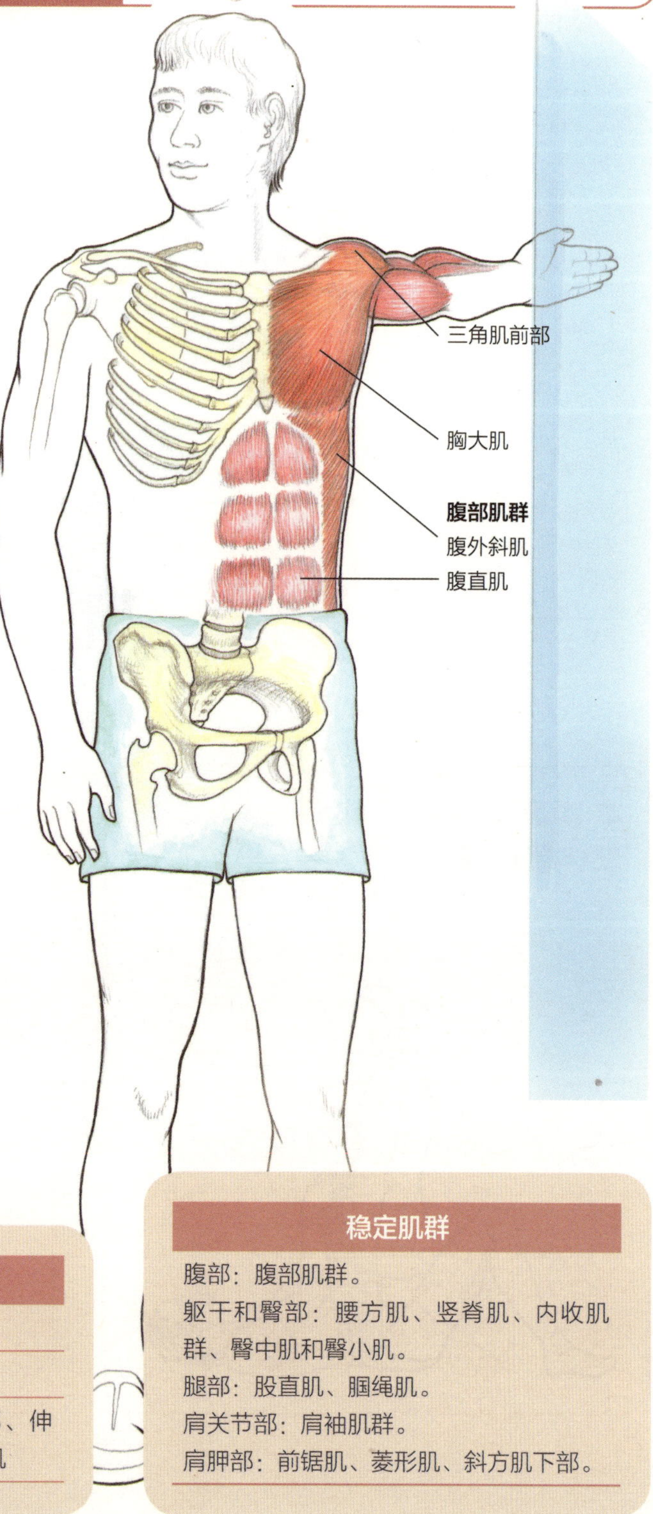

动作说明

直立，双脚分开与肩同宽，膝关节放松。身体平直、姿势稳定。手臂伸直，与肩部同高，将手掌放在门板上。轻轻转动身体直至胸部肌群有拉伸感（拉伸强度按1~10分划分时，训练需保持在4~7分）。保持伸展、坚持一段时间。换另一侧手臂重复。

训练技巧

- 在放松的状态下慢慢训练，不要强制拉伸。
- 自由呼吸。
- 拉伸时不要耸肩弓背。要保持挺胸，肩关节放松，双肩下沉。
- 肘关节不要“锁死”（绷直），保持10度左右弯曲。

动作分析	关节
关节	肩关节
关节运动	水平外展及旋外
主要拉伸肌肉	胸大肌、三角肌前部、伸展手臂同侧的腹外斜肌

稳定肌群
腹部：腹部肌群。
躯干和臀部：腰方肌、竖脊肌、内收肌群、臀中肌和臀小肌。
腿部：股直肌、腘绳肌。
肩关节部：肩袖肌群。
肩胛部：前锯肌、菱形肌、斜方肌下部。

直立肱三头肌伸展

静态训练·多关节·闭链运动·体重·从初级到高级训练者

尽管肱三头肌一般不容易紧张，但它周围的许多组织则不然。本页介绍的伸展训练对胸部及肩部柔韧性有一定要求，同时也能锻炼稳定肌群。

动作说明

直立，双脚分开与肩同宽，膝关节放松。身体平直、姿势稳定。将右上臂举过头顶，屈肘关节，右手置于右肩后。左手抱住右肘缓缓向头部后拉。拉伸强度按1~10分划分时，训练需保持在4~7分。交换手臂，重复。

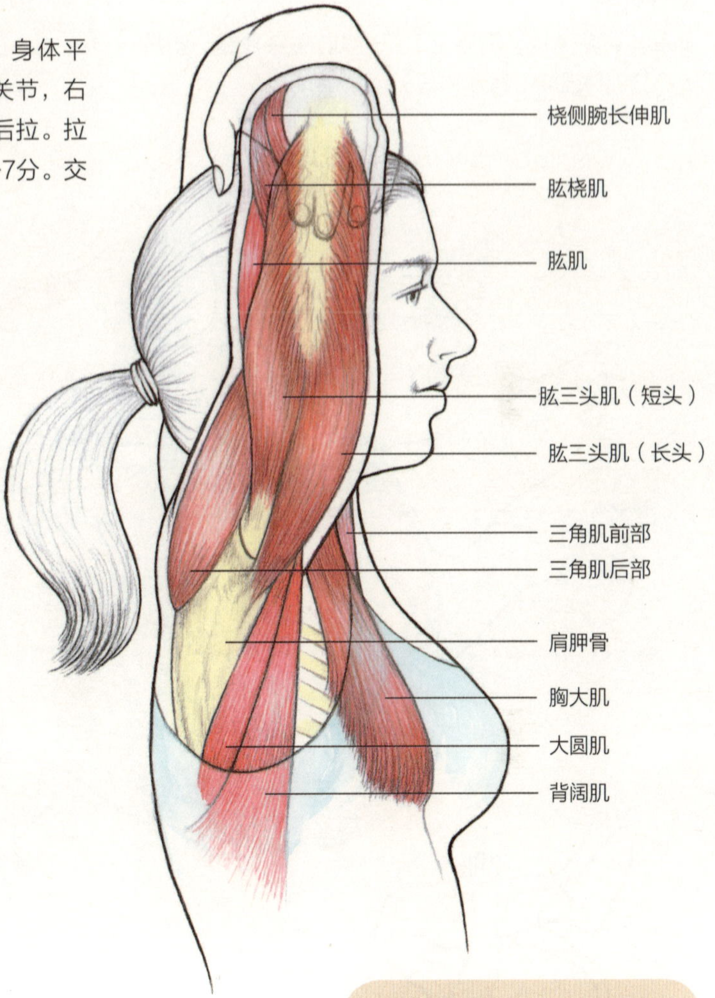

训练技巧

- 在放松的状态下慢慢训练，不要强制拉伸。
- 自由呼吸。
- 拉伸时不要耸肩弓背。要保持挺胸，肩关节放松，双肩下沉。
- 髋关节不动。腹部和臀部稳定肌群收缩，重心居于双脚中间。

动作分析	关节1	关节2
关节	肩关节	肩胛骨
关节运动	完全屈曲，垂直旋外	上旋，轻度上提，向外突出
主要拉伸肌肉	肱三头肌、背阔肌、大圆肌、三角肌后部、胸大肌下部	菱形肌下部、斜方肌下部

稳定肌群

腹部：腹部肌群。
躯干和臀部：腰方肌、竖脊肌、内收肌群、臀中肌和臀小肌。
腿部：股直肌、腘绳肌及其他腿部肌肉。
肩关节部：肩袖肌群。
肩胛部：前锯肌、菱形肌、斜方肌下部。

仰卧腿屈曲

静态训练・多关节・体重・从初级到高级训练者

这项基础的伸展训练可以有效缓解日常生活中疲劳累积造成的下背部紧张，它也是其他仰卧伸展练习前很好的热身运动。

动作说明

仰卧（背部着地，面朝上），于胸前屈膝抱腿。坚持4~7分训练强度（满分10分）。

训练技巧

- 在放松的状态下慢慢训练，不要强制拉伸。
- 保持挺胸肩关节放松，双肩下沉。不要耸肩弓背。
- 自由呼吸。

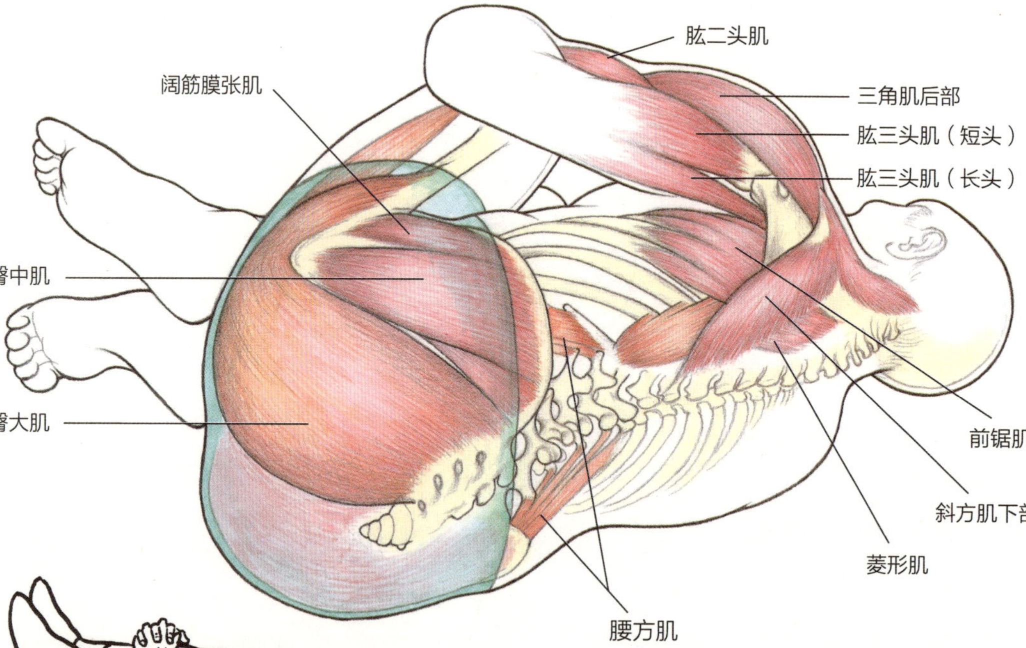

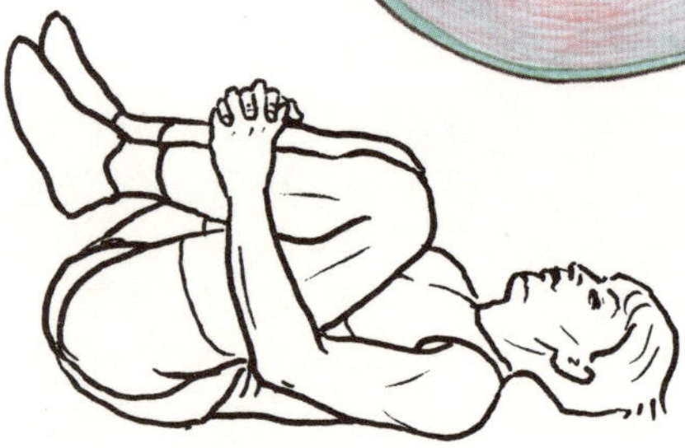

注意：训练时请按左下方小图所示仰卧进行，大图经过处理，改变方向，以便展示运动中用到的肌肉。

动作分析	关节1	关节2
关节	腰椎	髋关节
关节运动	屈	屈
主要拉伸肌肉	竖脊肌下部、腰方肌	腘绳肌、臀大肌

稳定肌群

手臂：肱二头肌。
腹部：腹部肌群。
肩关节部：三角肌后部、背阔肌、大圆肌、肩袖肌群。
肩胛部：前锯肌、菱形肌、斜方肌下部。

仰卧臀肌伸展

静态训练 · 多关节 · 体重 · 中、高级训练者

臀大肌是少见的既容易紧张又可能力量薄弱的肌肉。臀大肌紧张会增加下背部拉伤的风险，特别是在进行髋关节及膝关节屈曲运动时，如下蹲和压腿的过程。

训练技巧

- 在放松的状态下慢慢训练，不要强制拉伸。
- 自由呼吸。
- 保持挺胸，肩关节放松，双肩下沉。不要耸肩弓背。
- 如果不能将腿拉向胸部，不要勉强，等柔韧性渐渐提高后再进行这一步骤，在这之前，可以先保持双腿姿势，并用右手轻推右膝。

动作说明

仰卧，双膝弯曲，脚平放。抬起右腿，放在左腿上，此时，右脚位于左腿膝关节上。双手抱住左大腿并向胸部拉伸，强度保持在4~7分（10分满分）。坚持片刻，换腿并重复。

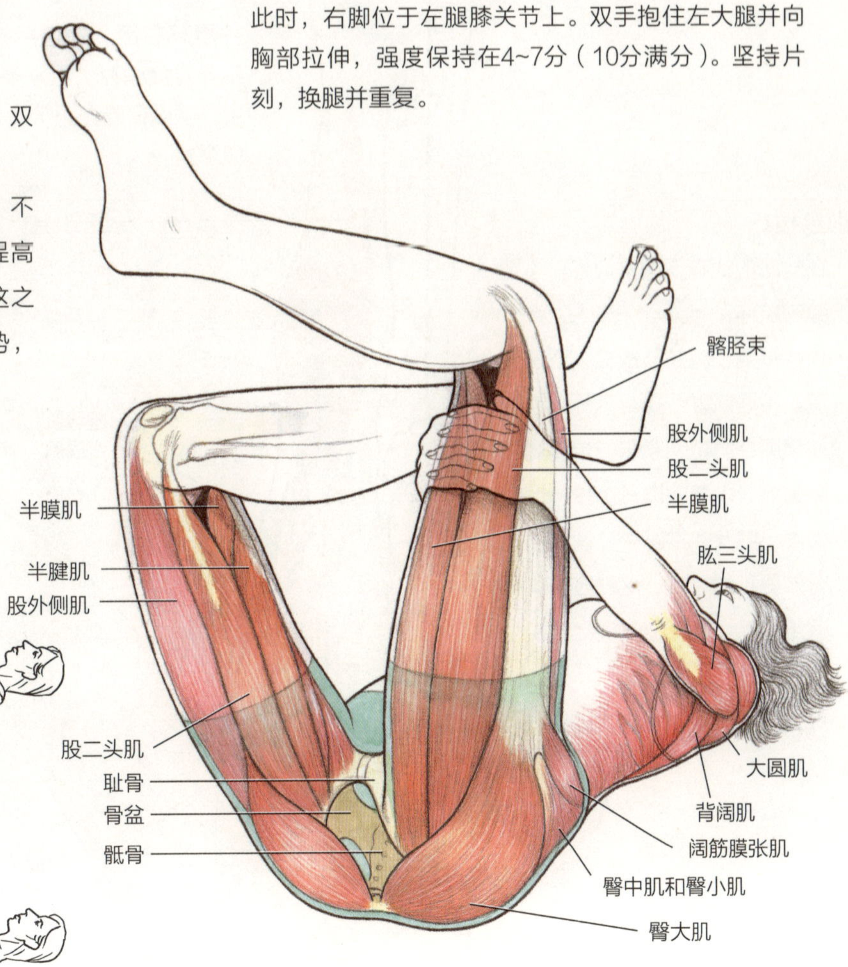

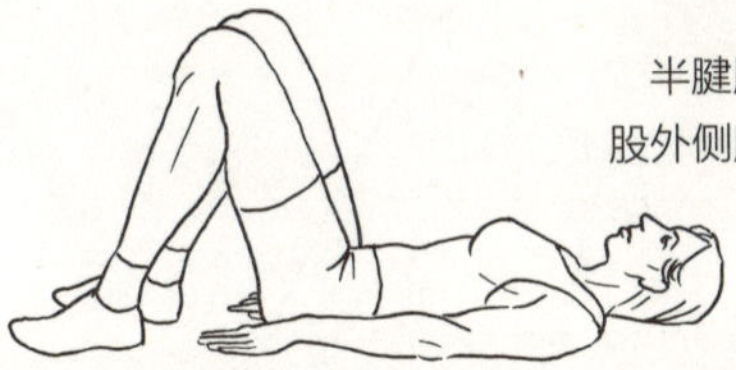

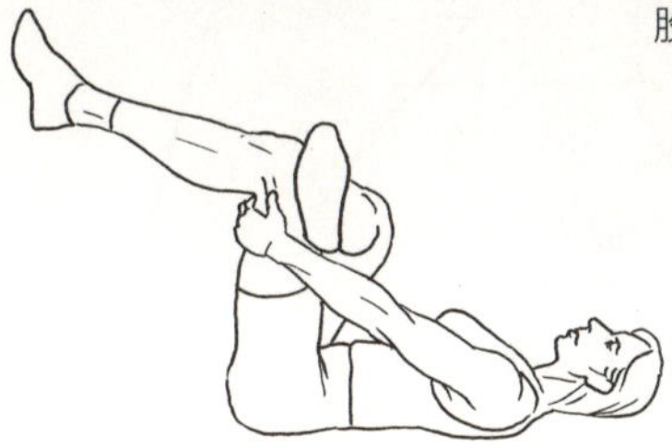

稳定肌群
手臂部：肱二头肌。
肩关节部：三角肌后部、大圆肌、背阔肌、肩袖肌群。
肩胛部：前锯肌、菱形肌、斜方肌下部。
腹部：腹部肌群。

动作分析	关节1	关节2
关节	髋关节（右侧）	髋关节（左侧）
关节运动	屈、内收及外旋	屈
主要拉伸肌肉	臀大肌、腘绳肌外侧	臀大肌、腘绳肌

仰卧单腿直伸

静态训练 · 多关节 · 开链运动 · 体重 · 从初级到高级训练者

腘绳肌的柔韧性差是导致背部拉伤的主要危险因素，特别是在进行腿部伸展、髋关节屈曲时。如果腘绳肌紧张，腰椎就要比正常状态更弯曲（也就是姿势补偿），从而增加关节间的张力，迫使椎间盘后移。

动作说明

坐在垫子上，将弹力带置于右脚底中间位置。双手握弹力带，两边长度相等，向后躺，变为仰卧姿势并抬起右腿。垂直后拉弹力带，膝关节伸展，但不要过度绷直。另一条腿膝关节弯曲，脚平放在地上。强度保持在4~7分（10分满分）。持续片刻。换腿重复。

训练技巧

- 在放松的状态下慢慢训练，不要强制拉伸。
- 保持挺胸，肩关节放松，双肩下沉。不要耸肩弓背。
- 如果腘绳肌特别紧张，拉伸腿的膝关节可以弯曲以减小拉伸度。如果小腿肚非常紧张，训练不能有效进行的时候，这种方法同样适用。

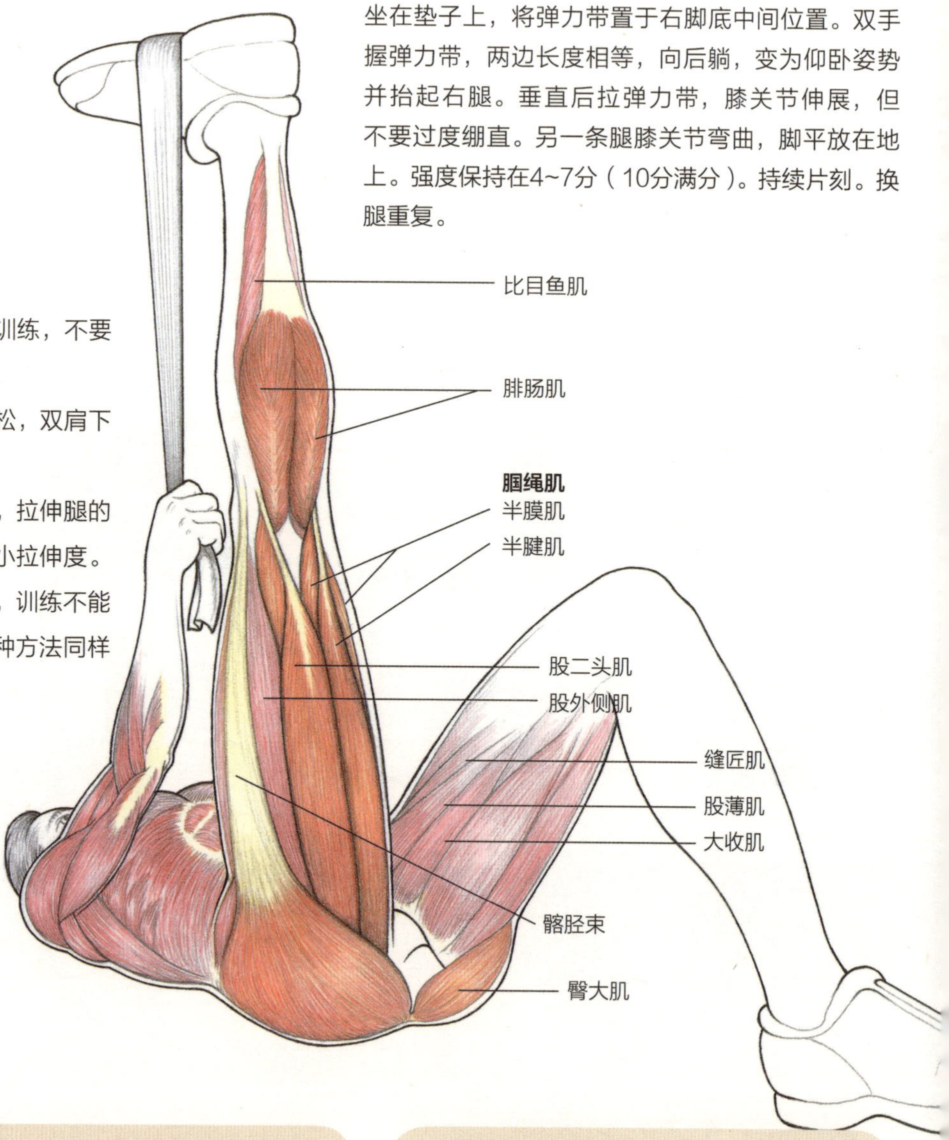

动作分析	关节1	关节2
关节	髋关节	膝关节
关节运动	屈	伸
主要拉伸肌肉	腘绳肌、臀大肌	腘绳肌、腓肠肌

稳定肌群
手臂部：肱二头肌。 腹部：腹部肌群。 肩关节部：三角肌后部、背阔肌、大圆肌、肩袖肌群。 肩胛部：前锯肌、菱形肌、斜方肌下部。

仰卧髋关节旋外伸展

静态训练・单关节・体重・中、高级训练者

髋部深层外旋肌群紧张是很常见的现象，肌肉紧张会挤压坐骨神经，进而导致腿部麻木和刺痛（也被称为梨状肌综合征或坐骨神经痛）。髋部伸展训练有多种形式，本页介绍的是最常见的一种。

动作说明

平躺，双腿伸直，手臂向两侧展开。右侧髋关节、膝关节弯曲，左手置于右膝外侧，向左牵拉右腿至有中度拉伸感（若10分为满分，强度为4~7分）。右膝应与左侧髋部位于同一直线上或略低一些。坚持片刻。换腿重复。

训练技巧

- 这是一项要求较高的高级训练，不要勉强，在放松的状态下慢慢训练。
- 如果肌肉紧张，手臂难以拉动膝关节，就交由腿部重力决定伸展距离。
- 在脊椎下部转动之前确保主要旋转来自髋关节。
- 保持挺胸，肩关节放松，双肩下沉。不要耸肩弓背。
- 自由呼吸。

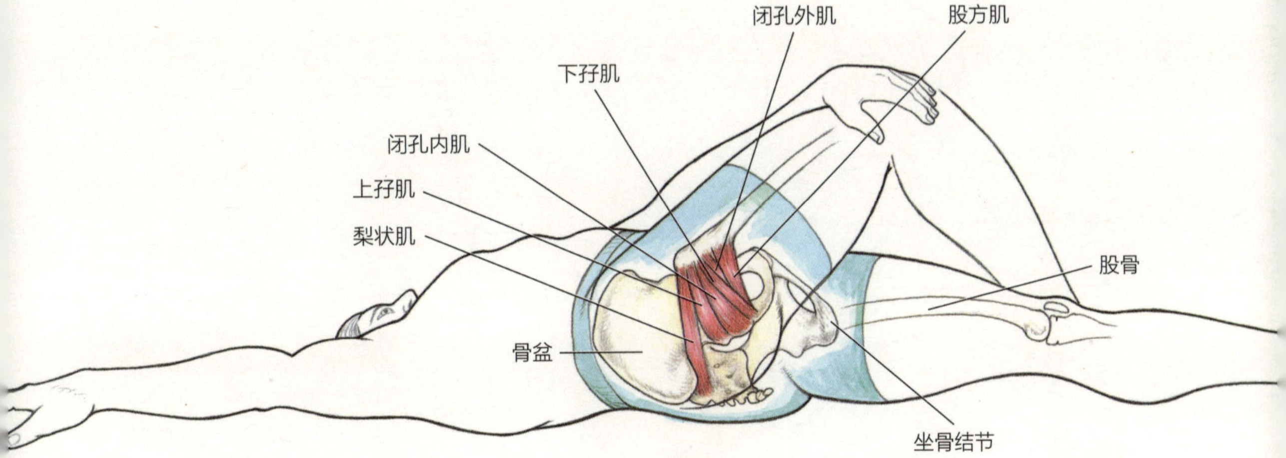

动作分析	关节1	关节2
关节	髋关节	骨盆和脊椎
关节运动	屈及水平内收	旋转
主要拉伸肌肉	髋关节旋外肌群（包括梨状肌，上、下孖肌，孔内、外肌，腰方肌）、髂胫束、臀大肌、臀中肌和臀小肌	竖脊肌（下部），腹内、外斜肌，背阔肌，腰方肌

稳定肌群
运动侧臂部：肱三头肌、三角肌后部。 肩关节部：背阔肌、大圆肌、肩袖肌群。 肩胛部：前锯肌、菱形肌、斜方肌下部。 腹部：腹部肌群。

坐式转体

静态训练・多关节・体重・从初级到高级训练者

对于进行仰卧髋关节旋外伸展（参见125页）运动较吃力的训练者，坐式转体是一个更简单的选择。

训练技巧

- 在放松的状态下慢慢训练，不要强制拉伸。
- 保持挺胸，肩关节放松，双肩下沉。不要耸肩弓背。
- 训练过程中始终坐直。
- 如果髋部肌肉过于紧绷，可在垫子或叠好的毛巾上进行训练。

动作说明

坐直，坐骨支撑，身体平直、稳定。左膝弯曲，脚着地置于右膝旁边。右腿向前伸直，与髋关节成直角。左脚从上方跨过右膝并平放在地面上，位于右膝关节外侧。然后右膝弯曲，右脚向左臀收。右臂抱住左膝并向胸部拉伸。左臂支撑身体。控制中等强度拉伸和旋转脊柱（保持4~7分，10分满分）。坚持片刻，换对侧并重复。

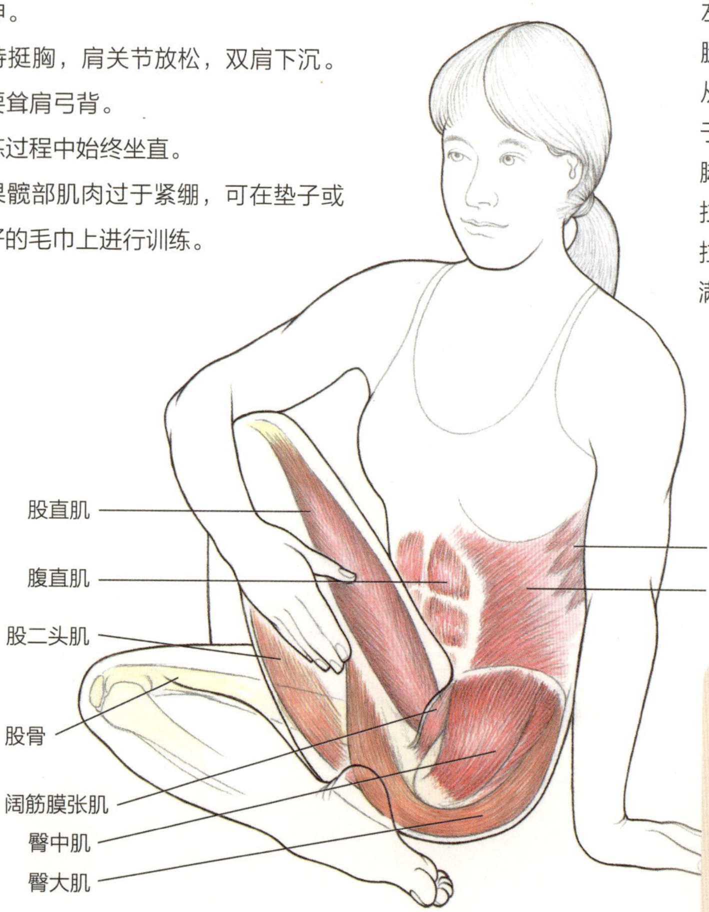

稳定肌群

腹部：腹部肌群。
躯干部：腰方肌、竖脊肌。
运动侧肩关节部：三角肌后部、背阔肌、大圆肌、肩袖肌群。
肩胛部：前锯肌、菱形肌、斜方肌下部。

动作分析	关节1	关节2	关节3
关节	髋关节（腿向胸部拉伸侧）	脊椎	肩胛骨（腿向胸部拉伸侧）
关节运动	屈及旋内	旋向髋关节屈的一侧旋转	伸长
主要拉伸肌肉	腘绳肌、臀大肌、髋关节旋外肌群	腹内斜肌、腹外斜肌、腰方肌、竖脊肌、背阔肌	斜方肌、菱形肌

跪立髂腰肌伸展

静态训练 · 单关节 · 闭链运动 · 体重 · 中、高级训练者

站立训练时屈髋肌群（特别是髂腰肌）紧张会导致腰椎过伸，腹部肌群力量薄弱会进一步加剧这种情况。本页介绍的是一项精细的伸展训练，需注意训练技巧，慢慢练习。

动作说明

右膝跪地，左腿前伸膝关节弯曲90度成弓步。左脚平放，位于膝关节正下方或稍向前。屈髋并保持身体平衡稳固。髋部稍微前倾，骨盆向后。将手置于髋部或左膝。坚持片刻，感到中等强度拉伸（4~7分，10分满分）。换腿重复。

训练技巧

- 在放松的状态下慢慢训练，不要强制拉伸。训练过程中会感到跪立腿一侧髋关节前部有紧张感。
- 自然呼吸，保持身体平直稳定。
- 不要耸肩弓背。保持挺胸，肩关节放松，双肩下沉。
- 跪立腿的膝关节不要超过脚趾。

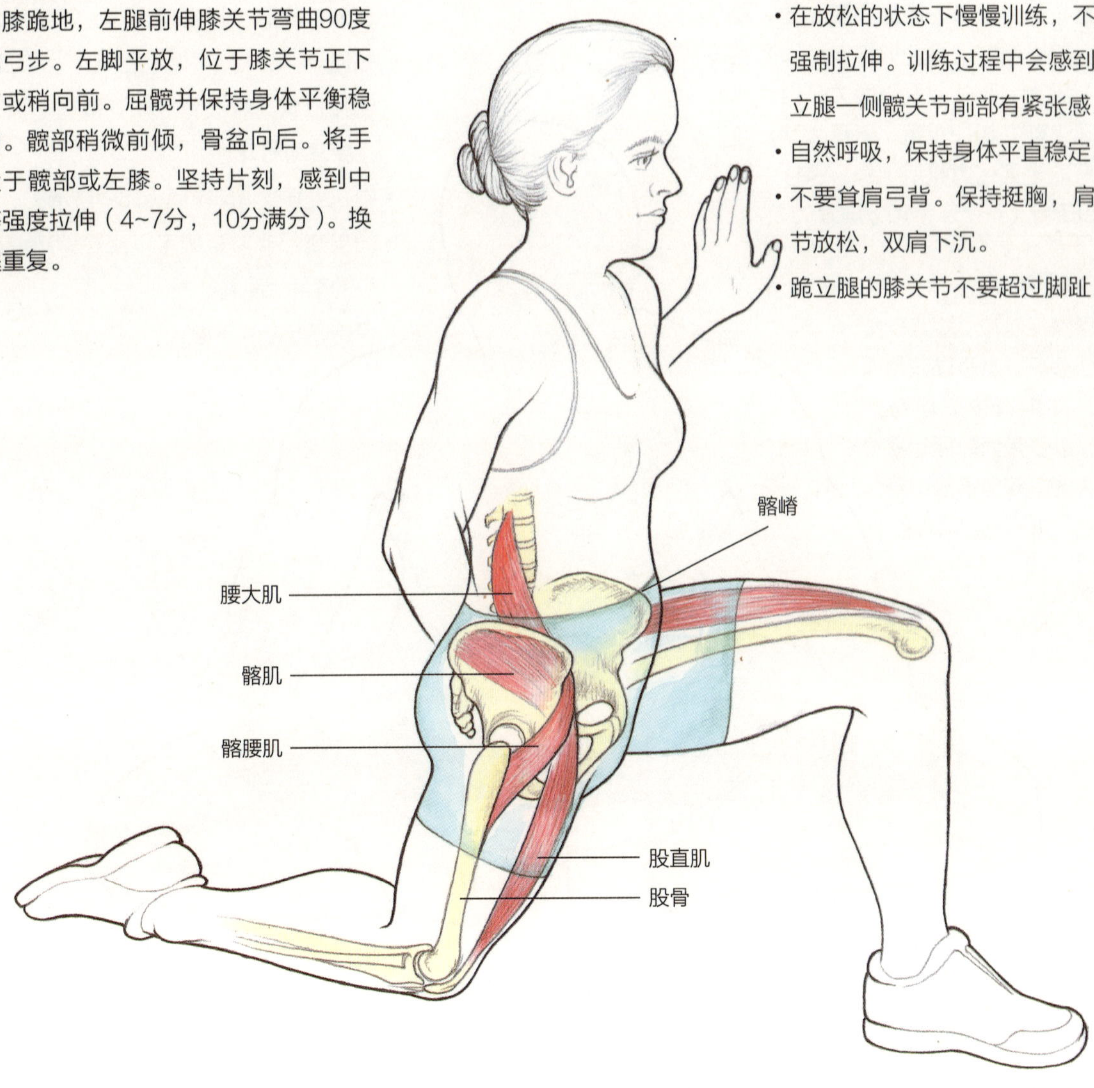

动作分析	关节
关节	屈膝腿侧髋关节
关节运动	伸
主要伸展肌肉	髂腰肌、股直肌

稳定肌群
腹部：腹部肌群。
躯干和髋关节部：腰方肌、竖脊肌、内收肌群、臀中肌和臀小肌。
腿部：股直肌、腘绳肌。
肩胛部：前锯肌、菱形肌、斜方肌下部。

坐姿内收肌伸展

静态训练・单关节・体重・从初级到高级训练者

坐姿内收肌伸展训练很适合初学者，日后也可进一步延伸达到深度伸展。

动作说明

坐直，坐骨支撑，姿势平直稳定。屈膝，双脚脚底相贴。训练者可以把手放在脚上，肘关节置于膝关节内侧或大腿上部并增加重量、下压大腿，这样有助于强化内收肌训练。保持中等强度训练（4~7分，10分满分）。

训练延伸

如果腘绳肌和小腿肌群柔韧性够好，也可以分腿而坐。训练者按照自身情况，以舒适为前提尽量分开大腿，双腿平放，身体前倾，进一步增加难度。

训练技巧

- 在放松的状态下慢慢训练，不要强制拉伸。
- 保持挺胸，肩关节放松，双肩下沉。不要耸肩弓背。
- 端正坐好或稍向前倾（如图所示）。
- 如果髋部非常紧绷可以坐在软垫或叠好的毛巾上训练。
- 保持呼吸自然平稳。

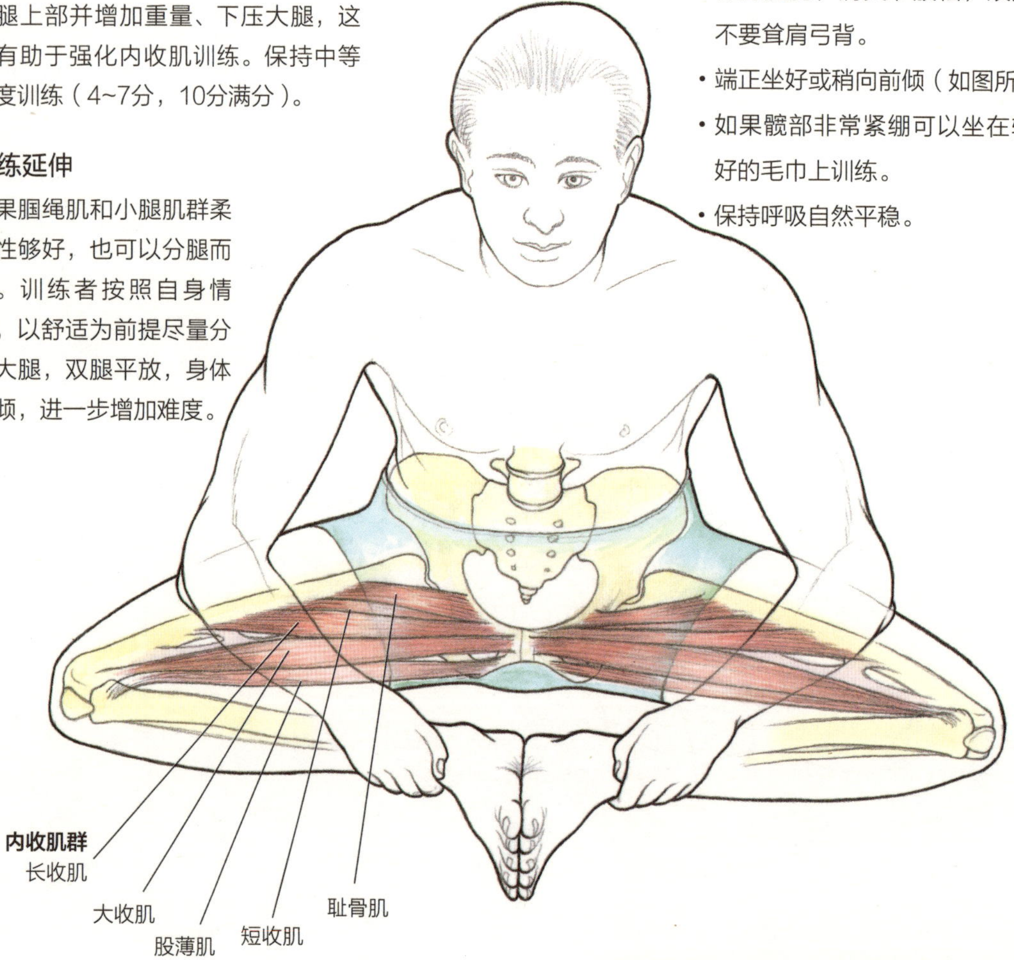

稳定肌群
躯干部：腹部肌群、竖脊肌。 肩胛部：前锯肌、菱形肌、斜方肌下部。

动作分析	关节
关节	髋关节
关节运动	屈及外旋
主要拉伸肌肉	内收肌群（包括耻骨肌、短收肌、长收肌、大收肌、股薄肌）

直立腓肠肌伸展

静态训练・单关节・闭链运动・体重・从初级到高级训练者

小腿肌肉结构质密紧实，可以承受高强度的工作。就它们的大小而言，小腿肌肉是全身最强壮的肌肉之一。小腿肌肉基本会影响其他伸展运动的效果，因为紧张的小腿肌肉会限制整条腿的运动。

动作说明

面向墙壁，双脚前后分开站立，距离与肩同宽。前脚位于微屈的膝关节的正下方，而后腿向后伸展。身体前倾，双手撑住墙壁，与上胸部等高。保持双脚平放，姿势稳定。髋部前倾使身体不断靠近墙壁，直至小腿肌肉有中度拉伸感（4~7分，10分满分）。坚持片刻。换腿重复。

训练技巧

- 在放松的状态下慢慢训练，不要强制拉伸。
- 要保持挺胸，肩关节放松，双肩下沉。不要耸肩弓背。
- 要保持肘关节弯曲10度左右。避免肘关节过度伸展或肩部紧张。
- 保持呼吸自然平稳。

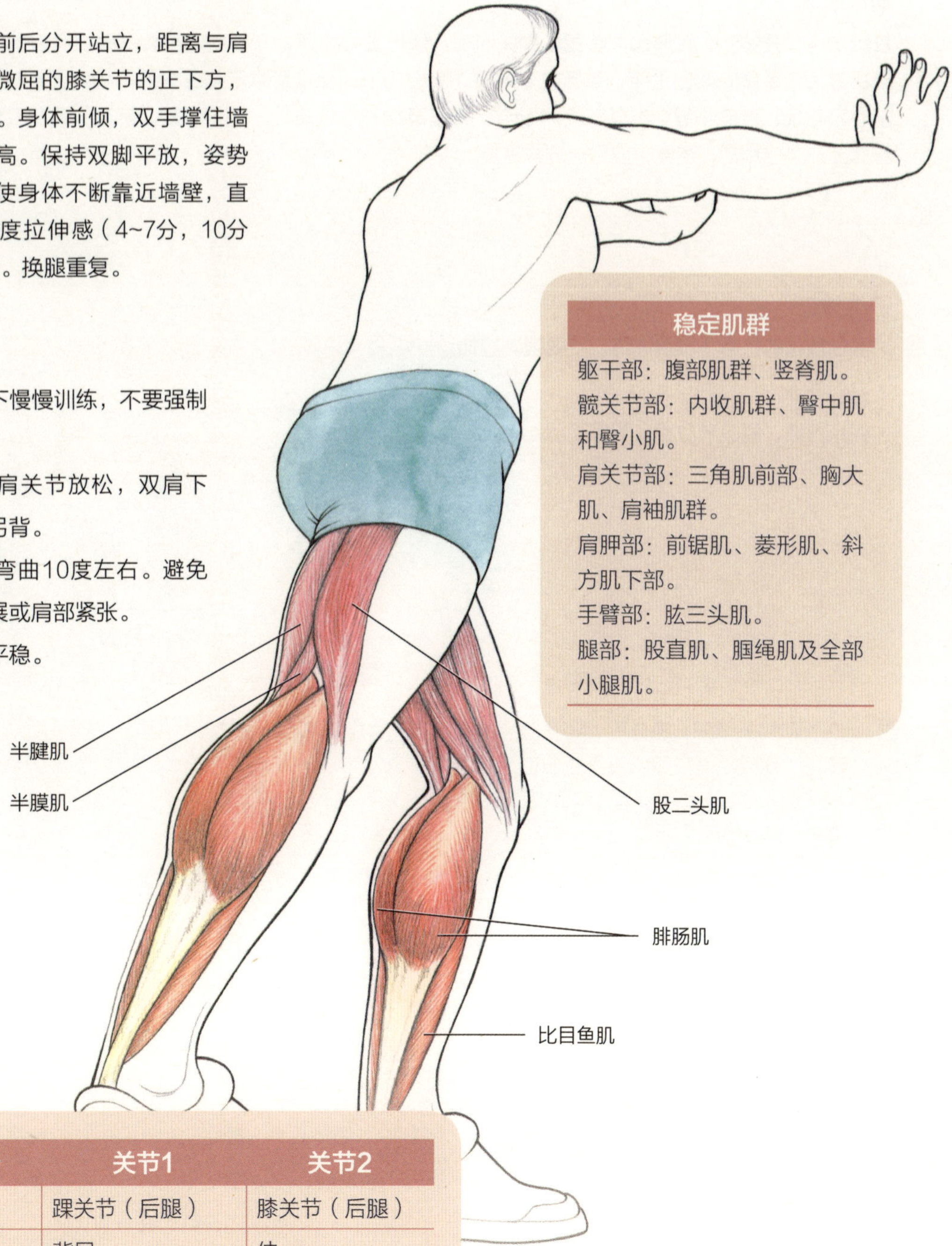

稳定肌群

躯干部：腹部肌群、竖脊肌。
髋关节部：内收肌群、臀中肌和臀小肌。
肩关节部：三角肌前部、胸大肌、肩袖肌群。
肩胛部：前锯肌、菱形肌、斜方肌下部。
手臂部：肱三头肌。
腿部：股直肌、腘绳肌及全部小腿肌。

动作分析	关节1	关节2
关节	踝关节（后腿）	膝关节（后腿）
关节运动	背屈	伸
主要拉伸肌肉	腓肠肌、比目鱼肌	腓肠肌

三角式伸展

静态训练 · 多关节 · 闭链运动 · 体重 · 从初级到高级训练者

在瑜伽运动中，三角式伸展经常作为站立训练的一种方式，用于强化腿部、背部和消化器官功能，同时也有助于稳定性和感知力的建立。三角式伸展也可以按以下步骤单独在家练习。

动作说明

双脚水平分开站立，距离比肩略宽，脚尖向前。保持重心稳定，左脚向外旋转90度，使左脚跟与右脚足弓在一条直线上。手臂向两侧平伸，与肩关节等高，掌心向下。骨盆及躯干向左侧屈并稍向上旋转。左手手指向下，掌心轻触足、踝或小腿。右臂向上伸展与左臂呈直线并拉伸脊柱。保持手臂、肩部、髋部及腿后部位于同一垂直面上。坚持片刻，还原、换另一侧并重复。

训练技巧

- 要在放松的状态下慢慢训练，不要强制拉伸。
- 自然呼吸。
- 保持挺胸，肩关节放松，双肩下沉。

稳定肌群

躯干和髋关节部：腰方肌、竖脊肌、内收肌群、臀中肌和臀小肌。
腿部：腘绳肌、股直肌及踝关节稳定肌肉。
肩胛部：前锯肌、菱形肌、斜方肌下部。
腹部：腹部肌群。

动作分析	关节1	关节2	关节3	关节4
关节	膝关节（两侧）	髋关节（左侧）	脊柱	肩关节（右侧）
关节运动	伸	外展、屈及旋外	侧屈	水平外展及旋外
主要伸展肌肉	腘绳肌、腓肠肌	腘绳肌、臀大肌	竖脊肌、背阔肌、腰方肌、右侧腹部肌群	胸大肌、背阔肌、三角肌前部

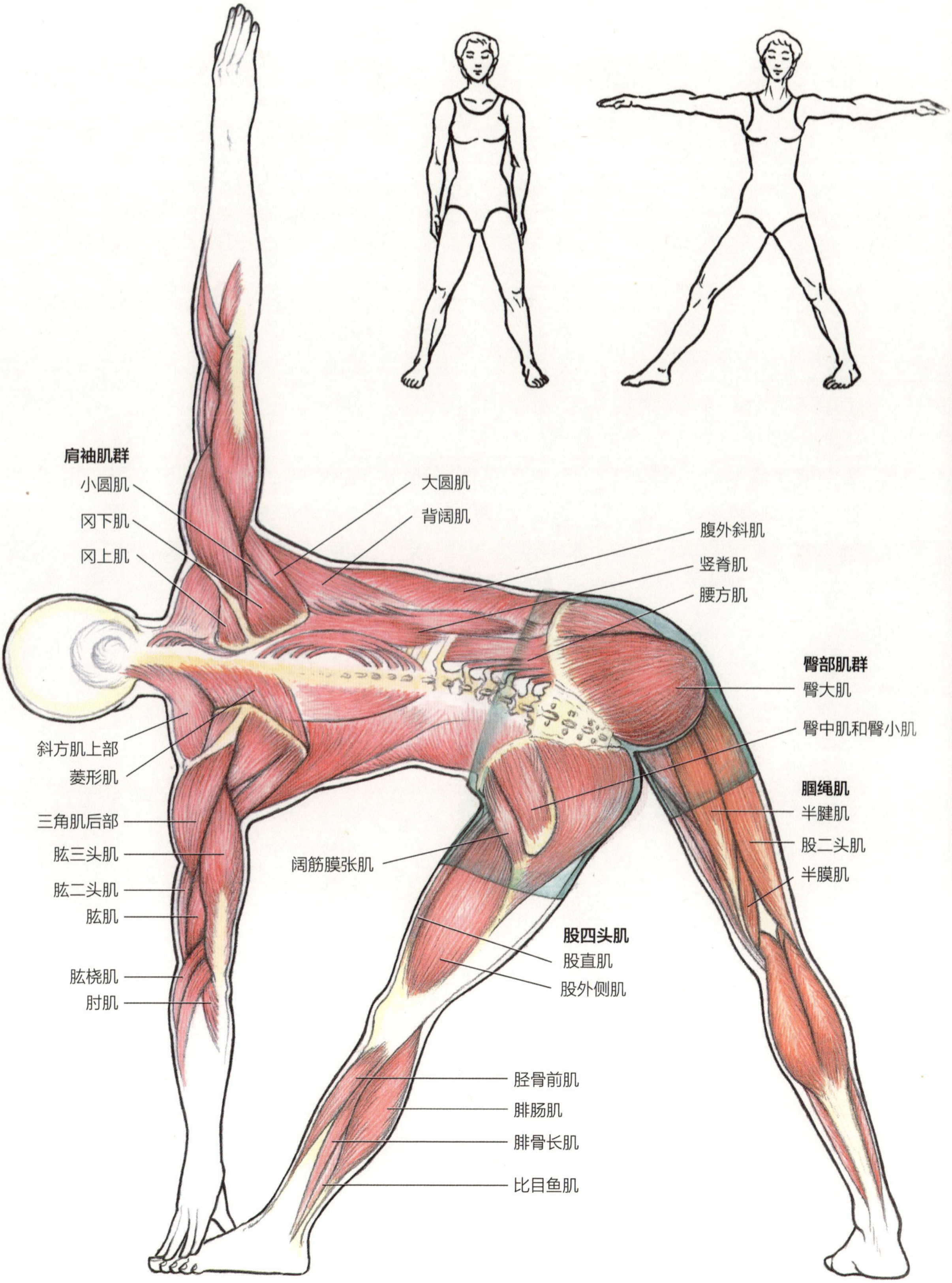
肩袖肌群
小圆肌
冈下肌
冈上肌
大圆肌
背阔肌
腹外斜肌
竖脊肌
腰方肌
臀部肌群
臀大肌
臀中肌和臀小肌
腘绳肌
半腱肌
股二头肌
半膜肌
斜方肌上部
菱形肌
三角肌后部
肱三头肌
肱二头肌
肱肌
肱桡肌
肘肌
阔筋膜张肌
股四头肌
股直肌
股外侧肌
胫骨前肌
腓肠肌
腓骨长肌
比目鱼肌

肌张力训练计划实例

训练	组数	重复次数	休息间隔	强度（1~10分）
杠铃平板卧推（28~29页）	2~3	12~15	30秒~2分钟	6~7.5
站姿拉力器夹胸（38页）	2~3	12~15	30秒~2分钟	6~7.5
俯身杠铃划船（68页）	2~3	12~15	30秒~2分钟	6~7.5
负重弓步（50~51页）	2~3	12~15	30秒~2分钟	6~7.5
杠铃屈膝后蹲（45 页）	2~3	12~15	30秒~2分钟	6~7.5
器械坐位腿伸展（58页）	2~3	12~15	30秒~2分钟	6~7.5
器械俯卧小腿屈伸（59页）	2~3	12~15	30秒~2分钟	6~7.5
坐姿杠铃颈后推举（78页）	2~3	12~15	30秒~2分钟	6~7.5
坐姿俯身哑铃侧平举（82页）	2~4	12~15	30秒~2分钟	6~7.5
小腿训练变化	2~4	12~15	30秒~2分钟	6~7.5
肱三头肌训练	2~4	12~15	30秒~2分钟	6~7.5
肱二头肌蜷曲训练	2~4	12~15	30秒~2分钟	6~7.5
腹肌训练	2~4	12~15	30秒~2分钟	6~7.5

肌肉力量训练计划实例

训练	组数	重复次数	休息间隔	强度（1~10分）
肩袖肌群稳定性训练（85页）	2~3	12~30	30秒~2分钟	3~8
俯卧撑（30~31页）	2~3	12~30	30秒~2分钟	3~8
双杠臂屈伸（37页）	2~3	12~30	30秒~2分钟	3~8
仰卧桥式挺臀（52页）	2~3	12~30	30秒~2分钟	3~8
俯身杠铃划船（68页）	2~3	12~30	30秒~2分钟	3~8
直臂下拉（67页）	2~3	12~30	30秒~2分钟	3~8
跪撑举臂抬腿（74~75页）	2	12~30	30秒~2分钟	3~8
坐姿颈后臂屈伸（88~89页）	2~3	12~30	30秒~2分钟	3~8
跪撑收腹（105页）	2	12~30	30秒~2分钟	3~8

全身力量训练

本小节集中介绍爆发型力量训练，举重训练是其代表，如挺举、抓举和高翻。力量是强度和速度的结合；因此爆发型力量训练通常涉及相对快速的、有力量的动作。

举重运动的强度可以用占最大举重能力的百分比衡量（最大举重能力是指用规范动作一次可以举起的最大重量）。

普遍认为在力量训练中，较轻重量（强度在30%左右）配合快速运动可以提高举重速度，而当运动强度大于60%时，训练有助于加强力量。强度在30%~60%的训练可以不同程度地改善力量和速度。

力量训练有助于提高神经系统反应能力和肌肉运动的协调性。新的压力施加在肌腱上，韧带和关节也会因为运动强度的增加而受到更多不稳定压力。

适应力量训练需要时间，因此建议初学者从较轻重量（身体体重的30%）开始，并着重培养标准姿势的习惯。运动速度太快和重量过重是导致受伤的最主要原因，训练过程中要注意避免。同时，每个训练单元不要安排超过5组重复。

力量训练是一种爆发性、流畅、连续的常见运动形式。力量训练一般都属于高级训练，错误动作或者训练状态不佳都可能导致训练者严重受伤。

右上表对力量训练和非力量训练运动相对输出功率进行了对比：

力量训练	功率（W）	非力量训练	功率（W）
挺举	5400	下蹲	1100
抓举	3000	硬拉	1100
高翻	2950	卧推	300

注：不要在没有足够专业指导和监管的情况下尝试训练。力量训练不适合初学者，有颈、背和膝部受伤的训练者也不要进行训练。

屈腿硬拉

核心训练・多关节・拉・闭链运动・杠铃・中、高级训练者

屈腿硬拉是最完整的训练之一，也是力量竞技中的三个项目之一（与仰举和蹲举并列）。运动的目的是尽可能举起最重的杠铃。该训练在功能性训练和背部伤后恢复治疗中也有应用，也可以为高翻（见136页）和挺举（见138页）训练做准备。

动作说明

通过髋关节和膝关节伸展，联合背部、髋部和大腿的力量提起杠铃。还原并重复。

训练技巧

- 在获得充分正确指导的前提下进行训练。
- 先确保姿势标准再增加重量。
- 以头部、肩部引导杠铃上提，髋关节保持在较低位置。
- 一旦杠铃超过膝部，推髋关节向前。
- 运动过程中始终保持杠铃贴近身体。
- 试着保持挺胸，双肩展开。
- 始终保持身体稳定。
- 上提杠铃时吸气以增加腹内压力，保持挺胸，脊柱不要弯曲。放下杠铃时呼气。

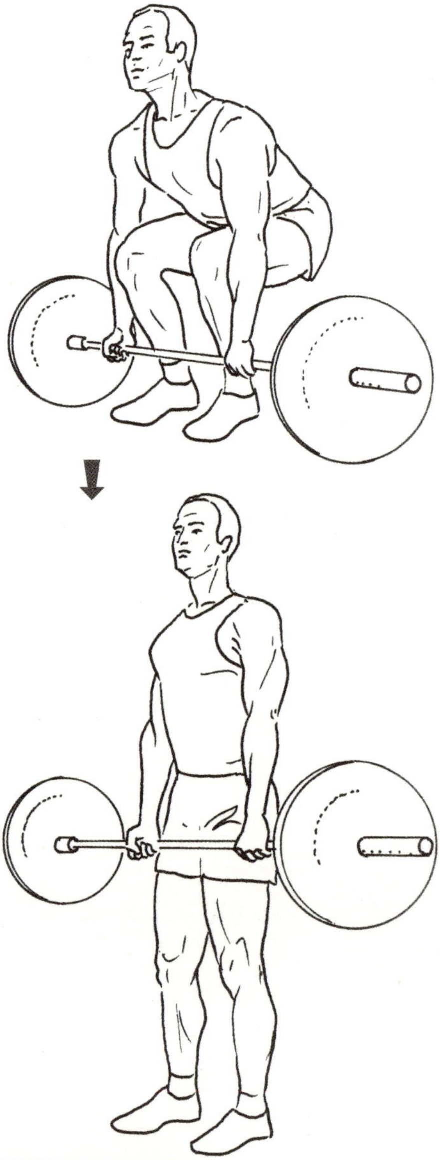

起始位置

- 站立，双脚处于杠铃下方，分开与肩同宽。
- 下蹲，正反手抓握杠铃（一手正，一手反）。
- 双手握距与肩同宽或略比肩宽。
- 保持身体平直。

动作分析	关节1	关节2	关节3
关节	膝关节	髋关节	脊柱
关节运动	向上——伸； 向下——屈	向上——伸； 向下——屈	向上——伸； 向下——前屈
运动肌肉	股四头肌	臀大肌、腘绳肌	竖脊肌

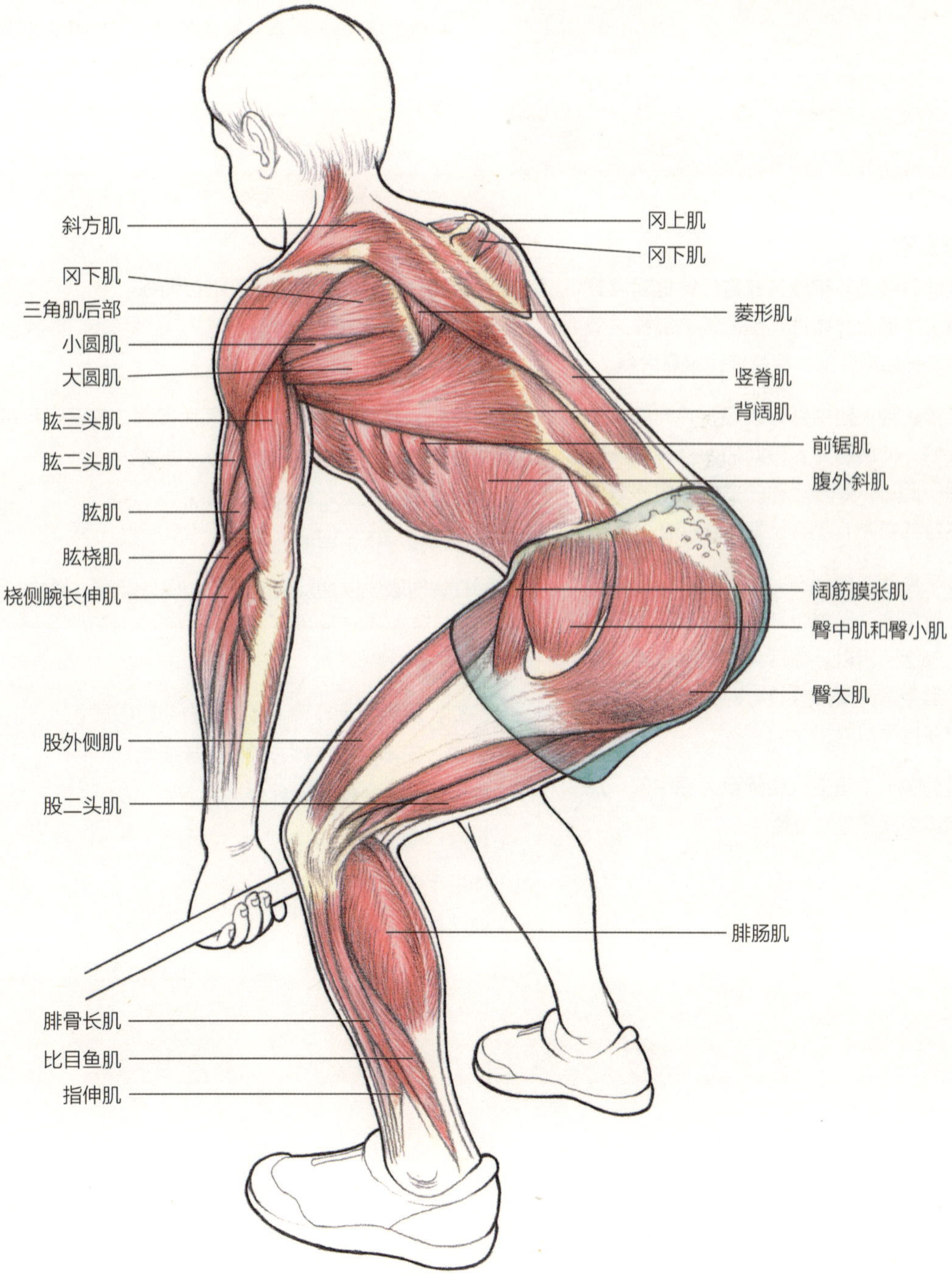

稳定肌群

竖脊肌和腰方肌是主要的稳定肌群，它们负责维持脊柱伸展。其他稳定肌包括：

肩胛部：斜方肌中部和下部、肩胛提肌、菱形肌、前锯肌。

手臂部：肩袖肌群、三角肌、肱二头肌、肱三头肌、前臂肌。

躯干部：腹部肌群。

髋关节部：臀中肌和臀小肌、髋关节深度外旋肌群和内收肌群。

小腿部：踝关节稳定肌群、胫骨前肌、腓肠肌。

高翻

力量训练 · 多关节 · 拉 · 闭链运动 · 杠铃 · 高级训练者

高翻是挺举运动第一阶段的动作（参见138页）。将两个阶段融合成一项运动之前应熟练掌握单独动作。

动作说明

通过伸展髋关节和膝关节将杠铃提起离开地面。凭借上升惯性，当杠铃达到膝关节时，突然抬高肩部，保持杠铃紧靠大腿。

当杠铃达到大腿中部时跳起，并向前猛推髋关节，伸展身体。由此加大杠铃上升的惯性。此时，参与运动的主要肌肉由双腿和下背部变为上背部、肩部和两臂。

杠铃高度超过腰部时，拉杠铃，使身体位于杠铃下方，屈肘，并将重量转移到平放的前脚上，所以，最后训练者会以半蹲姿势，靠上胸部支撑杠铃，肘关节向前。起立，保持平衡。

通过肘关节下垂使杠铃降至大腿中部，然后下蹲还原至起始位置。

训练技巧

- 在获得充分正确指导的前提下进行训练。
- 先确保姿势标准再增加重量。
- 以头部、肩部引导杠铃上抬。
- 不要急拉，要稳定上提杠铃，然后加速。由双腿和背部发力，然后流畅地转至上背部、肩部以及两臂。
- 运动过程中始终保持杠铃贴近身体。
- 始终保持身体稳定平衡。
- 上举杠铃时吸气以增加腹内压力，保持挺胸，脊柱不要弯曲。

起始位置

- 站立，双脚处于杠铃下方，分开与肩同宽。
- 下蹲，正手抓握杠铃，握距略比肩宽。
- 后拉肩关节，使其在杠铃上方。
- 稍微弓背，臀部后移。
- 伸展手臂。
- 保持身体平衡。

动作分析	关节1	关节2	关节3	关节4
关节	踝关节	膝关节	髋关节	脊柱
关节运动	向上——跖屈	向上——伸	向上——伸	向上——伸
主要拉伸肌肉	腓肠肌、比目鱼肌	股四头肌	臀大肌、腘绳肌	竖脊肌

动作分析	关节5	关节6	关节7	关节8
关节	肩关节	肩胛骨	肘关节	腕关节
关节运动	向上——屈、外展、旋外	向上——上提、上旋	向上——屈	向上——伸
主要拉伸肌肉	三角肌、冈上肌、冈下肌、小圆肌、胸大肌（锁骨部）	斜方肌上部、肩胛提肌、前锯肌	肱二头肌	桡侧腕长伸肌、桡侧腕短伸肌、尺侧腕伸肌

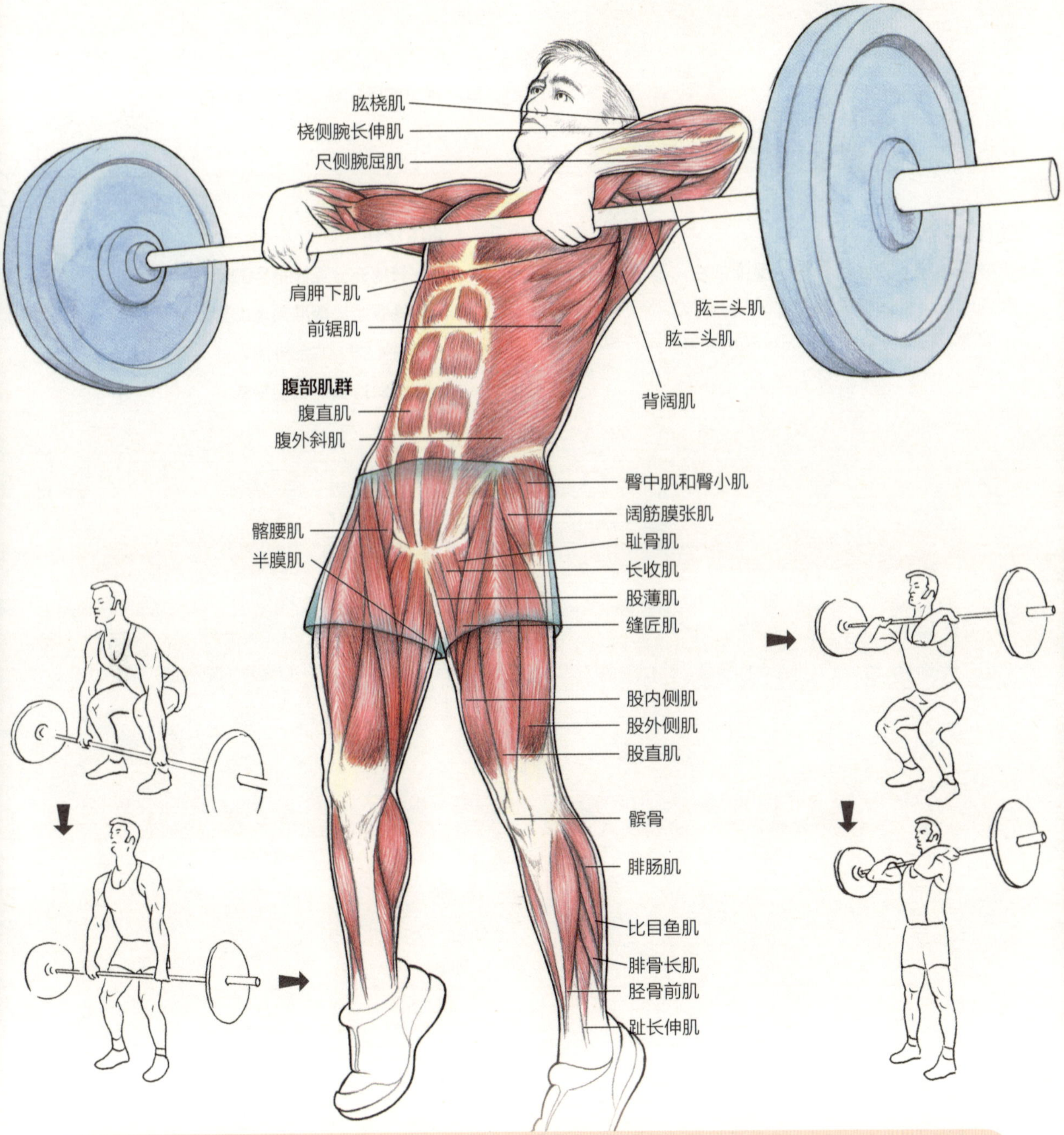

稳定肌群

竖脊肌和腰方肌是主要的动态稳定肌群，它们负责维持脊柱伸展。其他稳定肌包括：

肩胛部：斜方肌中部和下部、肩胛提肌、菱形肌、前锯肌。

手臂部：肩袖肌群、三角肌、臂部肌群。

躯干部：腹部肌群。

髋关节部：臀部肌群、髋关节深度外旋肌群和内收肌群。

大腿部：股直肌、腘绳肌。

小腿部：踝关节稳定肌群、胫骨前肌、腓肠肌。

挺举

力量训练·多关节·推举·闭链运动·杠铃·高级训练者

奥运会举重比赛包括高翻、挺举和抓举（参见140页）。挺举是高翻运动第二阶段的动作。

动作说明

降低身体至半蹲姿势。凭借反弹惯性，腿部突然发力加速向上，伸展膝关节和髋关节。将力量转移至手臂和肩部，将杠铃举过头顶。还原杠铃至肩部并重复。

训练技巧

- 在获得充分正确指导的前提下进行训练。
- 先确保姿势标准再增加重量。
- 保持挺胸，肩部外展。
- 始终保持身体稳定平衡。

动作分析	关节1	关节2	关节3
关节	踝关节	膝关节	髋关节
关节运动	向上——跖屈	向上——伸	向上——伸
主要拉伸肌肉	腓肠肌、比目鱼肌	股四头肌	臀大肌、腘绳肌

动作分析	关节4	关节5	关节6
关节	肘关节	肩关节	肩胛骨
关节运动	向上——伸	向上——屈、外展	向上——上旋
主要拉伸肌肉	肱三头肌、肘肌	三角肌前部和中部、胸大肌（锁骨部）	前锯肌

稳定肌群
竖脊肌和腰方肌是主要的稳定肌群，它们负责维持脊柱伸展。其他稳定肌包括：
肩胛部：斜方肌中部和下部、肩胛提肌、菱形肌、前锯肌。
手臂部：肩袖肌群、三角肌、臂部肌群。
躯干部：腹部肌群。
髋关节部：臀中肌和臀小肌、髋关节深度外旋肌群和内收肌群。
大腿部：股直肌、腘绳肌。
小腿部：踝关节稳定肌群、胫骨前肌、腓肠肌。

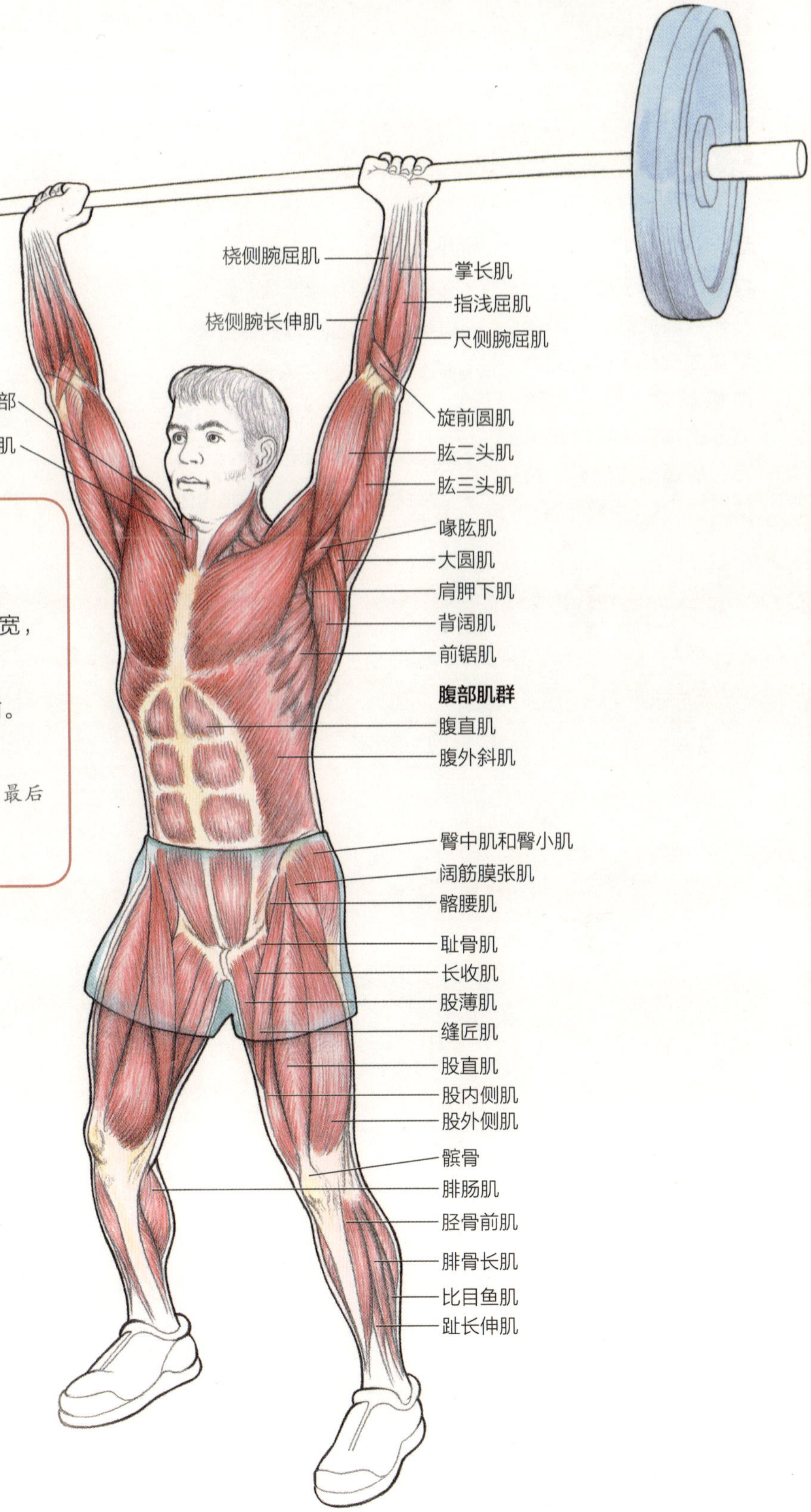

动作要领

- 站立，双脚分开与肩同宽。
- 正手抓握杠铃，握距与肩同宽，并以上胸部支撑杠铃重量。
- 挺胸，肩部外展，肘关节向前。
- 保持身体平衡。

注意：起始位置与高翻运动最后的位置相同（参见137页）。

抓举

力量训练 · 多关节 · 拉 · 闭链运动 · 杠铃 · 高级训练者

抓举是一项快速、同步的举重运动，需要速度、肌肉协调、良好状态和绝佳的平衡能力。它同时也是一项高风险的训练形式，在没有足够指导和监管的情况下不要进行此项训练。

动作说明

直立，双脚于杠铃下分开，与肩同宽。下蹲正手抓握杠铃，握距约为两倍肩宽。后拉肩关节，使其位于杠铃正上方。后背微微拱起，臀部向后，保持手臂伸展。

训练技巧

- 先确保姿势标准再增加重量。
- 以头部和肩部引导杠铃上举。
- 抓举运动需要训练者进行快速、协调、连续的动作。不要推举杠铃。先稳步提升，再加速。起初由腿部和背部发力，之后流畅地转移至上背部、双肩和两臂。
- 始终保持身体稳定平衡。
- 上举杠铃时吸气以增加腹内压力，保持挺胸，脊柱不要弯曲。放下杠铃时呼气。

动作分析	关节1	关节2	关节3	关节4
关节	踝关节	膝关节	髋关节	脊柱
关节运动	向上——跖屈	向上——伸	向上——伸	向上——伸
主要拉伸肌肉	腓肠肌、比目鱼肌	股四头肌	臀大肌、腘绳肌	竖脊肌

动作分析	关节5	关节6	关节7	关节8
关节	肩关节	肩胛骨	肘关节	腕关节
关节运动	向上——屈、外展、旋外	向上——上提、上旋	向上——伸	向上——伸
主要伸展肌肉	三角肌、冈上肌、冈下肌、小圆肌、胸大肌（锁骨部）	斜方肌上部、肩胛提肌、前锯肌	肱二头肌	桡侧腕长伸肌、桡侧腕短伸肌、尺侧腕伸肌

稳定肌群
竖脊肌和腰方肌负责维持脊柱伸展。
肩胛部：斜方肌中部和下部、肩胛提肌、菱形肌、前锯肌。
手臂部：肩袖肌群（十分关键）、三角肌、臂部肌群。
躯干部：腹部肌群。
髋关节部：臀中肌和臀小肌、髋关节深度外旋肌群和内收肌群。
大腿部：股直肌、腘绳肌。
小腿部：踝关节稳定肌群、胫骨前肌、腓肠肌。

动作要领

- 站立，双脚于杠铃下分开与肩同宽。
- 下蹲，正手抓握杠铃，握距约为两倍肩宽。
- 向后牵拉肩关节使其置于杠铃上方。
- 稍微弓背，后拉臀部。
- 起立的同时伸展手臂。

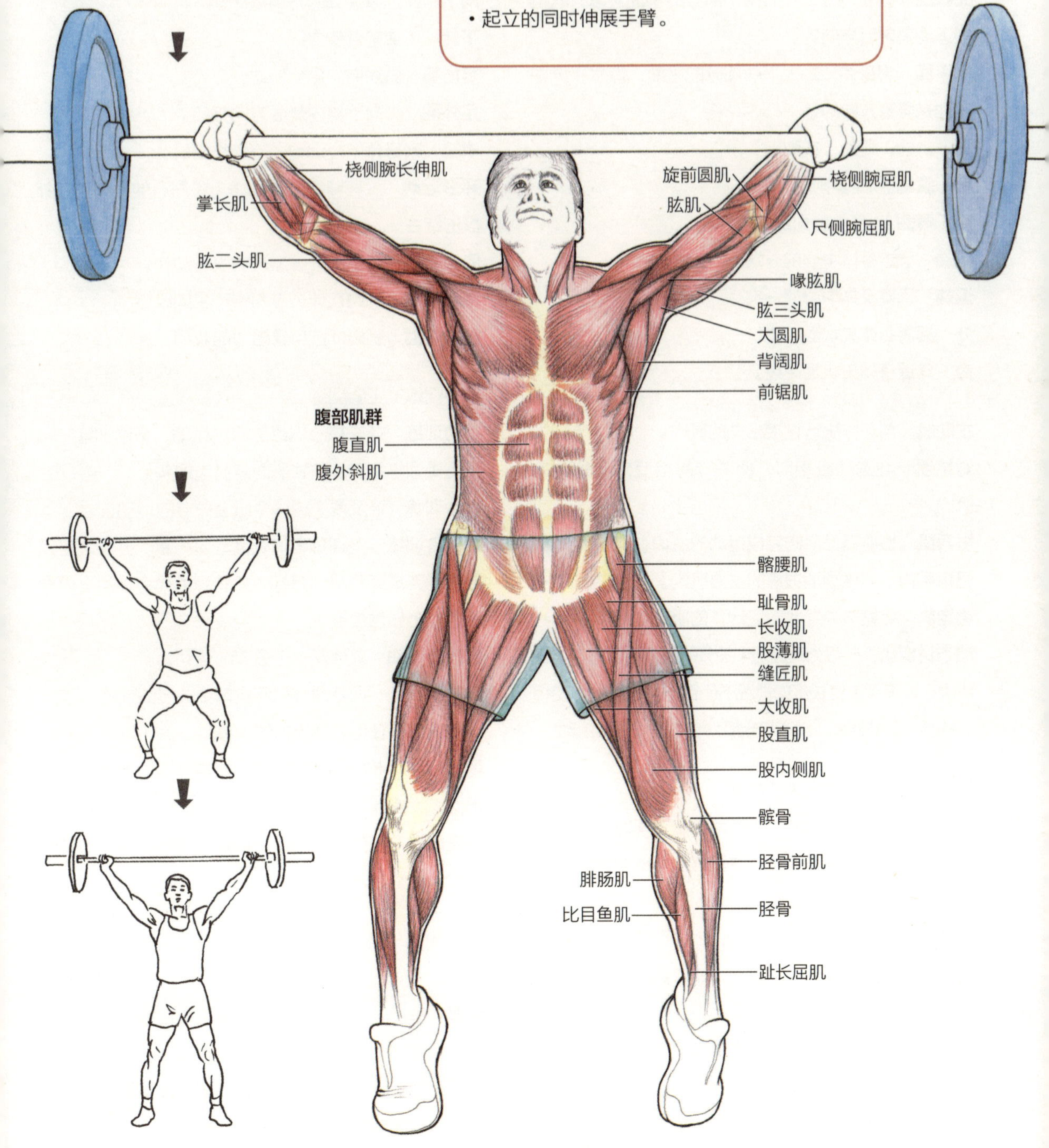

词汇表

解剖学姿势 身体直立，双脚并拢，手臂自然下垂，掌心向前，手指伸展。

矢状面 将身体分成左右两个部分的平面。沿矢状面的运动是前后方向的。

水平面 将身体分为上下两部分的平面。沿水平面的运动是垂直方向的。

上 上面，顶部，或朝向头顶。

前（腹侧） 身体前面。

后（背侧） 身体后面或背面。

近端 靠近身体中心的一端。

远端 远离身体中心的一端。

外 远离身体矢状面中线。

内 靠近身体矢状面中线。

主动肌 与动作执行直接相关的肌肉。

对抗肌 与主动肌相对，使关节向相反方向转动的肌肉。

协同肌 协助其他肌肉完成运动的肌肉。

目标肌肉 训练预期锻炼的主要肌肉。

稳定肌 收缩不会导致明显动作的肌肉。

动态稳定肌 一般为跨越两个关节的双关节肌肉，这类肌肉可以在不改变长度的情况下使目标关节收缩并使相邻的另一关节伸展。动态稳定肌群参与很多复合运动。

屈 弯曲关节，减小关节角度。

伸展 伸直或展开关节，增加两骨骼之间的角度。

过度伸展 伸展关节使其超过正常的解剖学位置。

前伸 向前（腹侧）运动。

外展 四肢向远离身体中线运动，如直臂侧平举。

内收 四肢朝向身体中线运动，如直臂侧平举还原。

旋转 围绕骨骼纵轴的环形运动。

旋内 沿身体水平面面向内侧旋转关节。运动部位直接向身体前方（腹侧）运动。

旋外 沿身体水平面向外（横向）旋转关节，使运动部位向身体后面（背侧面）移动。

旋后 双足或前臂向外侧旋转，旋转后掌心向上。

向下 向远离头部的方向运动。

下转 手或前臂旋内。

足内翻 脚底向内侧面转动。

足外翻 脚向远离内侧面方向翻转。

牵拉 向身体中心运动，与推举相反。

环形运动 没有轴的圆周运动（是屈、伸、内收和外展的结合）。

向心收缩 使肌肉纤维缩短的收缩动作。

离心收缩 肌肉在伸长过程中产生的收缩。

等张收缩 肌肉抵抗自身阻力的收缩。

核心训练 主要训练。

辅助训练 补充核心训练的自选运动，辅助训练一般更侧重训练特定的单独肌肉或肌肉的头。

复合训练 涉及两个或两个以上关节的运动。

功能性训练 使训练者增长运动肌力量，并使之可以更好地完成某项具体目标（如特殊的体育技巧、职业任务或者日常生活）。

单关节运动 只涉及一个关节的运动。

单关节训练 训练动作只涉及单个关节的训练。

负重训练 任何抗衡重力的训练。

闭链运动 肢体远端固定或起支撑作用而近端活动的运动。大多数复合运动都属于闭链运动。

开链运动 肢体近端固定、远端活动的运动。大多数单独训练都是开链运动。

持续周期 特定肌群的训练组数，有时也包括重复次数。

频率 每周（或特定时间段内）训练或锻炼特定肌群的次数。

强度 训练过程中所用重量，以占最大重量的百分比或努力程度衡量。

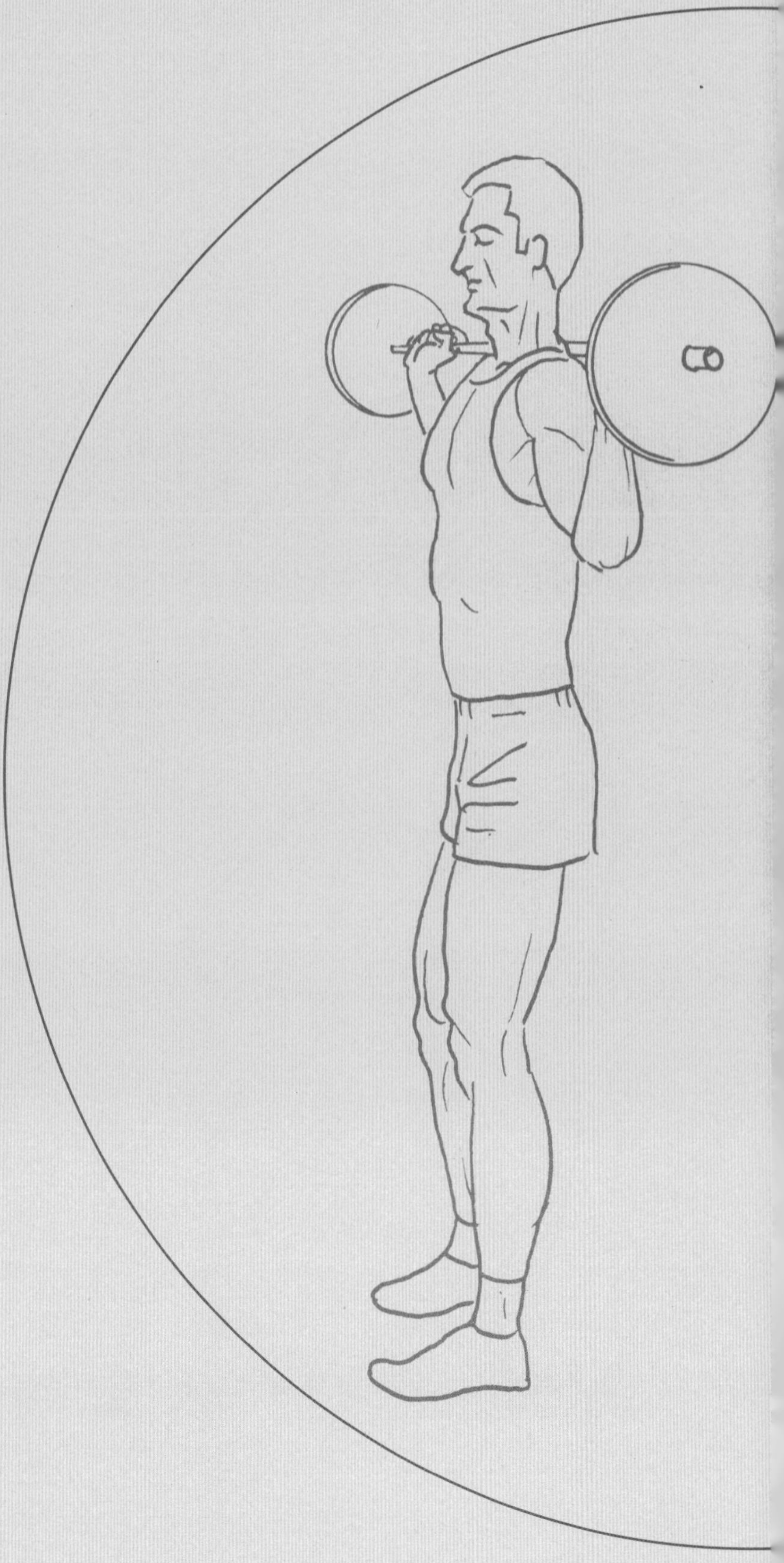